Elena Loewenthal
Ein Hering im Paradies

Elena Loewenthal

Ein Hering im Paradies

Eine Enzyklopädie des jüdischen Witzes

Aus dem Italienischen von
Claudia Schmitt

Piper
München Zürich

Die Originalausgabe erschien 1997 unter dem Titel
»Un'aringa in paradiso. Enciclopedia della risata ebraica«
bei Baldini & Castoldi in Mailand.

ISBN 3-492-04105-1
© 1997 Baldini & Castoldi
© 1998 Baldini & Castoldi International
Deutsche Ausgabe:
© Piper Verlag GmbH, München 1999
Gesetzt aus Sabon und Futura Book
Satz: Friedrich Pustet, Regensburg
Druck und Bindung: Clausen & Bosse, Leck
Pinted in Germany

Vorwort – oder Vorwarnung
(Das mag der Leser am Schluß entscheiden)

> Die Menschen haben sich nicht damit begnügt, das Komische zu genießen, wo sie im Erleben darauf stoßen, sondern danach gestrebt, es absichtlich herzustellen.
> Sigmund Freud, *Der Witz*

> Jede Generation hat ihre Spaßvögel.
> *Jerusalemer Talmud, Moed Qatan, III, 83c*

»Die Juden wissen gut, daß der Grund für die Feindseligkeit, mit der man ihnen seit Jahrhunderten begegnet, weniger ihr vermeintlicher Anspruch ist, das auserwählte Volk darzustellen, als die Überzeugung der andern, es tatsächlich zu sein«, hat ein Meister des jüdischen Humors gesagt. Dabei begann, wie wir aus gut informierten Kreisen wissen, alles mit einem, ich will nicht sagen, »Kuhhandel«, aber doch recht unattraktiven Deal, dessen Gegenstand jene berühmten Gesetzestafeln waren, die keiner wollte. Nur Moses und sein total erschöpftes, staubbedecktes Volk, die gerade von einem alles andere als erquicklichen Ausflug in die öde Wüste zurückkehrten, griffen augenblicklich zu. Warum, sei erst weiter hinten verraten, aber Sie können es sich bestimmt schon denken.

Jedenfalls deutet vieles darauf hin, daß es sich bei der

Annahme, die Juden seien das auserwählte Volk, um einen grundlegenden Irrtum handelt – einen Irrtum, der uns jedoch über eine jener seltsamen, fast schon paradox erscheinenden Analogien zu einem Hauptmerkmal des jüdischen Witzes führt. Keine Angst, es soll nun keine wissenschaftliche Abhandlung folgen. Ich möchte Ihnen lediglich die eine oder andere Lesehilfe, ein paar bescheidene Interpretationsvorschläge, mithin eine kleine Gebrauchsanweisung für dieses Buch an die Hand geben. Das Merkmal, das ich meine, heißt im Fachjargon falsche Pointe, aber man kann es auch simpler ausdrücken, etwa so: »Was lachst du jetzt schon, Idiot? Das Beste kommt erst noch!«

Wie auch immer: Wenn man entweiht, was entweihbar ist (ein uraltes Steckenpferd der Juden übrigens, nicht zu verwechseln mit Blasphemie oder Respektlosigkeit), und die Sache mit einem gewissen Abstand und den nötigen Vorbehalten betrachtet, so kommt man nicht umhin, die Story mit den Gesetzestafeln und dem auserwählten Volk als einen Irrtum zu betrachten – als einen riesigen, wenn auch faszinierenden Irrtum. Doch wer weiß, vielleicht liegt es ja auch an diesem Versehen, daß die Juden – dieses kleine Häufchen Hirten, die zu mies bezahlten Ziegelbrennern und unterernährten Fronarbeitern heruntergekommen waren, bevor sie sich in Revolutionäre *ante litteram* verwandelten –, daß die Juden also so früh gelernt haben, über ihr widriges Geschick zu lachen, oder besser hinter dessen Rücken – eine Fähigkeit, die sie im Lauf ihrer Geschichte noch oftmals bitter nötig haben sollten.

Der Witz war für das jüdische Volk eine Waffe, meist die einzige, mit der es sich verteidigen konnte. Das haben schon viele andere vor mir gesagt und auch nachgewiesen – hundertmal besser, als es mir auf diesen wenigen Seiten möglich wäre. Der Witz ist ein Bollwerk, hinter dem man sich verschanzen kann, ein im richtigen Moment abgeschossener Pfeil, eine Wundersalbe für jede Art von Übel und Gebrechen. Voraussetzung ist natürlich, daß es die Juden selbst sind, die über sich lachen. Witze *von* Juden und Witze *über* Juden sind nämlich zweierlei Stiefel: Der Unterschied ist klein, aber fein. So mancher wird einwenden, daß die beiden Stiefel in vielen Fällen deckungsgleich sind und er hat in gewissem Sinne recht: Jüdische Witze haben natürlich Juden zum Gegenstand. Trotzdem gibt es einen Unterschied zwischen dem, was wir als jüdische Witzfolklore betrachten können (und betrachten müssen), und dem, was der Kategorie »Spott über andere« zuzurechnen ist. Haarfein und doch unübersehbar zieht sich die Trennungslinie durch die gesamte Geschichte des jüdischen Humors, ein roter Faden, dem Garn vergleichbar, das Ariadne aus dem Labyrinth führte, oder der Brotkrumenspur, die Hänsel und Gretel aus dem finsteren Wald gerettet hat, oder auch der klebrigen Fährte, die eine tropfende Eistüte am Strand hinterläßt. So muß ich zwar zugeben, daß es schwierig, wenn nicht unmöglich ist, genau zu definieren, was einen jüdischen Witz von einem Judenwitz unterscheidet, und kann doch andererseits hoch und heilig beteuern, daß alles, was ich auf den folgenden Seiten zusammengestellt habe, reinstes jüdisches Scherzgut ist. Wovon habe ich mich bei meiner Auswahl leiten lassen? Erleuchtung war es nicht und noch weniger waren es die Erkenntnisse langen Forschens und Studierens. Es war eher eine Art Instinkt, ein Geruch, ein Aroma, zart, aber unverwechselbar wie die Duftschwaden, die vornehme, alte Damen hinter sich herziehen. Kurz: jüdische Witze und Anekdoten erkennt man einfach! Genau wie ein Philatelist gefälschte Briefmarken erkennt, ein Entomologe Schmetterlinge, die er in weiter Entfernung flattern sieht, oder ein

Koch die Ingredienzen einer feinen Pastete, von der er gerade ein Löffelchen probiert hat.

Miro Silvera hat zu Recht festgestellt – wenn auch nicht als erster, wie ich aus gutem Grund vermute –: »Der jüdische Witz ist der, den die *Gojim* nicht verstehen und die Juden schon kennen.« Mir ist völlig klar, daß meinem geschätzten Verleger an diesem Punkt ernsthafte Zweifel kommen werden, womöglich wird er es sogar bereuen, die Kosten für dieses Projekt getragen zu haben. Doch wir setzen unseren Weg unbeirrt fort, denn noch ist nicht das letzte Wort gesprochen oder besser: Wer zuletzt lacht, lacht am besten (womit wir wieder beim Thema wären).

Meine Aufgabe bestand also darin, aus einer Unmenge von Witzen diejenigen herauszufiltrieren, die klar und eindeutig jüdischer Fabrikation sind. In den meisten Fällen stellte das kein größeres Problem dar, aber es konnte auch vorkommen, daß ich mir einen Witz unzählige Male durchlas oder erzählen ließ und alle nur erdenklichen Nachschlagewerke und Personen konsultierte, bevor ich mir sicher war, daß er in diese Sammlung gehörte. Das jüdische Witzrepertoire ist alt, uralt, aber durchaus nicht unerschöpflich, denn viele Witze wiederholen sich, wenn auch in abgewandelter Form. Mit der Zeit kam ich mir beim Sammeln und Aussortieren vor wie früher als kleines Kind, wenn ich mit meinen Freunden Sammelbildchen austauschte: »Hab ich, hab ich, hab ich – hab ich noch nicht!« Aber zum Schluß hatte ich das Gefühl, daß mir wirklich keiner mehr fehlte: Egal, welches Witzbuch, welche -anthologie oder -sammlung ich aufschlug, ich konnte es mit der zufriedenen Feststellung »Kenne ich alle!« wieder zuklappen.

Hier sei allerdings gleich gesagt, daß nicht alle Witze

auch in dieses Buch aufgenommen wurden. Dies liegt weder an der Faulheit seiner Autorin, die – das möge ihr der Leser glauben – begeistert bei der Sache war, noch daran, daß dem Verleger das Rohmaterial (sprich: Papier) ausgegangen wäre. Nein, der Grund ist ein anderer, nämlich der, daß ein beachtlicher Teil der jüdischen Witze sozusagen esoterischer Natur ist, also nur für Eingeweihte verständlich: Pointen, die sich aus Zwei- und Dreideutigkeiten des Hebräischen oder Jiddischen ergeben, mehr oder weniger scherzhafte Mißverständnisse aus dem Bereich der jüdischen Liturgie, einschließlich ihrer Hochgebete und feierlichsten Momente, sowie andere, komische Situationen, die gänzlich unübersetzbar sind. Ganz zu schweigen von Witzen um und über die Bibel, die mehr oder weniger alles mit sich machen läßt und daher ein bevorzugtes Objekt jüdischen Spottes ist. Ich denke, es dürfte jedem klar sein, daß man, um diese Art von Witzen verstehen zu können, Kenntnisse benötigt, die heute kaum noch jemand besitzt. Und so verliert sich leider eine ganze Palette von Wortspielen, Anspielungen und komischen Verdrehungen wie Rauch am Himmel, wie Spuren im Schnee. Es stimmt übrigens nicht, daß der jüdische Humor einzig und alleine im *Witz* zum Ausdruck kommt, wobei ich hier unter Witz jene schlagfertigen Entgegnungen verstehe, die uns zwar zum Lachen bringen, aber doch einen bitteren Nachgeschmack hinterlassen, – trocken wie ein Häppchen *gefillte Fisch*, wenn die Sülze aus ist, und kurz wie das Amen in der Kirche. Klar, daß der Witz ein wesentlicher Bestandteil des jüdischen Humors ist, aber eben nicht der einzige. Es gibt auch lange, phantasievoll ausgestaltete Anekdoten, sogenannte Schnurren, die sich abwickeln wie das Wollknäuel in den runzligen Händen eines alten Großmütterchens.

Lange und auf die Gefahr hin, dem werten Leser lästig

zu werden, haben wir uns mit den Eigenheiten des jüdischen Witzes (nun im weiteren Sinne) aufgehalten und angedeutet, daß dieser oft, aber nicht immer die Juden selbst auf die Schippe nimmt. Tatsächlich macht sich der Jude jedoch in den allermeisten Fällen wirklich über das eigene Volk lustig, und zwar in ganz schändlicher Weise: »Diese Bedingung der Selbstkritik mag uns erklären, daß gerade auf dem Boden des jüdischen Volkslebens eine Anzahl der trefflichsten Witze erwachsen sind ... Es sind Geschichten, die von Juden geschaffen und gegen jüdische Eigentümlichkeiten gerichtet sind. Die Witze, die von Nicht-Juden (sprich: Gojim!) über Juden gemacht werden, sind zuallermeist brutale Schwänke, in denen der Witz durch die Tatsache erspart wird, daß der Jude den anderen als komische Figur gilt. Auch die Judenwitze, die von Juden herrühren, geben dies zu, aber sie kennen ihre wirklichen Fehler wie deren Zusammenhang mit ihren Vorzügen ... Ich weiß übrigens nicht, ob es sonst noch häufig vorkommt, daß sich ein Volk in solchem Ausmaß über sein eigenes Wesen lustig macht.« – Also sprach Freud. Kurz, ich habe das Gefühl, daß der Jude, wenn er über sich selbst lacht, seine Masken ablegt – vor allem jene Maske, die zu tragen er von den andern gezwungen wurde, wenn er in ihren Städten leben wollte, und sei es hinter den Mauern eines Gettos. In diesem Zusammenhang hatte (und hat) das Lachen mehr denn je etwas Befreiendes, und zwar nicht nur im übertragenen Sinne. Außerdem ist natürlich klar, daß Selbstironie fremdem Spott vorbeugt nach dem Prinzip: »Spar es dir, mich zu veräppeln, das kann ich selber und obendrein viel besser als du.«

Vielleicht liegt es auch daran, daß die jüdischen Witze und Schnurren im Grunde immer von derselben Art sind, charakteristisch wie Kindheitserinnerungen, wie der Geschmack von Mutters Küche oder der Geruch des elterlichen Hauses. Sie erregen selten grölendes Gelächter und sind in der Regel weder zum Schießen noch zum Kringeln, Wälzen oder gar Bersten. Hier und da können sie das unbeschwerte Lachen unserer Kindheit in uns auslösen, oft bringen sie uns nur zum Schmunzeln, manchmal wirken sie geradezu traurig (was wohlgemerkt nicht heißen soll, daß sie es sind). Aber irgend etwas lassen sie immer zurück. Deshalb kann es auch nie schaden, sie sich mehrmals zu Gemüte zu führen, im Gegenteil, oft hilft das, sie besser zu verstehen, eine neue Nuance zu entdecken, einen mildernden – oder auch verschärfenden – Umstand, der uns vorher entgangen war. Der Leser möge also nicht glauben, ich wollte ihn mit philologischen Haarspaltereien quälen oder gar langweilen, wenn er manche Witze in mehrfacher Ausführung antrifft – dies hat einzig den Sinn, der Sache mehr Farbe zu geben.

Und noch eine allerletzte Bemerkung: Während ich die Witze und schnurrigen Anekdoten sammelte, zusammenstellte und schließlich – in Dialog, Handlung und Schauplatz eingebettet und mit einem Titel versehen – neu zu Papier brachte, während ich zwischen und über die Zeilen lachte, wurde ich stets von einer Gewißheit begleitet, einer unumgänglichen, erdrückenden und traurig stimmenden Gewißheit: Alle diese kleinen Geschichten existieren nur noch in dem Moment, in dem sie einer von uns liest, erzählt, niederschreibt und dadurch zu neuem Leben beruft – sie und mit ihnen das Lachen, das in den Tiefen unserer Herzen schlummert. Früher einmal bevölkerten sie Orte, die es wirklich gab, reale Schauplätze, an denen die Zeit ihre Spuren hinterließ, Dörfer und Städte, in denen ein ganz normales Alltagsleben stattfand, in denen Ehegatten stritten, Kinder zur Schule gingen, Bettler an die Türen klopften, Bäcker

Brot backten und Rabbiner ihre Sentenzen spuckten. Heute existiert das alles nicht mehr. Und es wird nie wieder existieren.

                                          E. L.
                                          28. 5. 1997
                                          21. Ijar des Jahres 5757

Aperitif

Wenn wir denn gar nicht darum herumkommen, eine Definition des jüdischen Humors zu liefern, eine Grenze abzustecken, Bezüge herzustellen, dem Leser einen faden wissenschaftlichen Satz an die Hand zu geben, nun gut, so würde dieser in Gottesnamen so lauten: Der jüdische Witz ist die jahrhunderte- oder besser jahrtausendealte, ironisch herablassende Widerlegung des berühmten lateinischen Sprichworts *risus abundat in ore stultorum*, mit dem gestrenge Lehrer so manchen von uns an den Ernst des Lebens gemahnt haben. Doch der jüdische Witz mit seinen subtilen Wortspielen, seinen versteckten Andeutungen und seinen feinsinnigen Pointen beweist das exakte Gegenteil, nämlich daß Lachen durchaus nicht nur etwas für Dumme ist. Die Dummen reizen zum Lachen, aber sie selbst lachen fast nie, und wenn, dann grundlos, was ihren Sinn für Humor ja gerade in Abrede stellt.

Für die Juden ist Lachen eine ernsthafte Angelegenheit. So möchte ich Ihnen zu Beginn einen Witz vorstellen, in dem alle »Beteiligten« schlecht abschneiden – alle bis auf die Juden selbst, versteht sich –, und ich möchte ihn ausnahmsweise zuerst auf jiddisch vorstellen, denn das Jiddische ist für den jüdischen Witz so unentbehrlich wie der Senf zur Saitenwurst, das Salz in der Suppe, die saure Sahne im Borschtsch, der Wodka zum Hering, der Bart für den Rabbiner, die Mezuza am Türpfosten des Hauses. Anschließend folgt selbstverständlich die Übersetzung.

VI VER LACHT

As me darstejlt a majße a pjer, lacht er draj mol. Dem erschin mol lacht er, wen men darstejlt em di majße, dem zwejten mol, wen men darklert em, un dem dritn mol, wen er farschtejt di majße.

A pórez lacht zwej mol. Ejn mol lacht er, wen men darstejlt em un a zwejtn mol, wen men darklert em, wórem farschtejn farschtejt er si saj-wisaj nit.

An ofizer lacht nor ejn mol, b'scháß me darstejlt em, worem darklern loss er sach nit, en farschtejn farshtejt er nit.

A jid as me darstejlt em a majße, macht er: »Wejs ich wos! Alte majßes!« Un er ken di majße besser darstejln.

Wenn man einem Bauer einen Witz erzählt, so lacht er dreimal darüber: das erste Mal, wenn er ihn erzählt bekommt, das zweite Mal, wenn er ihn erklärt bekommt, und das dritte Mal, wenn er ihn versteht.

Ein Großgrundbesitzer lacht nur zweimal: das erste Mal, wenn er den Witz erzählt bekommt, und das zweite Mal, wenn er ihn erklärt bekommt, denn verstehen tut er ihn so oder so nicht.

Ein Offizier vollends lacht nur ein einziges Mal über einen Witz, denn erklären läßt er ihn sich nicht und verstehen tut er ihn nicht.

Wenn Sie aber einem Juden einen Witz erzählen, so kriegen Sie mit Sicherheit die Antwort: »Kenn ich schon! Das ist ein alter Witz!« Und er selbst wird ihn immer viel besser erzählen können als Sie.

Von diesem Witz gibt es unzählige Varianten, die andere Berufsgruppen, andere Völker, andere Charaktereigenschaften verspotten. Die klassische Version stammt aus der Sammlung von Alter Drujanow, dem unangefochtenen Meister des jüdischen Witzes:

Was ist der Unterschied zwischen einem Franzosen, einem Deutschen, einem Russen und einem Juden?

Der Franzose lacht dreimal über einen Witz: das erste Mal, wenn er ihn erzählt bekommt, das zweite, wenn er ihn weitererzählt, und das dritte, wenn er ihn versteht.

Der Deutsche lacht zweimal über einen Witz: das erste Mal, wenn er ihn erzählt bekommt, und das zweite Mal, wenn er ihn weitererzählt. Zum Verstehen reicht's bei ihm nicht.

Der Russe lacht nur ein einziges Mal über einen Witz, nämlich, wenn er ihn erzählt bekommt. Zum Weitererzählen oder Verstehen reicht's bei ihm nicht.

Und was nun den Juden betrifft, so lacht er überhaupt nicht. Der Grund? Er kennt den Witz schon!

Apropos Witze erzählen:

Moischele will seinem Freund Schimele einen Witz erzählen:
»Paß auf: Jankele und Awroimele sind eingeladen ...«
»Jankele und Awroimele, Jankele und Awroimele«, fällt ihm Schimele ins Wort. »Immer nur Judenwitze. Weißt du zur Abwechslung nicht mal einen über die Chinesen?«
»Aber sicher!« erwiderte Moischele prompt. »Einen Witz über die Chinesen? Hör zu: Ho Tschi Min und Hua

Hu Lang sind eines Tages bei ihrem Freund Fua Liu Hu zur *Bar-Mizwa*-Feier des Sohnes eingeladen ...«

Im Zug (nebenbei bemerkt ein unerschöpfliches Thema). In einem Abteil sitzen sich zwei Passagiere gegenüber – Juden, versteht sich. Der Zug ist sehr langsam und die Reise entsprechend lang. Einer der beiden, ein alter, schäbig gekleideter Mann, macht seltsame Dinge: Er brabbelt vor sich hin, knurrt, grinst und wirft immer wieder beide Arme in die Luft. Dann ist er eine Weile still, um danach von neuem zu beginnen.

So vergeht eine Stunde, zwei Stunden, drei Stunden. Der andere Passagier stirbt fast vor Neugier. Schließlich hält er es nicht mehr aus:

»Verzeihen Sie, mein Herr, würden Sie mir verraten, was Sie da Seltsames tun?« fragt er.

»Seltsames? Von seltsam kann keine Rede sein«, entgegnet der andere gekränkt. »Ich langweile mich beim Zugfahren. Also erzähle ich mir Witze und über die muß ich dann lachen. Das ist alles.«

»Aha, verstehe«, erwidert sein Visavis. »Und was hat es bitte zu bedeuten, daß Sie die Arme in die Luft werfen?«

»Och, das ... Nu, wenn ich einen Witz schon kenne, unterbreche ich mich.«

Und wenn's gar nichts mehr zu lachen gibt – wie in der Geschichte der Juden leider häufig der Fall –, dann lacht man eben über sich selbst:

Drei frisch getaufte Juden haben eine Audienz beim Papst. Während sie im Vorzimmer warten, erzählen sie sich gegenseitig, was sie dazu bewogen hat, zum Christentum überzutreten.

»Ich habe mich aus Liebe zu meiner Frau taufen lassen«, sagt der Erste. »Sie hätte mich sonst nicht geheiratet.«

»Bei mir war es reines Interesse«, gesteht der Zweite. »Ich möchte Karriere machen!«

»Und ich ...«, sagt schließlich der Dritte, »ich bin zum Katholizismus übergetreten, weil ich an die christlichen Werte glaube und daran, daß Jesus Christus Gottes Sohn ist.«

Die andern beiden grinsen spöttisch.

»Den Bären binde mal den *Gojim* auf, aber nicht uns!«

Von diesem Witz existiert auch eine Version, die nicht extra den Papst bemüht. Hier ist sie:

Vier Täuflinge treffen sich im Wirtshaus. Man trinkt eine Runde, dann noch eine und noch eine, bis der Alkohol den Geist umnebelt und der Wahrheit Tür und Tor öffnet.

»Zugegeben«, lallte der Älteste von ihnen mit schwerer Zunge, »ich bin aus Geldgier Katholik geworden und weil ich mir ein schönes Leben machen wollte.«

»Ich war ein brillanter Philosoph«, sagt der Zweite. »Einer, der alles negiert hat. Nu, und da dachte ich mir: Wo doch sowieso alles Lug und Trug ist, kannst du dich auch taufen lassen. Dann läßt man dich wenigstens in Ruhe ...«

»Mich hat meine Frau zum Pfarrer geschleppt«, sagt der Dritte.

»Und du?« Alle Blicke richten sich auf den Letzten. Kein Ton ist bislang über seine Lippen gekommen, doch jetzt steht er auf und sagt mit feierlicher Miene:

»Ich heuchle nicht, o nein! Ich bin aus Überzeugung zum Christentum übergetreten!«

»Nu, das mach mal den *Gojim* weis!« lachen die anderen.

Jude sein: ein Glaube, eine Geschichte, eine Zugehörigkeit, eine Wurzel, ein Brandmal, eine Qual, eine Ehre, ein Widerspruch, ein Mysterium ... ein bißchen von allem, je nach dem Blickwinkel, aus dem man die Sache betrachtet. Wie in der Anekdote von

jenem Dorfjuden, der immer nur in seinem winzigen *Schtetl* gewohnt hat – eine Handvoll Holzhütten, ein kleiner Platz, vier Schotterwege – und sich zum ersten Mal im Leben in die Hauptstadt begibt, das babelgleiche Warschau. Als er zurückkehrt, ist er erschöpft und etwas verwirrt, aber zutiefst beeindruckt: In der Großstadt leben Hunderttausende von Glaubensgenossen! »Stellt euch vor«, erzählt er, »in Warschau habe ich einen atheistischen Juden erlebt! Einen, der so orthodox war, daß es orthodoxer gar nicht mehr geht! Einen Zionisten der ersten Stunde! Einen, der überzeugter Sozialist war! Einen hochgelehrten, der den ganzen Talmud auswendig wußte! Einen skeptischen, der an überhaupt nichts glaubte! Einen, der jeden Moment den Messias erwartet!«

»Nu, bei Hunderttausenden von Juden ist das doch nicht verwunderlich!«

»Das war aber alles ein und derselbe!«

Oder in jener anderen Anekdote, die uns vor Augen führt, daß es immer schwieriger ist als gedacht, Jude zu sein:

Ein Bahnhofswartesaal in den frühen zwanziger Jahren. Strecke Warschau–Berlin. Ein kleiner, ziemlich ärmlich aussehender Jude mit schwarzem Kaftan, Vollbart und Hut mustert eindringlich einen bedrückt wirkenden Herrn mit Goldrandbrille, gepflegtem weißem Schnurrbart und eleganten Kleidern. Nach einer guten Viertelstunde, die dem vornehmen Herrn unerträglich vorkommt, beugt sich der kleine Jude etwas vor und fragt leise: »Verzeihen Sie, mein Herr, sind Sie Jude?«

»Aber nein, wie kommen Sie denn darauf?« zischt der andere gereizt zurück.

»Tut mir leid, das war nur so ein Eindruck.«

Ein, zwei Minuten verstreichen, dann versucht es der kleine Jude erneut:

»Entschuldigen Sie, mein Herr, daß ich insistiere. Aber sind Sie wirklich sicher, kein Jude zu sein?«

»Todsicher«, entgegnet der vornehme Herr am Rande eines Nervenzusammenbruchs, mit zusammengebissenen Zähnen.

»Und Sie haben auch nicht zufällig einen jüdischen Großvater oder eine jüdische Großmutter?«

»Nein, nein und nochmals nein!« brüllt der Gefragte außer sich vor Wut, aber er beruhigt sich schnell wieder, brütet eine Weile schweigend vor sich hin, schlägt abwechselnd die Beine übereinander, hebt schließlich den Kopf und murmelt ermattet:

»Also gut, ich gebe es zu: Ich bin Jude ...«

»Was?« schreit der andere ungläubig. »Da wär ich nie drauf gekommen! Sie sind gar nicht der Typ ...«

Die nächste Anekdote ist geradezu ein Paradebeispiel für jüdische Logik, eine Art Leitmotiv, das selbstverständlich auch in dieser Sammlung nicht fehlen darf:

Ein weiser, alter Jude bekommt – je nach Version von Goebbels, einem Kosaken, Freund Fritz, einem Ketzer oder schlicht einem *Goj* – die höhnische Frage gestellt:

»Was kannst du mir über die talmudische Logik erzählen, Rabbi? Die soll das Geheimnis der jüdischen Intelligenz sein, hab ich gehört. Erklär mir doch mal, worum es da geht!«

»Kein Problem, mein Herr. Die Sache ist nur, daß man eine kleine Prüfung bestehen muß, um in diese Wissenschaft eingeweiht zu werden – drei einfache (!) Fragen, nicht mehr. Wer sie beantworten kann, ist zum Studium des Talmud zugelassen.«

»In Ordnung, laß hören!«

»Wie Sie wünschen. Hier ist die erste Frage: Zwei Männer fallen in einen Kamin. Als sie unten wieder rauskommen, ist der eine ganz rußig im Gesicht, der andere dagegen völlig sauber. Wer von den beiden geht sich waschen?«

»Blöde Frage«, erhält der Rabbiner zur Antwort. »Der mit dem rußigen Gesicht natürlich!«

»Falsch. Der mit dem sauberen Gesicht geht sich waschen. Und ich will Ihnen auch erklären, warum: Nach ihrem Sturz durch den Kamin schauen die beiden sich an. Wie der mit dem schmutzigen Gesicht sieht, daß der andere ganz sauber ist, sagt er: ›Toll! Wir fallen in einen Kamin und kommen sauber wieder raus!‹ Der saubere aber sagt: ›Mensch, sind wir rußig! Ich muß mich augenblicklich waschen!‹«

»Ah«, brummt der *Goj*. »Kommen wir zur zweiten Frage.«

»Wie Sie möchten«, sagt der Rabbiner. »Zwei Männer fallen in einen Kamin. Als sie unten wieder rauskommen, ist der eine ganz rußig im Gesicht, der andere dagegen völlig sauber ...«

»Ach, nee! Wie einfallsreich ist unser lieber Rabbi! Stellt immer dieselbe Frage!«

»Nein, verzeihen Sie, das war die zweite Frage ...«

»Soso. Aber diesmal legst du mich nicht rein: Der mit dem sauberen Gesicht geht sich waschen!«

»Falsch, tut mir leid.«

»Was soll das heißen?«

»Diesmal geht der mit dem schmutzigen Gesicht sich waschen!«

»Und warum, bitte schön?«

»Nu, als der Mann mit dem sauberen Gesicht den anderen sieht, denkt er: ›Ich muß ja schlimm aussehen!‹ Dann schaut er aber seine Hände an und merkt, daß sie sauber sind. Also wäscht er sich nicht. Der mit dem rußigen Gesicht dagegen sagt, als er seinen sauberen Visavis sieht: ›Ist es möglich, daß einer sauber aus einem rußigen Kamin steigt? Nein, undenkbar. Ich muß also schmutzig sein!‹ Und wie er seine Hände anschaut, sind die ja tatsächlich schmutzig, also geht er sich das Gesicht waschen.«

»Ah«, brummt der andere wieder. »Und die dritte Frage?«

»Tja, also die dritte Frage ...«

»Sag schon!«

»Die dritte Frage lautet so: Zwei Männer fallen in einen Kamin. Als sie unten rauskommen ...«

»Willst du mich veräppeln, Jud? Das ist schon wieder die gleiche Frage!«

»Mitnichten! Die Worte sind vielleicht dieselben, aber der Sachverhalt ist ein ganz anderer ...«

»Ich weiß, ich weiß: Der schmutzige geht sich waschen!«

»Falsch, tut mir leid.«
»Verdammt noch mal! Und wie ist diesmal die richtige Antwort?«
»Die richtige Antwort, mein Herr, wäre die gewesen, daß die ganze Geschichte reiner Unsinn ist. Denn überlegen Sie doch mal: Daß von Zweien, die in einen Kamin gefallen sind, einer sauber und der andere schmutzig rauskommt, ist doch gar nicht möglich! Und schauen Sie, wer nicht einmal so weit denken kann, der braucht auch nicht den Talmud zu studieren ...«

Über das Verhältnis zwischen Kirche und Synagoge wird es noch einiges zu sagen geben. Nach westlicher Tradition stellt man sich die eine gern als weitblickende Dame vor, die andere als tumbes Weib mit verbundenen Augen. Auf dieses Vorurteil nimmt auch die folgende Anekdote Bezug, die überhaupt fast alle Wesenszüge dieses Verhältnisses in sich vereint:

Im Zug. Ein gelehrter Rabbiner und ein hoher Würdenträger der katholischen Kirche unterhalten sich über den ältesten Sohn des einen und den Lieblingsneffen des anderen.
»Mein Schimele«, sagt der Rabbiner, »ist sein Musterschüler. Im Moment geht er noch auf die *Jeschiwa*; ich will, daß er die überlieferten Schriften aus dem Effeff beherrscht. Später schicke ich ihn dann auf die Universität.«
»Mein Lukas«, sagt der Prälat, »besucht das Seminar. Er bringt ausgezeichnete Noten heim und brilliert in allen Fächern. Ich hätte gern, daß er sich danach an der Päpstlichen Universität einschreibt.«
»Mein Schimele möchte außer dem Talmud Medizin studieren. Er war immer der Klassenbeste.«

»Ich würde mich natürlich freuen, wenn Lukas sich fürs Priesteramt entscheidet. Vielleicht könnte er ja eine Stelle beim Vatikan bekommen.«

»Mein Schimele wird sein Studium bestimmt *summa cum laude* abschließen und bald ein renommierter Arzt sein.«

»Sicher macht Lukas rasch Karriere. Sollte mich nicht wundern, wenn er Bischof wird.«

»Wie ich meinen Schimele kenne, bringt er es in Kürze bis zum Professor.«

»Und ein paar Jahre später – Erzbischof.«

»Eine Leuchte der Wissenschaft wird mein Schimele werden.«

»Dann Kardinal – der jüngste Kardinal des ganzen Kollegiums!«

»Dutzende von medizinischen Traktaten wird mein Schimele verfassen, ganze Bände wird er schreiben und weltberühmt werden.«

»Und dann ... ich muß gestehen, ich sehe ihn schon auf dem Stuhle Petri sitzen, mit den weißen Paramenten angetan ... Ah, was für eine Genugtuung!«

»Und mein Schimele – der berühmteste Arzt der ganzen Welt ...«

Schweigen: Der Prälat seufzt, sagt aber nichts mehr. Nach einer Weile hält der Rabbiner es nicht länger aus, faßt sein Gegenüber fest ins Auge und fragt:

»Und dann?«

»Wie und dann? Was soll er denn noch werden? Etwa Gott?«

Der Rabbiner schweigt, streicht sich lächelnd über den Bart und murmelt dann:

»Nu, einer von den Unseren hat es geschafft ...«

Ach, die Welt war ein Dorf ... Lesen Sie die folgende etwas längere, aber aufschlußreiche Anekdote nach Henry Eilbirt und Sie werden verstehen, warum:

Im Zug. Zalman fährt in sein ungarisches Heimatstädtchen Maronze zurück. Kurz nachdem er eingestiegen ist, betritt ein vornehm wirkender, elegant gekleideter junger Mann sein Abteil. Der Unbekannte läßt sich nieder, holt eine Zeitung aus dem Aktenköfferchen und beginnt in aller Ruhe zu lesen. Als kurz darauf der Schaffner kommt und die Billetts verlangt, sagt der junge Mann: »Verzeihung, ich muß nachlösen. Bitte einmal nach Maronze.«

Zalman vergeht vor Neugierde. Wer mag das sein? Maronze ist ein winziger Ort, die *Gojim* dort kann man sich an den Fingern einer Hand abzählen. Nein, dieser junge Mann muß etwas mit Juden zu tun haben. Aber was? Moment mal ... vor zwei Monaten hat doch Rubenstein, der Mehlhändler, Bankrott gemacht: Ob das ein Gläubiger von ihm ist? Nein ... danach sieht er eigentlich nicht aus, viel zu vornehm. Und ein Revisor, der Rubensteins Geschäftsbücher prüfen kommt? Ha, in dem Fall kann er gleich wieder umdrehen: die hat Rubenstein mit Sicherheit längst verbrannt ...

Vielleicht ist er Arzt? Ach nein, Ärzte haben doch nicht solche Köfferchen. Und Staatsanwalt? Auch ausgeschlossen, in Maronze gibt es ja gar kein Gericht. Aber halt! Hab ich da nicht läuten hören, daß Levin eine seiner Töchter verheiraten will? Ja, sicher, das muß es sein! Nur welche? Sarele, die Älteste? Nein, für die ist dieser Herr zu jung. Malka? Gott behüte, einen so feschen Mann kriegt die nie, wie sie aussieht; da hilft ihre ganze Mitgift nichts, ist ja potthäßlich, die Ärmste ...

Hm, demnach muß es sich wohl um die Jüngste handeln, Naomi. Ja, die ist hübsch und wohlerzogen. Das paßt.

Wenn ich es mir recht überlege ... Hab ich nicht auch gehört, daß Levin eine gute Partie für seine Tochter gefunden hat? Aber sicher, einen Rechtsanwalt aus besten Budapester Kreisen! In seiner Familie soll es Rabbiner und Gelehrte geben. Wie hieß er noch gleich? Cohen! Stimmt, wie könnte es auch anders sein! Ein Budapester Rechtsanwalt also ... schön, schön. Moment mal, kann man in Budapest Anwalt sein und Cohen heißen? Nein, unmöglich! Bei all den Antisemiten, die es in der Hauptstadt gibt ... Er muß also den Namen geändert haben, laß mal sehen ... Cohen, Cohen, Cohen, bestimmt hat er einen gewählt, der so ähnlich klingt. Kovach? Ja, Kovach, jetzt hab ich's!

An diesem Punkt beugt Zalman sich zu dem Unbekannten vor:

»Doktor Kovach!« ruft er mit breitem Lächeln aus. »Erlauben Sie, daß ich Ihnen zur bevorstehenden Hochzeit mit Naomi Levin gratuliere. Meine allerbesten Wünsche!«

»Danke«, erwidert der junge Mann verblüfft. »Aber woher wissen Sie denn, daß ich Naomi Levin heirate?«

»Oh, das sieht man auf den ersten Blick«, entgegnet Zalman mit einer ausholenden Geste.

Wie kommt es, daß Gott die Zehn Gebote ausgerechnet den Juden und nicht einem anderen Volk gegeben hat? Erzählen wir der Reihe nach. Als erstes versucht Gott, seine Gebote den Ägyptern anzudrehen. »Was ist das für Zeug?« fragt ihn der Pharao. »Das sind Gesetze, von denen ich möchte, daß ihr sie befolgt. Zum Beispiel: ›Du sollst keine anderen Götter haben neben mir.‹« »Interessiert uns nicht«, sagt der Pharao. »Wir können doch nicht alle unsere Götzen auf den Abfall werfen.«

Als nächstes geht Gott zu den Assyrern und macht ihnen dasselbe Angebot. Auch der assyrische Herrscher will wissen, worum es sich handelt. Aus Erfahrung klug geworden, packt Gott die Sache diesmal anders an: »Nun, das sind Vorschriften wie zum Beispiel ›Du sollst nicht töten‹.« »Ausgeschlossen«, erwidert der assyrische Herrscher. »Wir befinden uns mitten in einer Militärkampagne. Da können wir doch nicht daran denken, keinen zu töten!«

Da geht Gott mit derselben Ware bei den Kanaanitern hausieren und wieder denkt er sich eine neue Strategie aus: »Regeln, an denen ihr euch orientieren könnt, Verhaltensregeln, Lebensregeln, na, ihr versteht mich schon: ›Du sollst nicht ehebrechen‹ und so.« »Vergiß es«, winkt der kanaanitische Priester ab. »Mit solchen Sperenzchen kann ich meinen Leuten nicht kommen, da sind die gerade die Richtigen dafür!«

Am Ende seines Lateins angekommen, wendet Gott sich schließlich an die Juden: »Wollt ihr nicht meine Gebote haben?« fragt er Moses.

»Gebote? Was kosten die denn?«

»Kosten?« wiederholt Gott. »Die kosten gar nichts!«

»Ach so, gratis. Na, dann geben Sie uns mal zehn Stück.«

Die Anpassung – Utopie und Risiko, Wunschtraum und Gefahr, vor allem jedoch eine unbekannte Größe:

Vater (alt) und Sohn (jung) streiten seit Wochen. Der Junge hat das langweilige Leben in dem provinzlerischen

Schtetl satt und möchte in die Stadt ziehen. Endlich gelingt es ihm – dank der schweigenden, aber tatkräftigen Unterstützung der Mutter –, seinen Wunsch durchzusetzen. Er reist ab, die alten Eltern bleiben traurig zurück. Ohne ihren Sohn fühlen sie sich hilflos und verloren. »Wer weiß, wo er jetzt ist?« seufzt der Vater. »Eine Feder im Wind ... Hoffen wir, daß er nicht vom rechten Weg abkommt.«

Nach zwei Jahren kehrt der Sohn aus der Großstadt zurück, ein *Goj* vom Scheitel bis zur Sohle: keine *Peies* mehr, kein Bart ... Und als der am Boden zerstörte Vater spät am Abend in seinen Sachen kramt, findet er weder Gebetsschal noch *Tefillin*.

»Was für ein Unglück!« jammert der Vater.

Am nächsten Morgen wacht der Junge ziemlich spät auf. Sein lautes Gähnen ruft die Mutter herbei, mit schwimmenden Augen tritt sie an sein Bett und schluchzt: »Mein Sohn, *Peies* und Bart hast du nicht mehr, Gebetsschal und *Tefillin* auch nicht. Sag: Bist du wenigstens noch beschnitten?«

Polen um die Jahrhundertwende. Volkszählung. Ein Student begibt sich aufs Einwohnermeldeamt, um das entsprechende Formular auszufüllen. Beim Stichwort »Nationalität« zögert er einen Moment, um dann »Jude« einzutragen. Der Beamte ist nicht einverstanden.

»Was soll das?« schimpft er. »Warum schreibst du Jude und nicht Pole? Du wohnst doch in Polen und hast die polnische Staatsangehörigkeit!«

»So einfach ist das nicht«, erwidert der Student. »Lassen Sie mich erklären: Mein Vater und meine Mutter haben ihr Leben lang in Berlin gewohnt, sie sind also Deutsche. Ein Bruder von mir lebt in Petersburg und ist folglich Russe, ein anderer wohnt in Bukarest und ist Rumäne. Außerdem habe ich eine Schwester in Paris, die sich mit gutem Recht für eine Französin hält, und eine in London, die selbstverständlich Engländerin ist. Einer meiner Onkel wohnt in Budapest, das heißt, er ist Ungar, und ein anderer lebt in Den Haag und ist also Holländer. Angesichts dieser Lage habe ich mir gesagt: In einer so großen Familie fehlt eigentlich nur noch ein Jude ...«

»Der Prophet Jonas wurde vom Leviathan verschluckt und landete in dessen Magen«, erklärt der Lehrer während der Bibelstunde.
»Aber Herr Lehrer, die Walfische haben doch eine ganz enge Speiseröhre! Wie kommt da ein Mensch durch und in seinen Bauch rein?«
»Vergeßt nicht, Kinder, daß Jonas ein Jude war. Und die Juden kommen bekanntlich überall rein ...«

Kurzer Wortwechsel:
Moischele: »Wie geht's, Awroimele?«
Awroimele: »Nu, wie kann's einem Juden schon gehen?«
Moischele: »Und die Geschäfte, wie laufen die, Awroimele?«
Awroimele: »Nu, wie können die Geschäfte eines Juden schon laufen?«
Moischele: »Hast du eine Wohnung gefunden?«
Awroimele: »Nu, meinst du, in einer so großen Stadt findet man keine Wohnung?«
Moischele: »Sag mal, Awroimele: Wie kommt es eigentlich, daß wir Juden jede Frage mit einer Gegenfrage beantworten?«
Awroimele: »Nu, sag du mir, Moischele: Was spricht dagegen?«

Klassenaufsatz zum Thema »Der Elefant«. Die Kinder haben vor kurzem einen Ausflug in den Zoo gemacht. Jeder darf seinem Aufsatz die Überschrift geben, die er möchte. Die Schüler betiteln: »Der Elefant in seiner natürlichen Umgebung«, »Das Sozialverhalten des Elefanten«, »Was die Elefanten essen«.
Titel des Aufsatzes von Moses Levi: »Der Elefant und die Judenfrage.«

Von diesem Witz gibt es so unglaublich viele Varianten, daß er mir schon fast zum Hals heraushängt. Nicht zufällig heißt es ja: »Klassisch ist, was nachgeahmt wird.« Wie finden Sie die:

Diesmal handelt es sich um eine Aufnahmeprüfung zu irgend etwas (Kunstakademie, Fremdenlegion, Flugzeugpilot, Barmann in einem Nachtclub, Mister Universum, Verkaufsleiter u. ä.). Die Kandidaten müssen einen Aufsatz zu einem weitgefaßten Thema schreiben. Das Thema lautet auch diesmal »Der Elefant«. Jeder Kandidat soll seiner Arbeit einen passenden Untertitel geben.
Untertitel des Franzosen: »Das Liebesleben der Elefanten.«
Untertitel des Deutschen: »Gruppenhierarchie bei den Elefanten.«
Untertitel des Italieners: »Was Elefanten essen.«
Untertitel des Juden: »Der Elefant und die Judenfrage.«

Über mehr oder weniger gelungene, um nicht zu sagen zweifelhafte Wunder werden wir noch einiges zu erzählen und zu lachen haben. Die folgende Schnurre, die keiner wie Moni Ovadia zu erzählen weiß, führt uns ins weite Feld des göttlichen Waltens, das bekanntlich ebenso vielfältig wie unvorhersehbar ist ...

Ein katholischer Pfarrer, ein muslimischer Imam und ein jüdischer Rabbiner prahlen ein jeder mit den Wundertaten seines Gottes.

»Der Herr unser Vater ist allmächtig und vollbringt die unglaublichsten Wunder«, hebt der christliche Pfarrer an. »Eines Tages befand ich mich an Bord eines Schiffs inmitten des Atlantischen Ozeans. Wir waren unterwegs zu einer Bischofskonferenz in den Vereinigten Staaten. Das Schiff war nagelneu, eine mit allen Schikanen ausgestattete Luxusjacht. Plötzlich taucht am Horizont eine riesige, für die Jahreszeit völlig atypische Windhose auf. Sie nähert sich ... ich möchte fast sagen, mit Überschallgeschwindigkeit. Das vorher ruhige Meer ist binnen Sekunden aufgewühlt, der Himmel verfinstert sich, kurz: der Wirbelsturm ist drauf und dran, unser Schiff zu verschlucken. Da falle ich auf die Knie und bete mit tiefster Inbrunst zu Gott, er möge uns verschonen. Und stellt euch vor: Der Sturm hat über eine halbe Stunde getobt, er hat um uns herum Wände von Wasser aufgetürmt, Vögel und Fische mit sich fortgerissen, aber uns hat er nichts angetan. Denn wir ... wir befanden uns im Zentrum des Wirbels und dort war das Wasser still und spiegelglatt. Der Sturm hat – o Wunder des Himmels! – keinem von uns auch nur ein Haar gekrümmt.«

»Pah, das ist ja gar nichts«, erwidert der Imam geringschätzig. »Unser allmächtiger Allah kann viel mehr. Hört zu, was ich euch erzähle: Eines Tages begebe ich mich mit einigen Schülern auf die Pilgerreise nach Mekka. Mit einer langen Kamelkarawane brechen wir in Damaskus auf und dringen immer tiefer in die Wüste ein. Wir ziehen stundenlang unter der glühenden Sonne dahin, und nur wenn wir zu einer Oase kommen, machen wir kurz halt, um uns und die Tiere zu erfrischen. Mehrere Tage verläuft unsere Reise ohne größere Zwischenfälle, aber dann passiert etwas Seltsames: Wir sind nicht mehr weit von der Heiligen Stadt entfernt, es ist die heißeste Stunde des Tages, die Kamele schleppen sich mit hängenden Zungen dahin, ihre Nasen berühren fast den brennenden Sand, als wir in der Ferne ein Pfeifen vernehmen – zuerst verschwommen und kaum wahrnehmbar, dann immer lauter und deutlicher. Plötzlich taucht hinter einer etwas höheren Düne eine Sturmwolke auf, pechschwarz und bedrohlich wie ein Raubtier. Sie hätte binnen Sekunden unsere ganze Karawane wegfegen können. Was tun? Ein Unterschlupf war weit und breit nicht in Sicht, nur Sand, so weit das Auge reichte. Da bin ich von meinem Kamel gestiegen, habe mich, das Gesicht nach unten, der Länge nach auf den Boden geworfen und mit aller Kraft zu Allah gebetet: ›Allah, erspare uns dieses Unheil so kurz vor der Ankunft in Mekka! Allah, Allah, erhöre mein verzweifeltes Rufen!‹ Nun, werte Kollegen, Allah hat mein verzweifeltes Rufen erhört, denn der Sandsturm hat einen Bogen um uns herum gemacht und sein Zerstörungswerk in einer anderen Richtung fortgesetzt. O, Wunder über Wunder! Gelobt sei Allah!«

»Nicht schlecht«, gibt der Rabbiner zu und schnalzt anerkennend mit der Zunge. »Mein Gott kann jedoch noch viel mehr. Für ihn sind das, was ihr da erzählt habt, Kinderspielchen, Bagatellen, Kleinkram. Hört, wozu mein Jahwe in der Lage ist: Vor ein paar Monaten bin ich, wie an jedem Sabbat, nach dem Morgengebet zu Fuß von der Synagoge nach Hause zurückgegangen. Ihr wißt ja, daß es in New York im Sommer furchtbar schwül ist, oft lastet der Himmel wie eine Bleiglocke auf der Stadt. Das ist noch viel, viel schlimmer als in der Wüste. Und ich mit meinem schwarzen Kaftan aus reiner Schurwolle, darunter Jacke, Hemd und Unterhemd, auf dem Kopf meinen schönen Woll*streimel* mit gerade erneuertem Pelzbesatz, also ich kann euch sagen, mir lief das Wasser in Strömen herunter. Aber so ist das im Sommer nun mal und wir Juden sind bekanntlich große Dulder. Natürlich ging ich sehr langsam und mit gesenktem Kopf, um die glühende Sonne nicht im Gesicht zu haben. Ich gestehe, ich war müde, und der Gedanke, daß mich daheim das übliche Sabbatgericht erwartete, war auch nicht gerade aufmunternd: zuerst eine Scheibe *gefillter Fisch* – kalt, so Gott will – und dann, dann, dann der *Tscholent*, für gewöhnlich heiß wie ein ausbrechender Vulkan. Ihr wißt vielleicht, daß es sich hierbei um einen Eintopf aus Gerste und Bohnen handelt, mit Fleischstückchen und gefüllten Därmen drin, der ab Freitag nachmittag ununterbrochen im Backofen gart. Er schmeckt zwar lecker, ist aber höllisch heiß und aufgrund des vielen Fetts ziemlich schwer bekömmlich – unter uns gesagt, ein denkbar ungeeignetes Gericht für einen schwülen Sommertag in New York. Ihr könnt euch also denken, daß meine Laune nicht gerade glänzend war. Um mich ein wenig aufzurichten beziehungsweise nicht noch deprimierter zu werden, betete ich den einen oder anderen Psalm vor mich hin. Aber der Tag hatte noch eine große Überraschung für mich bereit. Wie ich in der sechzehnten Straße um die Ecke biege und in die halb verfallene, enge Häuserschlucht eintrete, an deren Ende ich nochmals nach rechts und dann nach links gehen muß, um zu meiner bescheidenen Wohnung zu gelangen, was sehen meine müden Augen da auf dem Bürgersteig liegen, achtlos hingeworfen wie eine Bananenschale, ein kaputter Schuh oder eine leere Büchse? Ratet mal? Einen 500-Dollar-Schein! Fünfhundert runde Dollar, sage ich euch, keiner weniger und keiner mehr ... Meine Müdigkeit war mit einem Schlag verflogen. Als erstes hab ich mir gesagt: ›Avrom, die Gelegenheit darfst du dir nicht entgehen lassen‹ und bin mit meinem schweren Schuh auf den Schein getreten. Nun wißt ihr bestimmt, daß es uns Juden strengstens verboten ist, am Sabbat Geld bei uns zu tragen, anzunehmen oder auszugeben; der Sabbat ist ein ganz besonderer, ein heiliger Tag. Ich wußte das natürlich auch. Was also tun? Ich stand vor einem schwierigen Problem. Bei der Hitze und um die Uhrzeit, hab ich mir gedacht, ist es undenkbar, daß du wie ein Steingötze mit dem Fuß auf diesem Schatz stehenbleibst und wartest, daß die Sonne untergeht und die drei Sterne am Himmel erscheinen, die das Ende des Sabbats anzeigen. Und außerdem: Was wird Riwkele sagen? Die wartet bestimmt schon im Festtagskleid und mit gedecktem Tisch auf dich. Nein, Stehenbleiben kam nicht in Frage. Da habe ich mit vor Liebe und Frömmigkeit überlaufendem Herzen meinen Herrn angefleht und sein Lob gesungen mit Worten, die sanft wie die Gazellen Israels waren und süß wie der Honig, der in seinen Bächen fließt. Mein Lobpreis stieg zum Himmel empor und Gott hat mich erhört. Denn nun ereignete sich ein Wunder: Der Himmel tat sich auf, ein Sonnenstrahl so hell, daß er alle anderen überstrahlte, durchzuckte das Blau, und stellt euch vor: rings um mich herum war Sabbat, in den Häusern, in den Straßen, im ganzen Stadtviertel, überall war und blieb es Sabbat, aber just dort, wo ich stand, an diesem winzigen Fleck, auf meiner Hand, auf meinem Fuß, der den Geldschein festhielt, auf meinem schwarzen Hut und auf den Falten meines Kaftans, nun, was soll ich euch sagen, dort war Donnerstag ...«

»Ich bin stolz darauf, Jude zu sein!« sagte Awroimele eines Tages.
»Warum?« wurde er gefragt.
»Nu, würde es mir etwas nützen, nicht stolz darauf zu sein? Ein Jude würde ich trotzdem bleiben ...«

Pizzas, Salzgebäck, knusprige Kartoffelchips, Kanapees mit Streichkäse, lachsgefüllte Eier, Olivenpaste, Sardellensandwichs, Spießchen mit Gruyière und Oliven, in rosa Majonnaise getauchte Brotwürfel, Blätterteigpasteten und dazu ein spritziger Weißwein, kalt, aber nicht zu kalt serviert ... Eine Vorspeise dieser Art kann Sie auf den Geschmack bringen, Ihren Appetit anregen und den geeigneten Auftakt zu einem üppigen Essen darstellen, sie kann Ihnen aber auch noch eine Woche später auf dem Magen liegen, Ihre Geschmacksnerven überfordern und Ihrem Zwölffingerdarmgeschwür den Gnadenstoß versetzen. Bescheidene Mengen, aber intensiver, lang anhaltender Geschmack: unter diesem Motto wollte ich mein Buch beginnen. Nun sei es Ihrem Magen überlassen, ob Sie weitertafeln möchten oder nicht ...

Im trauten Kreise der Familie

Frau: Liebst du mich?
Mann: Ja.
Frau: Und sag, wie sehr liebst du mich?
Mann: Wie sehr hättest du's denn gern?

Rosa Friedmann: Ach, Liebling, wie glücklich könnte unsere Ehe sein, wenn ich nicht ständig Angst hätte, Witwe zu werden ...
Jonathan Friedmann: Mach dir mal keine Sorgen, Schatz. Solange ich lebe, wird das nicht passieren!

Eine hübsche, junge Frau ist auf einer Party. Am Finger trägt sie einen phantastischen Solitär, den keiner übersehen kann. Erst recht nicht die Frau, die zufällig neben ihr sitzt.
»Was für ein schöner Stein! Ich habe nie einen schöneren gesehen!«
»Danke. Das ist der Plotnick-Diamant.«
»Plotnick-Diamant? Was bedeutet das? Hat es mit dem Stein denn eine besondere Bewandtnis?« fragt die andere neugierig.
»Und ob, auf diesem Stein lastet ein Fluch.«
»Ein Fluch? Was für ein Fluch?«
»Herr Plotnick.«

Jonathan ist bei seinem Freund Joshua eingeladen, der daheim offensichtlich nicht viel zu melden hat. Kaum mit dem Abendessen fertig, befiehlt seine Frau in schroffem Ton:
»Bring den Abfall runter!«
»Ja«, erwidert Joshua.
Auf dem Weg zum Mülleimer sagt Jonathan zu ihm:
»Und ich dachte immer, bei euch zu Hause hättest du das letzte Wort ...«
»Stimmt ja auch. Ich hab doch ja gesagt, oder?«

Epstein ist mit den Nerven am Ende.
»Na, was ist dir denn über die Leber gelaufen?« fragt Ginzberg.
»Meine Frau. Ich halte sie nicht mehr aus. Ich halte sie nicht mehr aus!« stöhnt Epstein und rauft sich die Haare.
»Was? Eine nettere und sanftere Frau als deine Mirele gibt es doch gar nicht!«
»Kann ja sein, aber sie will ständig Geld von mir!«
»Ach, und wofür?« fragt der Freund.
»Keine Ahnung. Ich geb ihr ja nie welches.«

Ostropoler kommt von einer Geschäftsreise zurück und seine Frau gesteht ihm, daß sie ihn betrogen hat.
»Mit wem? Sag mir sofort, mit wem!« brüllt Ostropoler außer sich. »Etwa mit diesem Hund von Feinberg?«
»Nein, mit Feinberg nicht.«
»Mit wem dann? Ah, ich weiß schon, mit Kohen ... Dieser Lump, wußt ich's doch gleich!«
»Nein, mit Kohen noch viel weniger.«
»Mit Fischmann?« bohrt der arme Gatte weiter.

»Nein, mit Fischmann auch nicht«, erwidert die Frau.
Und Ostropoler enttäuscht:
»Ja, wie? Ist dir keiner meiner Freunde gut genug?«

Der neunzigjährige Chaim liegt im Sterben. Seine Frau weicht ihm nicht von der Seite und weint sich die Augen aus.
»Ach, Chaim, Liebster, was mach ich ohne dich? Du bist mein ein und alles! Laß mich nicht alleine, ich flehe dich an ...«
»Keine Sorge, Liebling«, haucht der Sterbende. »Sobald ich drüben im Jenseits angekommen bin, besorg ich dir ein Ticket und laß dich nachkommen ...«

Die junge Sarele steht kurz vor der Hochzeit und heult wie ein Schloßhund.
»Hör doch auf zu weinen. Auch ich habe einmal geheiratet«, versucht die Mutter sie zu trösten.
»Kunststück, Mama: Du hast Papa geheiratet«, schluchzt die Tochter. »Ich muß einen wildfremden Mann heiraten ...«

Ein Mann schickt seine Frau für einen Monat auf Kur. Nach knapp einer Woche steht sie wieder vor der Haustür.
»Nanu? Du bist schon wieder hier?«
»Ja, ich bin bereits völlig erholt!«
Der Ehemann seufzt:
»Könnte ich das bloß auch sagen ...«

Mitten in der Nacht. Riwkele reißt ihren Mann aus dem Tiefschlaf:
»Baruk, wach auf! Baruk! Komm, jetzt gehst du ein

bissl das Kind wiegen – denk dran, daß es zur Hälfte auch dir gehört!«

Baruk reibt sich müde die Augen und sagt:

»Schläfer du schon mal deine Hälfte ein, Riwkele. Wenn du fertig bist, steh ich auf und erledige meine ...«

Zwei fast hundertjährige Ehegatten treten vor den Rabbiner, um sich scheiden zu lassen. »Wie lange seid ihr verheiratet?« fragt der Rabbiner.

»Zweiundsiebzig Jahre«, erwidern die beiden wie aus einem Munde.

»Und seit wann vertragt ihr euch nicht mehr?«

»Seit mindestens einundsiebzig«, lautet die Antwort.

»Warum habt ihr euch dann nicht früher scheiden lassen?«

»Weil wir zuerst noch die Kinder beerdigen wollten«, entgegnen die beiden Alten.

Es war einmal ein Rabbiner, der sehr weise und sehr, sehr diplomatisch war. So weise und so diplomatisch, daß er einen Schüler hatte, der diese Kunst von ihm erlernen wollte. Eines Tages bittet Arjeh Leib um eine Audienz bei diesem Rabbiner und fängt an, sich über seine Frau zu beschweren: Sie schimpft mit ihm, sie vernachlässigt ihn, sie behandelt ihn wie das letzte Stück Dreck. Kurz, Arjeh Leib kommt nicht umhin, sie bisweilen zu schlagen.

»Du hast recht«, beruhigt ihn der Rabbiner.

Wenige Tage später bittet auch Arjeh Leibs Frau, Rokele, um eine Audienz beim Rabbiner und fängt ihrerseits an, sich über ihren Mann zu beschweren: Er ist unflätig und grob, ein nichtsnutziger Tagdieb, und obendrein schlägt er sie, weil er nie zufrieden ist. Ein Kreuz ...

»Du hast recht«, gibt der Rabbiner zu.

Kaum ist die Frau hinausgegangen, als sich der junge Schüler schüchtern an seinen Meister wendet:

»Entschuldigen Sie, Rabbi, aber wie können denn alle beide recht haben? Das ist doch unmöglich ...«

Der Rabbiner schlägt die Augen nieder, krault sich den Bart und denkt lange nach, dann hebt er endlich den Kopf, sieht seinen Schüler an und sagt mit einem nachsichtigen Lächeln:

»Soll ich dir was sagen? Du hast auch recht ...«

Ein alter Jude geht zum Rabbiner. Er will sich scheiden lassen.

»Wie lange bist du verheiratet?« fragt der Rabbiner.

»Zweiundfünfzig Jahre.«

»Was? Du hast erst nach so langer Zeit gemerkt, daß du deine Frau nicht brauchst?«

»Nein, das nicht, aber ... Passen Sie auf, Rabbi, ich will es Ihnen erklären: Nicht ich, sondern meine Eltern wollten diese Ehe. Ich war bei meiner Hochzeit gerade achtzehn Jahre alt. Schon eine Woche später war mir klar, daß meine Frau eine Hexe ist. Also bin ich zu meinem Vater gegangen und hab ihm gesagt, daß ich mich scheiden lassen möchte. Aber mein Vater hat gesagt: ›Nein, das wäre eine Riesenschande. Wo ihr doch kaum eine Woche verheiratet seid! Versuch's noch mal. Bestimmt ist deine Frau gar nicht so schlimm, wie du denkst.‹ Ich hab's ein paar Monate versucht, dann bin ich wieder zu meinem Vater gegangen. Der hat mich so lange ausgefragt, bis rauskam, daß meine Frau schwanger war. ›Eine schwangere Frau verstoßen? Was fällt dir ein! So eine Schande, wir könnten uns ja nirgends mehr blicken lassen!‹ Was blieb mir da anderes übrig, als zu warten? Und vor lauter Warten kam ein Kind nach dem andern zur Welt, Jungs und Mädchen, bunt gemischt. Ich frage Sie, Rabbi, wie hätte ich meine Frau da verlassen können?«

Der Rabbi schüttelt verständnisvoll den Kopf. »Und heute?« fragt er. »Warum meinen Sie, Ihre Frau heute verlassen zu können?«

»Weil ich gestern mein letztes Mädel verheiratet habe«, kommt es wie aus der Pistole geschossen. »Jetzt kann mir jede Schande egal sein. Ich will die Scheidung, Rabbi! Was zuviel ist, ist zuviel!«

Ein betagtes Ehepaar hat gerade die letzte Tochter verheiratet und sitzt in der nunmehr leeren Wohnung am Küchentisch, um der verflossenen Zeiten zu gedenken und den ein oder anderen Plan für die Zukunft zu schmieden. Sagt Elieser zu Esterle:

»Wir sind alt geworden, meine Liebe. Ich glaube, wir sollten uns langsam an den Gedanken gewöhnen, daß wir eines Tages nicht mehr sein werden ... Also, nur damit du's weißt: Für den Fall, daß einer von uns beiden stirbt, ziehe ich augenblicklich ins Gelobte Land ...«

Ein uralter Witz:

Ezechia in vertraulicher Unterhaltung mit seinem Freund Nachum: »In meiner Ehe haben wir uns alle Aufgaben und Pflichten geteilt.«

»Ach ja? Und wie?« fragt Nachum interessiert.

»Meine Frau kommt für das Tägliche auf. Sie bezahlt Miete, Versicherungen und was eben so anfällt. Ich bin für die nationale Staatsschuld und die Landung auf dem Mars zuständig.«

Aber der hier ist noch älter:

Aaron steht kurz davor, Vater zu werden. Während seine Frau in den Wehen liegt, tigert er nervös im Krankenhauskorridor auf und ab. Die Zeit will nicht vergehen. Endlich dringt ein schwaches Wimmern aus dem Kreißsaal.

»Gott sei Dank, es ist ein Mädchen«, seufzt der frischgebackene Vater erleichtert. »Wenigstens bleibt ihr erspart, was ich gerade durchgemacht habe.«

Vater und Sohn streiten. »Als ich so alt war wie du«, schimpft der Vater, »waren die jungen Männer noch höflich und hatten Respekt. Heute sind sie alle rotzfrech ...«

Die Großmutter, die den Satz zufällig aufgeschnappt hat, kann sich eines Kommentars nicht enthalten:

»Aber was sagst du denn da? Gerade das Gegenteil ist der Fall! Die jungen Männer von früher ... ja, die waren noch frech! Heute sind sie viel zu anständig. Nimm mich als Beispiel: Bin ich vor fünfzig Jahren nicht ständig belästigt worden? Nu, heute kommt das kaum noch vor ...«

Früher war eine Heirat etwas ziemlich Kompliziertes – bei weitem nicht nur die Krönung einer unvergänglichen Liebe. Da spielten gesellschaftliche und finanzielle Gesichtspunkte mit, oft war sie eine Frage des Anstands, manchmal sogar des Überlebens. Obwohl nach jüdischer Glaubenstradition bereits bei der Geburt eines Babys dessen zukünftiger Lebenspartner im Himmel bestimmt wird – eine poetische Vision, geben Sie's zu –, hat es in den Gettos, *Schtetlak* und Judenvierteln in Ost und West nie an unglücklichen, von böswilliger oder auch nur ungeschickter Hand zusammengeführten Paaren gefehlt.

Hochzeitszeremonie. Die Braut vergießt keine einzige Träne. Als alles vorbei ist, nimmt die Mutter sie zur Seite und schimpft:
»Warum hast du nicht geweint? Du weißt doch, daß die Tränen der Braut Glück bringen!«
Und die Tochter:
»Warum ich? Soll der weinen, der mich geheiratet hat!«

Ein alter Mann möchte mit einem jungen Mädchen in den Hafen der Ehe einlaufen. Es ist alles geregelt, doch am Tag der Hochzeit erscheint die Braut nicht zur Zeremonie – einfach verschwunden. Man sucht und findet sie schließlich, Rotz und Wasser heulend, in ihrem Zimmer. Auf die Frage, weshalb sie weint, erwidert sie: »Weil ich einen alten Mann heiraten muß.«
»Sie soll nicht dumm sein«, poltert der Alte, dem ihre Antwort überbracht wird. »Je länger sie's rauszögert, desto älter werde ich.«

Oft wurde auch der sogenannte *Schadchen*, ein Heiratsvermittler, eingeschaltet, über den es unzählige Witze gibt. Einem fliegenden Händler gleich, reist der Schadchen unermüdlich von Stadt zu Stadt und Dorf zu Dorf, um verwandte Seelen zusammenzuführen, für jeden die richtige Partie zu finden, die bestmögliche Mitgift herauszuschlagen und günstige Abkommen zwischen den Eltern auszuhandeln. Obwohl der Schadchen meist recht zerlumpt daherkommt und ein großer Jammerer ist – von Berufs wegen interessiert und manchmal direkt unsympathisch –, weiß er gut, daß sein Metier mit zu den nobelsten gehört, die es überhaupt gibt – so nobel, daß er sich auf eine Stufe mit Gott stellt, der die Paare schon im Augenblick ihrer Zeugung vereint.

Der Bewerber hat auszusetzen, daß die Braut ein kürzeres Bein hat und hinkt. Der Schadchen widerspricht ihm. »Sie haben unrecht. Nehmen Sie an, Sie heiraten eine Frau mit gesunden, geraden Gliedern. Was haben Sie davon? Sie sind keinen Tag sicher, daß sie nicht hinfällt, sich ein Bein bricht und dann lahm ist fürs ganze Leben. Und dann die Schmerzen, die Aufregung, die Doktorrechnung! Wenn Sie aber diese nehmen, so kann Ihnen das nicht passieren; da haben Sie eine fertige Sach.«

Der soeben zitierte Witz stammt aus Sigmund Freuds Aufsatz »*Der Witz und seine Beziehung zum Unbewußten*«, in dem Freud einige der bekanntesten jüdischen Schnurren und Witze erzählt, um sie hernach gewissenhaft auseinanderzunehmen und den unbewußten Ursprung ihrer Pointen aufzudecken. Im übrigen unternimmt der Erfinder der Psychoanalyse nichts, aber auch gar nichts, um seinen werten Leser von der Überzeugung abzubringen, Humor sei eine rein jüdische Angelegenheit: In Freuds Aufsatz wimmelt es nur so von *Schnorrern* und *Schadchen*, Rabbinern und Rebekkas. Ich weiß, daß die Anekdoten des Meisters bereits tausendmal erzählt worden sind, aber er erzählt sie wirklich so gut, daß wir es uns nicht verkneifen können, ihn auch in dieser Sammlung hin und wieder zu Wort kommen zu lassen. Manchen seiner Schnurren ist vollständigkeitshalber die klassische Version nachgestellt wie im folgenden Fall:

Ein Schadchen hat zur Besprechung über die Braut einen Gehilfen mitgebracht, der seine Mitteilungen bekräftigen soll. »Sie ist gewachsen wie ein Tannenbaum«, meint der

Schadchen. – »Wie ein Tannenbaum«, wiederholt das Echo. – »Und Augen hat sie, die muß man gesehen haben.« – »Heißt Augen, die sie hat!« bekräftigt das Echo. – »Und gebildet ist sie wie keine andere.« – »Und wie gebildet!« – »Aber das eine ist wahr«, gesteht der Vermittler zu, »sie hat einen kleinen Höcker.« – »Aber ein Höcker!« bekräftigt das Echo.

Traditionellere Versionen:

Ein Schadchen beschließt, seinen Sprößling in die Geheimnisse des eigenen Berufs einzuweihen, und sagt: »Heute kommst du zu Herrn Grün mit, dem ich eine Partie für seinen Sohn vorschlagen möchte. Ich verhandle und du hilfst mir dabei.«

»Und wie kann ich dir helfen, Papa?« fragt der junge Mann bereitwillig.

»Ganz einfach: Ich lobe und du übertreibst …«

Kaum bei Grün angekommen, beginnt der Schadchen seine Kandidatin in den höchsten Tönen zu loben:

»Gute Familie …«

Und der Sohn: »Gute Familie? Hochadel!«

»Der Vater ist sehr reich …«

»Der reinste Rockefeller!«

»Und was das Mädchen betrifft«, fährt der Schadchen fort, »ausgezeichnete Figur …«

Sein Sohn fällt ihm ins Wort:

»Was redest du von der Figur? Eine Aphrodite von Kopf bis Fuß!«

»Und außerdem gescheit …«

»Eine Intelligenzbestie!«

Angesichts von so vielen Vorzügen beginnt sich bei dem potentiellen Kunden Verdacht zu regen.

»Das klingt ja alles sehr schön«, sagt er. »Aber irgendeinen Makel wird dieses Mädchen doch auch haben, oder?«

Der Schadchen denkt einen Augenblick nach, kratzt sich am Kopf und erwidert dann mit gesenktem Blick:

»Nun, ich muß gestehen ... sie hat einen kleinen Buckel.«

Und der Sohn: »Kleinen Buckel? Ein richtiges Gebirge ist das!«

Randbemerkung (vom Thema abweichend):

Ben Menachem preist den Allmächtigen und lobt seine Taten:

»Gott hat alles schön gemacht ...«

Ein Ungläubiger hört den Satz und entgegnet in spöttischem Ton:

»Ach ja, Ben Menachem? Und du mit deinem Buckel, gehörst du auch zu den Wundern der Schöpfung?«

Der Verhöhnte läßt sich nicht entmutigen:

»Selbstverständlich, mein Lieber. Als Buckliger bin ich absolut perfekt ...«

Lassen Sie uns noch einmal Freud zitieren. Hier zwei seiner berühmtesten Schadchen-Witze:

Der Bräutigam ist bei der Vorstellung der Frau sehr unangenehm überrascht und zieht den Vermittler beiseite, um ihm flüsternd seine Einwände mitzuteilen. »Wozu haben Sie mich hierhergebracht?« fragt er ihn vorwurfsvoll. »Sie ist häßlich und alt, schielt und hat schlechte Zähne und triefende Augen ...« – »Sie können laut sprechen«, wirft der Vermittler ein, »taub ist sie auch.«

Der Bräutigam macht mit dem Vermittler den ersten Besuch im Haus der Braut, und während sie im Salon auf das Erscheinen der Familie warten, macht der Vermittler auf einen Glasschrank aufmerksam, in welchem die schönsten Silbergeräte zur Schau gestellt sind. »Da, schauen Sie hin, an diesen Sachen können Sie sehen, wie reich diese Leute sind.« – »Aber«, fragt der mißtrauische junge Mann, »wäre es denn nicht möglich, daß diese schönen Sachen nur für die Gelegenheit zusammengeborgt sind, um den Eindruck des Reichtums zu machen?« – »Was denken Sie denn?« antwortet der Vermittler abweisend. »Wer wird denn den Leuten was borgen!«

Und zum letzten Witz hier die Quelle des Doktor Freud:

Der Schadchen begleitet einen Freier ins Haus eines heiratswilligen Mädchens. Die beiden Gäste werden in einen Empfangssalon geführt, der geradezu feudal eingerichtet ist. Mit sichtlicher Genugtuung klopft der Schadchen dem jungen Mann auf die Schulter:

»Gemälde, Silber, Porzellan in Hülle und Fülle ... Da staunen Sie, was?«

Der junge Mann gibt sich zurückhaltend:

»Wer sagt mir, daß das alles wirklich ihnen gehört? Womöglich haben sie es sich eigens für diesen Tag gepumpt ...«

Der Schadchen winkt ab:

»Unsinn! Wer würde diesen Leuten schon was pumpen?!«

Der Heiratskandidat ist stocksauer auf den Schadchen, der ihm soeben die in höchsten Tönen besungene Braut in spe vorgestellt hat: »Wollen Sie mich zum Narren halten? Ein bezauberndes Geschöpf, haben Sie gesagt, ein Bild von einem Mädchen ... alles erstunken und erlogen! Die reinste Mißgeburt ist das: ein Ohr größer als das andere, Schielaugen, Kartoffelnase, Hängebacken ... ein Scheusal!«

»Verstehe, verstehe«, nickt der Schadchen seelenruhig. »Picasso ist nicht Ihr Fall ...«

Ein Heiratsanwärter wendet sich auf der Suche nach einer Braut an den Schadchen. Der schwärmt ihm von einem Mädchen vor, das er gerade an der Hand hat. Als er mit seinem Loblied zu Ende ist, rückt der junge Mann, der offensichtlich nicht ganz überzeugt ist, mit einer Bedingung heraus. »Hören Sie: Bevor ich ein Mädchen heirate, möchte ich sie wenigstens einmal ohne Kleider sehen. Nicht, daß sie mir irgendeinen versteckten körperlichen Defekt hat ...«

Der Schadchen ist sprachlos: Was der junge Mann da verlangt, ist unerhört und verstößt außerdem gegen das mosaische Gesetz. Doch der Kunde beharrt auf seiner Forderung.

Na ja, Geschäft ist Geschäft, sagt sich der Schadchen, und im Grunde bin ich ja Heiratsvermittler von Beruf, nicht Gesetzeshüter.

Die Braut in spe – und erst recht ihr Vater – sind natürlich entsetzt, als er ihnen die Bitte seines Kunden vorträgt. Da die Heiratswillige aber nicht mehr die Jüngste ist und ihre Chancen, noch einen Mann fürs Leben zu finden, mit jedem Monat sinken, stimmt man am Ende zu.

Am Tag, der für die schicksalhafte Begegnung vereinbart ist, findet sich der Anwärter pünktlich im Hause des

Mädchens ein. Dieses verschwindet in einem Zimmer, läßt alle Hüllen fallen und ruft ihn dann herein, und obwohl der junge Mann respektvoll auf Distanz bleibt, kann er sich ein ziemlich genaues Bild machen. Wenig später bedanken Schadchen und Kunde sich beim Hausherrn und gehen.

»Nu, was sagen Sie zu dem Mädchen? Sind Sie zufrieden?«

»Nein.«

»Wie??? Sie ist doch völlig in Ordnung! Was haben Sie an ihr auszusetzen?«

»Die Nase. Mir gefällt ihre Nase nicht ...«

Der Schadchen preist einem heiratswilligen jungen Mann seine »Ware« an:

»Junger Mann, ich habe genau das Richtige für Sie: ein Mädchen aus bester Familie, intelligent, gebildet und ... jetzt kommt das Beste: eine Mitgift von zwanzigtausend Talern!«

Der Heiratsanwärter zeigt sich interessiert:

»Hm, nicht schlecht ... Und Sie hätten nicht zufällig ein Foto von ihr?«

»Aber ich bitte Sie! Bei einer Mitgift von zwanzigtausend Talern braucht es doch kein Foto!«

Ein junger Heiratskandidat hat gerade zum ersten Mal seine zukünftige Braut gesehen. Der Schadchen singt eine Lobeshymne auf das Mädchen. Als er endlich damit fertig ist, sagt der junge Mann halb ironisch, halb verzagt:

»Das ist ja alles schön und gut. Aber Sie haben eine winzige Kleinigkeit vergessen ...«

»Was denn?« fragt der Schadchen und stellt sich dumm.

»Das Mädchen hinkt!«
»Ja, aber doch nur beim Gehen!«

Ein Schadchen präsentiert sich bei einem Kunden in Wilna – einer ausgesprochen guten Partie – und teilt ihm mit, er habe die ideale Braut für ihn gefunden: ein liebes Dorfmädchen ohne Flausen im Kopf. Sie wohnt in einem gottverlassenen Nest namens Kutne. In weiser Voraussicht beschließt der junge Mann, die Sache persönlich zu überprüfen, bevor er zusagt. Eines schönen Morgens trifft er in Kutne ein. Da es jedoch noch zu früh ist, um bei den Eltern des Mädchens vorstellig zu werden, begibt er sich zum Frühstück in die Dorfgaststätte. Als Fremder erregt er natürlich Aufsehen und es dauert nicht lange, bis ein Einheimischer sich zu ihm setzt.

»Was führt Sie denn hierher? Geschäfte?«
»Nein.«
»Dann kann es sich nur um Heirat handeln. Wer ist denn die Glückliche, wenn ich fragen darf?«
»Chana Katsenfeld«, erwidert der junge Mann etwas gereizt. Sein Visavis fällt fast vom Stuhl:
»Chana Katsenfeld? Lassen Sie bloß die Finger von der! Die treibt es mit allen Soldaten aus der Garnison, das pfeifen hier im Dorf die Spatzen von den Dächern!«
Worauf er respektvoll grüßt und geht.

Tief beeindruckt bestellt der junge Städter sich noch eine Tasse Tee. Unterdessen kommt ein weiterer, ortsansässiger Jude herein. Die Szene von vorher wiederholt sich: dieselbe Frage, dieselbe Antwort.

»Chana Katsenfeld? Gott behüte! Im ganzen Dorf gibt es keinen einzigen Polizisten, mit dem die nicht schon ein Techtelmechtel gehabt hätte – das Mädchen hat einen gefährlichen Hang zu Uniformierten, Sie verstehen ...

Nein, junger Mann: Das ist nicht die richtige Partie für Sie. Hören Sie auf mich!«

Unser armer Heiratskandidat ist total verunsichert. Er beschließt, ein bißchen frische Luft schnappen zu gehen, bezahlt die Rechnung und verläßt den Gasthof. Vor der Tür stößt er auf den alten *Schammes* der Dorfsynagoge, der ihm wie gerufen kommt:

»Verzeihen Sie, mein Herr. Ich bin von auswärts und würde gerne etwas über die Katsenfelds erfahren. Ihre Tochter Chana soll angeblich eine ausgezeichnete Partie sein. Was halten Sie von dem Mädchen?«

»Also, um ehrlich zu sein ... gar nichts. Die war mit sämtlichen Gemeindeärzten schon mal im Bett ... Das bleibt aber bittschön unter uns!«

Nach dieser Antwort gibt der junge Mann sich geschlagen und fährt nach Wilna zurück. Am nächsten Tag geht er zum Schadchen und macht ihm bittere Vorwürfe:

»Sie Lump, Sie haben mich betrogen! Gestern war ich in diesem verdammten Kutne: Ihr liebes Mädchen ist ein dorfbekanntes Flittchen! Sie treibt es mit allen Soldaten, Polizisten und Gemeindeärzten des Ortes! Und mit so einer wollten Sie mich verheiraten, Sie unverschämter ...«

»Nun übertreiben Sie mal nicht«, erwidert der Schadchen gelassen. »Alle Soldaten, alle Polizisten, alle Gemeindeärzte ... Ich bitte Sie! Sie haben das Dorf doch gesehen: Eine Metropole ist das bestimmt nicht. Wie viele Soldaten, Polizisten und Gemeindeärzte kann es da schon geben?«

Der Schadchen begibt sich zu einem wohlhabenden Juden, um ihm eine Partie für die Tochter vorzuschlagen. Während des Gesprächs stellt sich heraus, daß der Anwärter nur auf einem Auge sieht.

»Was fällt Ihnen ein, meiner Tochter einen halbblinden Mann als Gatten vorzuschlagen?« fragt der Vater erzürnt.

»Es gibt große Gelehrte, die halb blind waren«, entgegnet der Schadchen. »Rabbi Moses Herzele, zum Beispiel. Wußten Sie das nicht?«

»Bettelarm soll er auch noch sein ...«, schimpft der Vater.

»Na und? War der berühmte Geheimrat Even haa-Ezer etwa nicht bettelarm?«

Der Brautvater redet sich immer mehr in Rage:

»Und ein Ignorant ist er obendrein!«

Der Schadchen streicht sich gelassen über den Bart und erwidert:

»Nu, Baron Rothschild soll auch nicht gerade ein Intellektueller sein ...«

Er war schon hart, der Beruf des Schadchens, ständig in Spiegelgefechte verwickelt, immer wachsam sein müssen ...

Rabbi Judel, einer der berühmtesten Schadchen, pflegte zu sagen: »Ich wundere mich über die jungen Männer von heute. Warum sind sie alle so erpicht darauf, ein hübsches Mädchen zu heiraten? Für einen Mann ist es doch völlig egal, wie seine Frau aussieht. Während er schläft, sieht er sie nicht. Beim Essen guckt er in den Teller und nicht auf seine Frau. Wenn er in der Synagoge ist, hat er anderes im Kopf, und bei der Arbeit erst recht. Beim Schlafen, Essen, Beten und Arbeiten sieht er sie also nicht. Wann dann? Gerade die fünf Minuten, die er sich fertigmacht, bevor er aus dem Haus geht! Und nu sagen Sie mir selbst: Kann es ihm da nicht Wurscht sein, eine häßliche Frau daheim zu lassen?«

Ridel Berkowitz ist alles andere als eine gute Partie: Er wiegt fast zweihundert Kilo, ist strohdumm, und seine Familie knabbert am Hungertuch. Eines Tages klopft überraschend der Schadchen an die Tür.

»Ich habe die richtige Frau für euren Sohn gefunden!« ruft er triumphierend aus.

»Und das wäre?« fragen die betagten Eltern ungläubig und hoffnungsvoll zugleich.

»Ah, ein Mädchen aus bester Familie, vornehm erzogen und steinreich ... In einem Wort: Hochadel!«

»Was? Für unseren Sohn?« fragen die beiden, fast überzeugt, daß es sich um eine Verwechslung handelt.

»Wie heißt dieses Geschenk des Himmels denn?«

»Caroline von Monaco«, erwidert der Schadchen, ohne eine Miene zu verziehen.

»Caroline von Monaco?« schreit die Mutter entsetzt. »Eine *Schickse* für meinen Sohn?!«

An dieser Stelle muß gesagt werden, daß *Schickse* die abwertende Bezeichnung für ein nicht-jüdisches Mädchen ist: eine *Schickse* macht – nach Meinung jüdischer Mütter – all das, was ein jüdisches Mädchen – immer nach Ansicht jüdischer Mütter – nie machen würde ...

Kurz, unser unverdrossener Schadchen braucht fast zwei Stunden, um Ridel Berkowitz' Eltern die Zustimmung zu dieser Hochzeit abzuringen. Bei allen Diskrepanzen, so argumentiert er, spricht auch einiges dafür: die vielen Besitztümer, die gesellschaftliche Position des Mädchens et cetera, et cetera. Naß geschwitzt und erschöpft, aber mit einer unterschriebenen Einwilligungserklärung in der Tasche verläßt er endlich das Haus.

Vor der Tür atmet er erleichtert auf:

»So, zur Hälfte hätten wir's geschafft!«

Der Schadchen zählt einem Heiratskandidaten die zahlreichen Vorzüge seiner Braut auf: Geld wie Heu, Schmuck und Juwelen aller Art, feudale Garderobe.

»Aber sie hinkt ...«, unterbricht ihn der junge Mann schüchtern.

»Na und? Dann fährst du sie eben in der Kutsche spazieren! Geld wirst du ja bald genug haben ...«

»Sie ist blind wie ein Maulwurf.«

»Sei doch froh! So kriegt sie deine Seitensprünge nicht mit ...«

»Außerdem stottert sie.«

»Was willst du mehr als eine Frau, die nicht geschwätzig ist?«

»Und sie hat einen Höcker auf dem Rücken ...«

An diesem Punkt platzt dem Schadchen der Kragen:

»Nu, einen Fehler muß sie doch haben!«

»Verrate mir doch bitte, was du an dem Mädchen auszusetzen hast, daß du so ein Gesicht ziehst«, sagt der Schadchen zu einem jungen Mann, dem soeben seine Künftige vorgestellt wurde.

»Sie hat eine gräßliche Nase.«

»Nu, da kann sie doch nichts dafür oder meinst du, sie ist als Kind mit Absicht hingefallen und hat sie sich gebrochen?«

»Ihr Gesicht ist völlig vernarbt.«

»Hatte eben Pocken, die Ärmste. Aber das ist doch nicht ihre Schuld! Sei froh, daß sie überlebt hat!«

»Ihre Zähne sind auch alle kaputt!«

»Glaubst du, es war ein Vergnügen, ständig Karies zu haben?«

»Sie ist ein Scheusal von Kopf bis Fuß!«

»In diesem Punkt muß ich dir recht geben, mein Junge ...«

Der Schadchen gibt einem schüchternen jungen Mann Instruktionen für die erste Begegnung mit seiner zukünftigen Braut:
»Sei ungezwungen und versuch, sie in ein Gespräch zu verwickeln. Merk dir gut, es gibt drei Themen, denen eine Frau nicht widerstehen kann: Erstens Familie. Zweitens Liebe. Drittens Philosophie. Wenn du sie damit herumkriegst, hast du gewonnen.«
Der junge Mann nimmt sich den Rat zu Herzen und kommt, als er seiner Verlobten gegenübersteht, ohne Umschweife zur Sache:
»Haben Sie Geschwister, Fräulein?«
»Nein«, erwidert die Künftige. »Ich bin ein Einzelkind.«
»Lieben Sie Nudeln mit Soße?« fragt der Bewerber weiter.
»Nein«, lautet die trockene Antwort.
An diesem Punkt kratzt sich der Anwärter am Kopf und überlegt einen Moment, denn nun ist das schwierigste Thema dran, die Philosophie. Plötzlich kommt ihm die rettende Idee:
»Und wenn Sie Geschwister hätten, Fräulein, meinen Sie, dann würden Sie Nudeln mit Soße lieben?«

Nun ein Witz, der zwar vom Thema abweicht, aber so unverzichtbar ist wie das Tüpfelchen auf dem »i«, die Kirsche auf der Torte oder das Gläschen Wodka zum Hering (sic!):

Zwei alte Juden sitzen bei einer Tasse Tee und sinnieren – Tasse, nun ja, so ganz stimmt das eigentlich nicht: In Wahrheit können zwei alte Juden nur bei einem Glas Tee sitzen und sinnieren. In Rußland, Polen, Galizien usw. wurde Tee nämlich ausschließlich aus Gläsern getrunken, die den herrlichen bernsteinfarbenen Schimmer des göttlichen Getränks erst richtig zum Ausdruck brachten.

Zurück zu unseren beiden Alten, die schweigend und in Gedanken versunken beieinandersitzen.

»Weißt du, Elieser, das Leben ist wie ein Glas Tee mit Zucker ...«, sagt der eine nach geraumer Zeit und läßt seinen Satz nachklingen wie die letzten Töne einer Harfe, das Adagio eines Rabbiners, das Lachen über einen jüdischen Witz.

»Ein Glas Tee mit Zucker?« fragt sein Freund und starrt ihn verständnislos an. »Warum?«

»Nu, das mußt du einen Philosophen fragen, nicht mich!«

Und da man von Kirschen und Heringen bekanntlich nicht genug bekommen kann:

Einer der brillantesten Schüler von Rabbi Tam begibt sich zu seinem Meister, um Abschied von ihm zu nehmen: Er möchte auswandern und sein Glück in Amerika suchen.

Der Alte legt dem jungen Mann die Hand auf die Schulter und gibt ihm eine – gelinde ausgedrückt – lapidare Metapher mit auf den Weg:

»Das Leben ist ein Brunnen.« Keine Silbe mehr.

Beeindruckt von der Tiefe dieser Worte macht sich der junge Mann nach Amerika auf. Als er viele Jahre später erfährt, daß Rabbi Tam im Sterben liegt, beschließt er, ihn ein letztes Mal zu besuchen. Nach langer, beschwerlicher Reise sitzt er endlich am Bett des fast hundertjährigen Meisters:

»Rabbi, ich habe eine einzige Bitte. All diese Jahre hatte ich immer den Satz im Kopf, den Sie mir zum Abschied sagten. Er hat mir in jeder Lage geholfen. Wenn ich traurig und verzagt war oder einfach nicht mehr weiterwußte ... die schwierigsten Momente habe ich mit ihm bewältigt. Aber ich will Ihnen ehrlich gestehen: Seine Bedeutung war mir nie ganz klar. Und deshalb möchte ich Sie jetzt, wo Sie dabei sind, uns zu verlassen, um das eine bitten, Rabbi: Verraten Sie mir, warum das Leben ein Brunnen ist!«

Der sterbende Rabbi hebt mühsam ein wenig den Kopf vom Kissen, kneift die Augen zusammen und murmelt:

»Na gut, dann ist es eben kein Brunnen!«

Doch lassen Sie uns jetzt zu unseren Familienangelegenheiten zurückkehren:

Frankfurter verliert seine Frau. Zwölf Monate später, nach Verstreichen der Trauerzeit, besucht ihn der Schadchen, um ihm eine gute Partie vorzuschlagen. Aber der Witwer schüttelt trübselig den Kopf:

»Machen Sie sich keine Mühe. Die Wunde in meinem Herzen ist noch lange nicht verheilt.«

Der Schadchen kehrt resigniert nach Hause zurück. Kaum vier Wochen später scheint der Witwer seinen Schmerz überwunden zu haben, denn er führt eine hübsche junge Frau zum Altar.

»Ich Esel!« denkt der Schadchen wütend. »Hätte ich bloß nicht so schnell aufgegeben!«

Kurze Zeit später stirbt auch die junge Frau; Frankfurter ist zum zweiten Mal Witwer. Die vorgeschriebenen dreißig Tage strengster Trauer sind kaum vergangen, als der Schadchen ihn erneut besucht, um ihm eine hervorragende Partie vorzuschlagen. Der Witwer winkt traurig ab:

»Lassen Sie mich allein. Mein Herz blutet noch ...«

Auch diesmal zieht der Schadchen resigniert wieder ab. Eine Woche später erfährt er, daß der angeblich untröstliche Witwer sich schon wieder anschickt, in den Hafen der Ehe einzufahren. Der Schadchen tobt innerlich vor Wut:

»Das ist zuviel! Aber diesmal fall ich nicht rein!«

Am Tag der Hochzeit bemerkt der Bräutigam inmitten der geladenen Gäste auch unseren Schadchen.

»Was führt Sie denn hierher?« fragt er ihn.

»Nu, ich dachte, heute sind Sie vielleicht in der richtigen Stimmung. Ich hätte da nämlich eine ausgezeichnete Partie an der Hand ...«

Zew und Berl plaudern miteinander.
Berl: »Ich habe meine Tochter mit einem jungen Mann aus guter Familie verlobt. Es ist alles abgemacht – bis auf die Mitgift. Er will zweitausend Taler, aber ich kann auf keinen Fall mehr als tausend geben. Keine Ahnung, wie ich das Problem lösen soll.«
Zew: »Sag, und die tausend Taler hast du?«
Berl: »Wo denkst du hin?! Aber tausend hab ich versprochen, und tausend zahl ich nicht.«
Zew: »Also, entschuldige mal: Dann versprich doch gleich zweitausend! Ich meine, wenn du doch sowieso nicht zahlst ...«
Berl: »Kommt nicht in Frage! Denk dran, daß ich außer

der einen noch zwei Töchter an den Mann bringen muß. Da kann ich mir doch nicht den Ruf verderben ...«

Der arme Arjeh Leib hat es schwer mit seiner Tochter. Er bringt sie einfach nicht unter die Haube. Das Mädchen ist zu anspruchsvoll; zig Bewerber haben um sie angehalten, aber keiner paßt ihr. Sie will einen Arzt, man stelle sich das vor: einen Arzt! Monate und Jahre vergehen, das Mädchen verblüht, wie es so schön heißt, aber sie bleibt hart.

»Einen Arzt oder keinen!«

Eines schönen Tages kommt der arme Arjeh Leib freudestrahlend nach Hause: Er hat einen Mann für seine Tochter gefunden!

»Ist er Arzt?« fragt sie.

»Arzt ... nu ja, nicht direkt, aber eine Art Arzt: Krankenpfleger.«

Das Mädchen bleibt stur:

»Dann ist alles Zeitverschwendung, Papa. Du weißt doch, daß ich nur einen Arzt heiraten würde.«

Ihr Vater lächelt nachsichtig.

»Liebes Kind«, fährt er mit gesenkter Stimme fort. »Niemand kommt auf den ersten Sprung ganz nach oben. Das geht nur peu à peu, Sprosse um Sprosse ... mit dem Krankenpfleger fängt man an ... und du wirst sehen, nach und nach bringt man es bis zum Doktor ...«

»Rabbi, Sie müssen mir einen Rat geben. Sie wissen ja, daß ich ein armer Schlucker bin. Meine Tochter, das gute Kind, ist immer noch ledig, weil ich ihr keine Aussteuer kaufen kann. Nun hat sie aber einen Burschen kennengelernt, der sie auch so heiraten würde, ohne Aussteuer und Mitgift. Nicht nur, Rabbi, der junge Mann ist auch noch wohlhabend, mehr als wohlhabend. Außerdem hat er einen guten Beruf ... Wie soll ich mich also verhalten?«

»Was für eine Frage, Zeitlin! Gib ihm schleunigst deine Tochter zur Frau!«

»Da ist nur ein kleines Problem, Rabbi ... Ich habe den vagen Verdacht, daß der junge Mann nicht sehr gottesfürchtig ist, um es mal so auszudrücken ...«

»Um Himmels willen, Zeitlin! Dann halte dich und deine Tochter fern von ihm! Lieber ein elender Bettler oder ein Flickschuster als ein ungläubiger Jude! Gott bewahre!«

»Da ist aber noch ein Problem, Rabbi. Ich habe nämlich den Verdacht, daß auch meine Tochter einen kleinen Makel hat ...«

»Welchen?«

»Ich fürchte, sie ist ein klein wenig schwanger ...«

Vor dem Tor zum Paradies herrscht großer Andrang. Es haben sich zwei Reihen gebildet. Eine davon ist sehr, sehr lang; in ihr stehen all diejenigen, die zu Lebzeiten immer auf ihre Frauen gehorcht haben. Die andere dagegen besteht aus einem einzigen Mann. Die Sache ist so aufsehenerregend, daß der Erzengel Gabriel sich höchstpersönlich davon überzeugen kommt.

»Wieso stehst du als einziger hier und nicht in der andern Schlange?« fragt er.

»Meine Frau hat gesagt, ich soll mich hierherstellen ...«

Feigenbaum vertraut sich seinem Freund Goldstein an:

»Stell dir vor: Als ich gestern nachmittag nach Hause kam, lagen meine Frau und mein Geschäftspartner zusammen auf dem Sofa ...«

Goldstein ist entsetzt:
»Du mußt augenblicklich die Scheidung einreichen!«
»Das geht nicht. Wir haben doch Kinder ... Was würden die Leute sagen?«
Goldstein hat noch eine Lösung parat:
»Dann wirf deinen Geschäftspartner raus!«
»Das kann ich nicht ... Er steckt das Geld in unsere Firma.«
»Ja, aber irgend etwas mußt du doch unternehmen!«
»Nu, eine Idee hätte ich schon: Ich dachte mir, ich verkauf das Sofa ...«

Eine jung Vermählte bringt drei Monate nach ihrer Hochzeit ein prächtiges Baby zur Welt. Ihr verständlicherweise bestürzter Mann bittet einen Freund um Rat: »Was meinst du? Muß ich mich scheiden lassen?« Der Freund zeigt sich entrüstet: »Gott behüte! Mir scheint, du hast die elementarsten Regeln der Mathematik verlernt! Willst du eine so nette Frau verlieren, bloß weil du zwei und zwei nicht mehr zusammenzählen kannst? Paß auf: Sie ist drei Monate mit dir verheiratet, du bist drei Monate mit ihr verheiratet, und ihr beide seid drei Monate miteinander verheiratet. Wenn ich mich nicht irre – und ich irre mich bestimmt nicht –, macht das zusammen neun Monate, oder? Also, was beschwerst du dich?«

Ein Jude begibt sich zu einem Bestattungsinstitut – eine von fachkundigen Glaubensbrüdern geführte »Hilfsorganisation« namens *Chevra Qadishah* –, um das Begräbnis seiner Frau in die Wege zu leiten.
»Verzeihung ... ist die nicht schon vor zwei Jahren gestorben?« wird er gefragt.

»Doch, aber dann habe ich wieder geheiratet.«
»Ach so, das wußte ich nicht. Herzlichen Glückwunsch!«

Und da jede Medaille auch ihre Kehrseite hat:

Fischke ringt mit dem Tode. Er siecht in seiner Kammer vor sich hin, als aus dem angrenzenden Raum, der Küche, Kinderzimmer, Wohnzimmer und Backstube in einem ist, ein herrlicher Duft herüberströmt und seine erloschenen Sinne noch einmal weckt. Der Todgeweihte sucht die Hand seines Sohnes und röchelt: »Jankele, geh zur Mama und sag ihr, ich möcht noch a'mal a Stückel Kuchen essen, bevor ich sterb.«

Jankele tut, wie ihm geheißen, und ist bald wieder zurück.

»Die Mama sagt, es gibt jetzt keinen Kuchen. Der ist für nach der Beerdigung ...«

Der alte Nachman liegt im Sterben. Mit kaum vernehmbarer Stimme fragt er:
»Chaim, mein Sohn, bist du da?«
»Ja, Vater, ich bin da.«
Es vergehen ein paar Minuten. Der Alte scheint eingeschlummert zu sein, doch plötzlich murmelt er:
»Simke, mein Sohn, bist du da?«
»Aber sicher, Papa. Ich bin auch da.«
»Und Rokele, meine Kleine, wo bist du?«
»Ich sitze hier an deinem Bett, Vater.«
Schweigen. Minuten, die wie eine Ewigkeit anmuten, verstreichen.
Nachman hat einen Hustenanfall und ringt nach Atem, dann erholt er sich wieder.

»Chana, Chana, treue Lebensgefährtin, meine liebe Frau, wo bist du?«

»Ich bin hier, Nachman, ich bin hier.«

Nachman öffnet ein Auge, hebt mühsam ein wenig den Kopf vom Kissen und knurrt:

»Ah, ihr seid also alle hier? Und wer bittschön kümmert sich inzwischen um den Laden, hä?«

Unglaublich, aber wahr: Ein armer Jude hat im Lotto zweihunderttausend Rubel gewonnen. Ab diesem Tag wird sein Leben zur Hölle: In einer nicht abreißenden Prozession betteln ihn Freunde und Verwandte, Bekannte und Unbekannte um eine kleine (oder auch größere) Spende an. So auch ein armer Verwandter, der eines Tages aufkreuzt. Er will seine Tochter verheiraten und benötigt dazu eine beachtliche Summe, denn eine Heirat kostet bekanntlich: Brautkleid und Aussteuer, Festessen und Mitgift ... da kommt einiges zusammen. Unser Wohltäter beschließt, ihm ein paar Fragen zu stellen, bevor er in die Tasche greift:

»Als erstes möchte ich mal wissen, wer der Bewerber ist. Was macht er von Beruf, hat er einen Laden?«

»Nein.«

»Ist er Handwerker?«

»Nein.«

»Dann vielleicht Volksschullehrer, Synagogendiener, Metzger?«

»Nein.«

»Also, entschuldige mal, wenn dieser Mensch weder einen anständigen Beruf noch sonst ein Auskommen hat, wie will er deine Tochter dann unterhalten?«

»Oh, Möglichkeiten hat er genug ...«

»Zum Beispiel?«

»Nu, er könnte zum Beispiel ein Lotterielos kaufen und zweihunderttausend Rubel gewinnen!«

Auch die Rabbiner haben ihre familiären Probleme:

Rabbi David aus Nevoradak – einem winzigen Dorf, das Sie auf keiner Karte finden werden – ist ebenso weise wie arm. Seine Frau jammert und drängt von früh bis spät auf ihn ein, er soll eine Erhöhung seines mageren Lohns beantragen. Eines Tages platzt dem Rabbiner der Kragen:
»Nu ist es aber genug! Von einer so kleinen, bitterarmen Gemeinde kann ich keine Lohnerhöhung verlangen, begreif das endlich!«
Seine Gattin möchte sich nicht geschlagen geben oder doch zumindest das letzte Wort haben.
»Stimmt«, sagt sie, »du hättest es nicht weiter bringen können als bis zum Rabbiner dieses gottverlassenen Kuhnests ... aber ich, meinst du, ich hätte nicht genausogut den Rabbiner von Wilna heiraten können? Dann wäre ich jetzt Rebbezen in einer Weltstadt!«

Ein Waise und eine Waisin heiraten; er ist Sohn eines Diebes, sie Tochter eines Säufers. Haarscharf neun Monate nach der Hochzeit kommt ein Bübchen zur Welt. Die Eltern beginnen darüber zu streiten, wie es heißen soll: Jeder möchte ihm den Namen des eigenen Vaters geben. Im Nu ist eine Woche vergangen und der Tag der Beschneidung da, an dem die jüdischen Neugeborenen auch ihren Namen erhalten. Der Beschneider kommt und die Eltern tragen ihm ihr Problem vor. Er hört geduldig zu, dann fragt er den Mann:
»Wie hat dein Vater geheißen?«

»Gimpel«, lautet die Antwort.

»Und dein Vater, wie hat der geheißen?« fragt er die Frau.

»Gimpel«, erwidert sie.

Da grinst der Beschneider und sagt: »Na, wenn es so ist, habt ihr wirklich umsonst gestritten. Euer Sohn wird auf alle Fälle Gimpel heißen. Die Frage ist nur, ob Gimpel väterlicherseits oder Gimpel mütterlicherseits. Wenn ich euch einen Rat geben darf ... wartet ab, bis er groß ist. Wird's ein Dieb, ist er Gimpel väterlicherseits, wird's ein Säufer, dann ist er Gimpel mütterlicherseits!«

Rabbi Chaim Jaakow Wiederbitz, höchste chassidische Autorität des großen Moskau, bekommt eines Tages Besuch von einer einflußreichen Persönlichkeit. Die beiden ziehen sich ins Arbeitszimmer des Meisters zurück und unterhalten sich lange und ausführlich. Irgendwann kommt eine häßliche alte Frau in verschlampten Kleidern herein, um ihnen Tee und Gebäck zu servieren. Nachdem sie das Zimmer wieder verlassen hat, fragt der Gast den Rabbiner: »Wie haben Sie es geschafft, ein jüdisches Dienstmädchen zu finden, Rabbi? Heutzutage ist das doch fast unmöglich!«

»Wo denken Sie hin! Meinen Sie, ich würde ein so häßliches Dienstmädchen einstellen?« erwidert der Rabbiner. »Das ist natürlich meine Frau!«

Und aus derselben Serie:

Meir Beilinson ist mit seiner Frau auf Reisen, weit weg von zu Hause. In Krakau trifft er zufällig einen alten Freund: Herschel, den »Spötter«.

»So ist es recht, Meir: Immer in Begleitung der lieben

Gattin ... Gib's zu: Sie hat dich wie einen Hund an die Kette gelegt!«

»Mitnichten, mein Freund, aber ich nehme sie lieber mit, als ihr einen Abschiedskuß geben zu müssen ...«

Hin und wieder eine kleine Abhandlung im Talmudstil kann niemandem schaden:

Ein brillanter junger Talmudstudent hat beide Augen auf eine verheiratete Frau geworfen – und sich selbst, offen gestanden, gleich dazu.

Der Rabbi ruft ihn zu sich und macht ihm schwere Vorwürfe:

»Wie konntest du nur einem so niedrigen Instinkt erliegen? Du, der du so gelehrt und gesetzeskundig bist ...«

»Rabbi«, erwidert der junge Mann, »ich bin gar nicht so überzeugt, das Gesetz übertreten zu haben. Hören Sie sich meine Argumentation an und sagen Sie mir, ob sie nicht einwandfrei ist: Wenn es mir, als einzigem unter allen Männern, erlaubt ist, mit meiner Frau zu schlafen, dann muß es mir doch erst recht erlaubt sein, mit einer Frau zu schlafen, mit der auch ein anderer schlafen darf ...«

Und Rabbi Chaim Jaakow Wiederbitz' Geschichte erinnert in ihrer Tragik fast schon an eine Seifenoper:

Ein Mann, der seine Frau nicht mehr aushält, geht zu Chaim Jaakow Wiederbitz, um sich scheiden zu lassen und das entsprechende Zertifikat ausgestellt zu bekommen. Der Rabbiner redet nicht lange um den heißen Brei:

»Die Bescheinigung kostet Sie fünfzig Rubel.«

»Was? So viel für einen Wisch Papier?«

Der Rabbiner krault sich den Bart und erwidert mit einem nachsichtigen Lächeln:

»Lieber Mann, stellen Sie mir diesen Wisch aus und ich zahle Ihnen auf die Hand das Dreifache ...«

Frage: Warum hat Gott dem armen Hiob alles genommen bis auf seine Frau?
Antwort: Weil er bereits wußte, daß er am Ende der Geschichte Mitleid haben und Hiob alles doppelt zurückgeben würde ...

Josefs Frau, die schöne Surele, betrügt ihren Gatten mit dem Mann von gegenüber – einem *Goj*!

Schmeril, der von der Sache erfährt, ist entrüstet:

»Was für eine Schande! Als gäbe es hierzulande nicht genügend Juden ...«

Ein Nichtsnutz, der immer auf Kosten seiner Frau gelebt hat, wird plötzlich Witwer. Er jammert einen Tag, er jammert zwei Tage, am dritten beschließt er, auf der Straße betteln zu gehen. Ein Passant spricht ihn an: »Hei, Mendele, statt betteln zu gehen, wär's besser, du nimmst dir eine Frau, die arbeitet und dich aushalten kann!«

»Eine Frau heiraten, die mich aushält? Die müßte ja meschugge sein! Und das sag ich dir: Eine, die meschugge ist, heirate ich nicht ...«

Eine Frau von der obengenannten Sorte erteilt ihrem Mann von der obengenannten Sorte genaue Instruktionen, bevor sie das Haus verläßt: Er soll das Neugeborene in den Schlaf wiegen und nebenher achtgeben, daß die auf dem Herd aufgesetzte Milch nicht überkocht. Da sie weiß, wie naschhaft er ist, weist sie ihn außerdem darauf hin, daß der Kuchen in der Kredenz vergiftet ist. Nicht einmal anrühren darf er ihn!

Alleine gelassen, überlegt sich der Mann, wie er es anstellen kann, alle Order gleichzeitig auszuführen. Als erstes holt er sich eine Schnur und bindet das eine Ende an die Wiege des Kindes, das andere an seinen Fußknöchel. Dann setzt er sich neben den Herd, wippt mit dem Bein, so daß die Wiege schaukelt, und paßt dabei auf, daß die Milch nicht überkocht. Er hat alles im Griff und schmunzelt zufrieden, als plötzlich ein Hund die Tür aufstößt, wie ein Blitz ins Zimmer fegt und die im Haus lebende Henne aufscheucht, so daß sie mit ihrem hektischen Geflattere den Milchkrug zum Umstürzen bringt. Beim Versuch, den Krug zu retten, reißt unser Strohwitwer das Bein in die Höhe, dadurch kippt die Wiege um, der Balg kullert heraus und beginnt – wen wundert's – wie am Spieß zu brüllen. Der arme Mann ist am Verzweifeln. Da fällt ihm in seiner Not der Kuchen ein: »Auf den kommt's nun auch nicht mehr an«, denkt er sich, geht zur Kredenz, holt den angeblich vergifteten Kuchen heraus und verschlingt ihn bis auf den letzten Krümel. Danach streckt er sich selig auf dem Bett aus, wo ihn seine Frau beim Nachhausekommen vorfindet.

»Elender Faulpelz«, schreit sie, »was machst du im Bett?«

Doch ihr Gatte hat eine überzeugende Antwort parat:

»Schau, Frau, was ist mir bei dieser Katastrophe anderes übriggeblieben, als mich umzubringen? Also hab ich den vergifteten Kuchen gegessen, auf die Uhr g'schaut und gewartet, daß der Tod kommt ...«

Saul ist besorgt: »Meiner Frau geht es schlecht. Ich fürchte, sie hat sich vergiftet.«

»Was? Wie hat sie das denn angestellt?« fragt Tobias neugierig – und mit einem Anflug von Sarkasmus, geben wir's ruhig zu.

»Ach, ihr ist gestern ein Malheur passiert«, seufzt der Mann. »Sie hat sich beim Essen die Zungenspitze abgebissen ...«

Die Gattin des Rabbiners ist nicht die »Frau Rabbiner« oder gar die »Rabbinerin«, sondern die *Rebezzen*. Innerhalb der Spezies »Ehefrauen« stellt sie eine Kategorie für sich dar: Die Rebezzen ist freundlich und bescheiden, tüchtig und tugendsam. Sie kann aber auch schwatzhaft und bisweilen bissig sein und – geben wir's ruhig zu – sie steckt ihre Nase oft in die Angelegenheiten des werten Herrn Gemahls. Freilich nie ohne Grund, denn die Rebezzen kennt sich im Leben aus ...

Reb Leibes Frau ist eine geschwätzige, strapaziöse Person.

»Weißt du, was mein seliger Vater immer gesagt hat?« fragt sie ihren Mann eines Tages. »Wärst du als Junge zur Welt gekommen, hat er gesagt, dann wärst du bestimmt ein berühmter Mann geworden. Er hat es sein Leben lang zutiefst bedauert, daß ich ein Mädchen und kein Junge geworden bin.«

»Wie gut ich ihn verstehe«, seufzt Reb Leibe. »Was meinst du, wie sehr ich das bedaure ...«

Die folgende Geschichte ist kurz, aber unentbehrlich – fast so unentbehrlich wie die Thora. Alles ist in ihr enthalten, nichts fehlt: ein Kondensat jüdischer Denk- und Fühlweise ...

Benjamin Ostropoler siecht nur noch dahin. Als er die Stunde seines Todes kommen fühlt, läßt er den Rabbiner rufen, um ihm das Testament zu diktieren. Der Rabbiner erscheint und setzt sich ans Bett des Sterbenden, der unverzüglich beginnt, seine Güter aufzuteilen:

»Das Haus hinterlasse ich meinem erstgeborenen Sohn ...«, haucht er. Da stürzt, als hätte sie lauschend hinter der Tür gestanden, seine Frau Lea herein. *(Man beachte den Konjunktiv!)*

»Unser Erstgeborener hat doch schon ein Haus! Was soll er mit zwei anfangen? Besser, du vermachst es dem Kleinen.« Und mit diesen Worten geht sie wieder hinaus.

Der Sterbende befolgt ihren Rat und fährt dann fort:

»Den Laden vermache ich meiner Tochter ...«

Und schon steht Lea wieder im Zimmer:

»Das Mädchen ist doch viel zu jung für ein Geschäft! Sie wüßte ja gar nicht, wohin mit den Einkünften ...«

Der Dahinscheidende mobilisiert seine letzten Kraftreserven und brüllt:

»Jetzt reicht's aber, Lea! Wer gibt hier den Löffel ab? Du oder ich?«

Und hier das Gegenstück dazu:

Ein amerikanischer Geschäftsmann hat seine Frau verloren. Zahlreiche Freunde und Verwandte sind zur Beerdigung gekommen, doch der frisch Verwitwete verkündet:

»Das Begräbnis ist auf morgen verschoben. Heute habe ich wichtige Geschäftstermine und keine Sekunde Zeit.«

Die Versammelten sind empört:

»Hat man so was schon erlebt? Das ist ja unerhört! Gefühlloser Rüpel!«

Unser Witwer zeigt sich nicht sonderlich beeindruckt:

»Sorry«, sagt er, »aber für einen Geschäftsmann gilt nun mal: ›Zuerst die Pflicht und dann das Vergnügen.‹«

Rev Pinchas liegt in den letzten Zügen. Im Zimmer nebenan organisieren seine Kinder bereits die Begräbnisfeier.
»Ich möchte, daß Papa einen würdevollen Trauerzug bekommt. Mindestens fünfzig Leichenwagen ...« sagt Herschel.
Kurzes Schweigen, dann meldet sich Jakob zu Wort: »Fünfzig Leichenwagen finde ich ein bißchen übertrieben. Abgesehen davon, daß die ein Vermögen kosten würden. Ich denke, fünfundzwanzig tun es auch, ohne daß wir eine schlechte Figur abgeben ...«
»Eine so pompöse Beerdigung wäre bestimmt nicht in Papas Sinne«, erwidert die Tochter Mirele. »Von den Ausgaben ganz zu schweigen ... Also, wenn ihr mich fragt: zehn Leichenwagen sind mehr als genug.«
»Wozu so viel Aufwand?« fragt der junge Gabriel. »Mit einem Leichenwagen ist uns doch vollauf gedient!«
Seine Geschwister geben ihm recht.
»Und für die Grabrede würde ich gern Reb Wise bestellen«, meint Herschel. »Der ist immer so brillant ...«
»Reb Wise???« rufen die andern im Chor, wenn auch leise. »Wer soll das bezahlen?«
In diesem Moment erscheint auf wackligen Beinen Rev Pinchas unter der Tür.
»Kinder, ich gehe ...«
»Papa, um Gottes willen, wo willst du hin?! Du darfst auf keinen Fall aus dem Bett!« schreit alles entsetzt.
»Ich geh zu Fuß zum Friedhof, Kinder. So kommt euch mein Begräbnis billiger ...«

Man plaudert über alles mögliche und kommt unter anderem darauf zu sprechen, wo man gern beerdigt läge.

»Für mich wäre es eine große Ehre, neben dem berühmten Prediger Magid aus Polen zu ruhen«, sagt Weiss.

»Und ich neben Baal Shem Tow, seligen Angedenkens«, erwidert Pinsker. »Ein Heiliger, wie es keinen zweiten gibt.«

»Und du, wo wärst du gern begraben?« wird Motke gefragt, der bis zu diesem Moment den Mund gehalten hat.

»Ich, ich würde am liebsten neben Zadke liegen, der Frau von Reb Eisenfeld.«

»Aber Motke! Wie kannst du so etwas sagen?!« schreien die andern entsetzt. »Zadke ist das blühende Leben, und das wird sie hoffentlich noch lange bleiben!«

»Nu, sehe ich vielleicht tot aus?«

Als kurze Marginalie zum Thema Ehefrauen und Ehemänner drei Witze über Schwiegermütter. (Sie werden später aber noch ausführlicher unter dem Stichwort »jiddische Mame« behandelt.)

Jossele schleppt an zwei riesigen Wassermelonen. Es ist Sommer und obendrein die heißeste Tageszeit. Der Ärmste bricht fast zusammen.

»Hei, Jossele, was kaufst du auch gleich zwei Melonen? Hätte dir nicht eine gereicht?«

Jossele hält an und stellt seine Last einen Augenblick ab.

»Schon«, erwidert er, »aber ich hab meine Schwiegermutter sagen hören, sie gäbe ihr halbes Leben für eine frische Wassermelone ...«

Ein berühmter Kabbalist ist gestorben. Auf der Suche nach einem Testament finden die Verwandten unter seinen Sachen einen verschlossenen Umschlag mit der Aufschrift: »Streng geheim.« Fromm und ehrfürchtig, wie sie sind, übergeben sie ihn dem Rabbiner der Stadt, der seinerseits so viel Ehrfurcht vor der esoterischen Wissenschaft hegt, daß er beschließt, den Umschlag nur in Gegenwart mehrerer Honoratioren zu öffnen. Die kleine Gruppe schließt sich im Arbeitszimmer des Rabbiners ein, gespannt auf die tiefen Einsichten, zu denen der Weise durch jahrelanges Studium und Meditation gelangt ist. Der Rabbiner reißt den Umschlag auf, alle Köpfe beugen sich vor ... Die Botschaft ist kürzer als gedacht: »Ich habe mich jahrzehntelang gefragt, wie es kommt, daß Adam, der erste Mensch, so lange gelebt hat – laut Thora einhundertdreißig Jahre. Und endlich habe ich die Antwort gefunden: Er hatte keine Schwiegermutter!«

Aufruhr im Dorf: Zwei Mütter streiten sich um einen jungen Mann, den jede von ihnen als Verlobten für ihre Tochter haben möchte. Am Ende beschließt man, die Sache vor den Rabbiner zu bringen, der rein zufällig Salomo heißt.
»Ihr sollt den jungen Mann zweiteilen und jedem Mädchen eine Hälfte geben«, lautet sein weiser Urteilsspruch.
»Gott, nein!« schreit eine der beiden Mütter entsetzt. »Dann verzichten wir lieber auf ihn!«
»Ja, fein, laßt ihn uns zweiteilen!« jubelt die zweite Mutter.
Moral von der Geschicht': Der junge Mann wird mit der Tochter der zweiten Frau verlobt, denn ihr Kommentar zeichnet sie als echte Schwiegermutter aus.

Daß auch im folgenden Witz die Schwiegermutter gemeint ist, versteht sich von selbst:

»Abbie, Mama hat beschlossen, sich nicht beerdigen, sondern verbrennen zu lassen.«
»Perfekt, Liebling, dann sag ihr, sie soll sich bereithalten. Ich hol sie morgen früh auf dem Weg ins Büro ab ...«

Im Restaurant, in Geschäften, auf der Straße, beim Arzt, kurz: außer Haus

Ein armer Jude betritt ein Gasthaus, studiert lange die Karte und fragt dann den Kellner, was ein Brötchen mit kaltem Braten kostet. Der Kellner teilt es ihm freundlich mit, worauf der arme Jude erneut die Karte studiert. Nach einer Weile möchte er den Preis für ein Brötchen mit Truthahnsülze wissen und bekommt auch diesmal höflich Auskunft. Immer noch nicht zufrieden, fragt er schließlich:

»Und ein Schinkenbrötchen?«

Noch bevor der Kellner den Mund aufmachen kann, zuckt draußen ein greller Blitz über den Himmel, gefolgt von dumpfem Donnergrollen. Der Jude fällt mit zur Decke gerichtetem Blick auf die Knie und schreit halb erschrocken, halb verärgert: »Schon gut, schon gut! Hab ja nur mal gefragt …«

Im Restaurant. Ein Jude hat Fisch bestellt und es scheint ihm zu schmecken. Der Wirt tritt, um sich loben zu lassen, an seinen Tisch und fragt: »Na, wie schmeckt Ihnen mein Fisch?«

»Nicht schlecht«, erwidert der Gast. »Obwohl ich schon bessere gegessen habe.«

Darauf der Wirt stolz:

»Aber bestimmt nicht bei mir!«

Herschel bestellt im Restaurant eine Portion Leberpastete. Als der Kellner mit dem Teller kommt, schüttelt er den Kopf und sagt:
»Ich hab's mir noch mal anders überlegt. Eigentlich hätte ich lieber Bohneneintopf, wenn es Ihnen nichts ausmacht.«
»Aber bitte, mein Herr! Das ist doch kein Problem.«
Der Kellner trägt die Leberpastete wieder ab und bringt wenige Minuten später eine Schüssel mit dampfendem Bohneneintopf. Herschel ißt sich genüßlich satt, dann tupft er sich die Lippen ab, steht auf und macht Anstalten, das Lokal zu verlassen. Der Kellner hält ihn natürlich auf:
»Verzeihen Sie, mein Herr, aber Sie haben Ihren Eintopf noch nicht bezahlt.«
»Na, hören Sie mal«, sagt Herschel, »den habe ich doch gegen die Leberpastete eingetauscht!«
»Ach, so wollen Sie es hindrehen!« erwidert der Kellner gereizt. »Dann darf ich Sie aber darauf hinweisen, daß die Pastete auch noch nicht bezahlt ist.«
»Nu, ich zahl doch nicht eine Pastete, die ich überhaupt nicht gegessen habe!«

Ein Jude bestellt sich im Gasthof ein halbes Brathähnchen. Nach ein paar Bissen ruft er den Kellner und sagt:
»Dieses Hähnchen ist so alt wie Methusalem!«
»Wie kommen Sie denn darauf?« gibt der Kellner etwas frech zurück.
»Das merke ich an den Zähnen!«
»An den Zähnen? Ein Hahn hat doch keine Zähne!«
»Er nicht, aber ich ...«

Ephraim Greidiger geht ins Restaurant und bestellt sich einen Kalbsbraten. Als das Gericht auf dem Tisch steht, starrt Ephraim es lange an, dann bricht er in lautes Schluchzen aus. Der Wirt rennt erschrocken zu ihm:
»Um Himmels willen, was ist los, mein Herr?«
Ephraim antwortet mit tränenerstickter Stimme:
»Oh, Sie können sich nicht vorstellen, wie leid, wie entsetzlich leid es mir tut, daß für so ein winziges Stückchen Fleisch ein ganzes Kalb geschlachtet werden mußte ...«

Schmulewitz geht ins Restaurant und bestellt sich einen Teller Nudeln. Das Gericht wird aufgetragen, Schmulewitz probiert und verlangt dann die Essigflasche. Verwundert und ein bißchen indiskret fragt ihn der Kellner:
»Verzeihung, mein Herr, ich verstehe nicht, was Sie mit dem Essig wollen.«
»Das Sauerkraut ein bißchen saurer machen.«
»Das Sauerkraut? Aber Sie haben doch Nudeln bestellt!«
»Ach ja ... stimmt«, erwidert Schmulewitz. »Nu, wenn das Nudeln sind, dann sind sie sauer genug.«

Fievel betritt ein Restaurant, setzt sich an einen Tisch und beginnt, bevor der Kellner auch nur den Mund aufmachen kann, selbst das Tagesmenü herunterzusagen:
»Als Vorspeise: Leberpastete. Danach Gemüsesuppe und dann Saftbraten mit Bratkartoffeln. Als Dessert ... Moment, lassen Sie mich rasch überlegen, bevor ich etwas Falsches sage ... Gedörrte Pflaumen in Rotwein!«
»Sie sind ja der reinste Hellseher!« ruft der Kellner aus. »Wie konnten Sie das alles erraten?«
»Kinderspiel: Ich brauche bloß auf das Tischtuch zu schauen.«

Entsprechend der lapidare Freudsche Witz:

Ein Jude bemerkt Speisereste am Bart des anderen. »Ich kann dir sagen, was du gestern gegessen hast.« – »Nun, sag.« – »Also, Linsen.« – »Gefehlt, vorgestern!«

David Peretz wurde in einem schicken Lokal gesehen, wie er a) ein Schweinekotelett verspeiste und b) mit einer *Schickse* tanzte.
 Der Rabbiner zitiert ihn augenblicklich zu sich.
 »Wie konntest du so etwas tun, David? Ich muß mich sehr über dich wundern!«
 »Warum, Rabbi? Hätt ich eine *Schickse* verspeist und mit einem Schwein getanzt, könnt ich verstehen, daß Sie sich wundern, aber so ...«

Und noch einen letzten Witz aus dieser Serie:

Der Kaufmann Meisel Schapiro ist auf Reisen. Er steigt in einem Landgasthof ab.
 »Was darf ich Ihnen zu essen bringen?« fragt die Wirtin.
 »Fleisch und Fisch«, erwidert der Gast.
 »Fisch haben wir keinen. Wissen Sie, hier fließt weit und breit kein Fluß ... Und Fleisch, das gibt's nur am Samstag.«
 »Nu, dann bringen Sie mir Butter, Käse, ein wenig Schmand ...«
 »Tut mir leid, mein Herr. Unsere Kühe haben in letzter Zeit keine Milch mehr gegeben ...«
 »Verstehe, den Schmand kann ich vergessen. Was ist mit Pökelfisch?«
 »Hab ich gerade auch nicht im Haus. Mein Mann ist noch nicht aus der Stadt zurück ...«

»Aber trockenes Brot, das wird es doch wohl geben, oder?« fragt Meisel Schapiro etwas irritiert.

An diesem Punkt stützt die Wirtin die Hände auf die Hüften, baut sich drohend vor ihm auf und knurrt:

»Soll ich Ihnen was sagen? Ein so freßgieriger Jude wie Sie ist mir noch nie untergekommen ...«

Der nächste Witz ist weltberühmt. Seine jüdische Herkunft läßt sich eindeutig beweisen, und zwar anhand uralten, authentischen Quellenmaterials, wie es ein anonymer Witz niemals für sich beanspruchen könnte:

Zwei Freunde sind in einem Café. Der erste bestellt sich einen Tee, der andere sagt: »Für mich dasselbe, aber bitte in einer sauberen Tasse.« Nach wenigen Minuten kommt der Kellner mit beladenem Tablett zurück: »So, meine Herren, hier sind Ihre Tees. Verzeihung, wer von Ihnen wollte noch mal die saubere Tasse?«

Folgender sinnige Spruch wird dem weisen Liser zugeschrieben, der angeblich gesagt hat:

»Es gibt Leute, die sagen, man soll vor dem Essen trinken, und solche, die sagen, man soll es danach tun. Wissen Sie, wie ich mir aus der Klemme helfe? Ich trinke vor und nach dem Essen und auch, wenn es dazwischen kein Essen gibt ...«

Die meisten jüdischen Witze haben wechselnde oder gänzlich unbestimmte Schauplätze, was angesichts der Zerstreuung des jüdischen Volkes nicht weiter verwundert. Aber es gibt auch Ausnahmen. Der nächste Witz könnte jedenfalls nirgendwo anders spielen als in dieser Stadt:

New York. Ein streng koscheres Restaurant. Sam Rosenfeld wird von einem Chinesen bedient, der perfekt Jiddisch spricht. Die Sache ist so ungewöhnlich, daß er sich nach dem Essen an den Inhaber wendet: »Verzeihen Sie die Frage, aber wo haben Sie bloß diesen jiddisch sprechenden Chinesen aufgetrieben?«

»Pscht«, erwidert der Wirt, »sagen Sie das nicht zu laut. Er ist nämlich überzeugt, englisch zu sprechen ...«

Das Jiddische, das Leo Rosten – einer seiner größten Verehrer und treuesten Anhänger – den Robin Hood der Sprachen genannt hat, war nie nur ein neutrales Kommunikationsmittel, bestehend aus Wortschatz und Syntax, Phonemen und Morphemen, ein Überbleibsel des Mittelhochdeutschen verquickt mit altem Hebräisch, Aramäisch und sonstigem bizarrem Kauderwelsch, ein Mischmasch aus kreischenden, krächzenden, gurgelnden und knarrenden Lauten. Nein, das Jiddische ist wie eine Knospe, die eine ganze Welt in sich einschließt, eine Geschichte, eine Lebensweise, Landschaften und menschliche Gestalten. Besonders gut eignet es sich zur Darstellung komischer oder paradoxer Alltagssituationen, sei es mittels scharfsinniger Wortspiele, sei es mittels versteckter Allusionen oder mehr oder weniger deutlichen Anspielungen. Manchmal genügt auch ein ganz primitives »nu« ... wie in der jüdischen Version von »Drei Männer in einem Boot«.

Drei Juden sitzen in einem Zugabteil. Einer streicht sich über den Bart, hebt die Augen, seufzt, streckt die Beine aus, so gut es in dem engen Abteil geht, und sagt: »Nu ...«, worauf er den Kopf schüttelt und sich in der harten Holzbank zurücklehnt.

Pause. Eine ganze Weile hört man nur das Rattern der

Räder auf den Gleisen. Dann verschränkt der zweite Jude die Arme vor der Brust, nickt ein paarmal schwach und erklärt im selben Tonfall: »Nu ...«

Erneutes Schweigen. Irgendwann meldet sich der dritte Jude zu Wort und sagt halb gelangweilt, halb gereizt: »Jetzt hört endlich auf, über Politik zu reden, sonst setze ich mich in ein anderes Abteil.«

Das »*nu*« ist also eine Art Destillat, in dem zugleich Wut und Resignation anklingen, Nachsicht und Mißbilligung, Schmerz und Trost, heftiger Protest und mitfühlende Solidarität; es ist eine Absichtserklärung, mit der sich zum Ausdruck bringen läßt, daß man sich raushalten möchte. Es dürfte das unmißverständlichste und zugleich vieldeutigste Empfindungswort des Jiddischen – wenn nicht überhaupt – sein, kurz: Es sagt alles und nichts. Trotzdem wird es unter jiddisch Sprechenden immer richtig interpretiert und das hat seinen Grund: man begleitet es nämlich grundsätzlich mit einer entsprechenden Miene und vor allem Geste. Die Juden sind überhaupt große Gestikulierer. Wen wundert es also ...

Was ist der Unterschied zwischen einem jüdischen und einem nicht-jüdischen Restaurant?
  Einfach: In einem nicht-jüdischen Restaurant hört man die Leute sprechen und sieht sie essen, in einem jüdischen hört man sie essen und sieht sie sprechen.

Der nächste Witz bestätigt diese Erfahrung. Er zeigt einen Juden im Umgang mit dem Teufelskram unseres technischen Zeitalters – eine Situation, in der wir ihn noch öfters antreffen werden:

Ein alter Jude mit langem, weißem Bart sieht zum erstenmal in seinem Leben ein Telefon. »Siehst du«, erklärt ihm sein Sohn, »mit der rechten Hand nimmst du den Hörer ab und mit der linken wählst du die Nummer.« – »Und womit spreche ich, bitte schön?« brummt der Vater.

Und noch ein Witz zu diesem Thema:

Tiefer polnischer Winter. Es herrscht klirrende Kälte. Awrom und Jossel sind unterwegs zum Markt. Sagt Jossel zu Awrom:
»Was ist los mit dir? Daheim hast du gar nicht mehr aufgehört zu quasseln, und seit wir aus dem Haus sind, bist du stumm wie ein Fisch.«
»Nu, wer getraut sich bei dieser Kälte schon, die Hände aus den Taschen zu ziehen?!«

Dies hingegen ist die amerikanische Version:

Greenberg und Potock liegen am Pool ihres Country Clubs und relaxen.
»Hör mal, Potock. Ich muß dir unbedingt was erzählen ...«
»Dann gehen wir lieber ins Wasser, Greenberg. Ich hab keine Lust, daß alle sehen, worüber wir sprechen.«

Doch kehren wir einen Augenblick zum Jiddischen zurück, dieser in der Diaspora entstandenen und unglaublich vielseitigen Sprache. Man kann sie überall und für alles gebrauchen: für Litaneien und Witze, Poesie und Zote, Ironie und Schmerz, auf der Straße und im Bett. Die nächsten beiden Schnurren mögen beweisen, daß sie mehr ist als ein praktisches, aus bekannten Gründen leider kaum noch gebrauchtes Kommunikationsmittel.

Gegenstand der beiden Schnurren ist ein enger Verwandter des oben behandelten »*nu*«: jenes berühmte und nicht minder eloquente »*oj*«, Verbindungsglied zwischen Lungen und Stimmbändern, Seufzer und Wort:

Zwei Juden sitzen in einem Bahnabteil. Sie kennen sich nicht, aber natürlich erkennen sie sich. Eine Ewigkeit lang studieren sie sich schweigend. Jeder von ihnen würde alles darum geben zu erfahren, woher der andere kommt, wohin er fährt, was er macht und so weiter und so fort. Am Ende – und hier sei der Leser daran erinnert, daß Reisen früher viel, viel länger dauerten als heutzutage, wo man kaum Zeit hat, ein paar Erdnüsse zu knabbern, sich einen Film anzuschauen, ein Stück Plastikhuhn und einen synthetischen Pudding zu verdrücken, bevor man auf der andern Seite der Welt ist – am Ende also bricht das Eis. Und zwar so:

Einer der beiden seufzt tief und stöhnt:
»*Oj* ...«
Und der andere:
»Sie nehmen mir das Wort aus dem Mund!«

Und hier die weibliche Version, die auch gut ins Kapitel über die Mütter gepaßt hätte:

Vier Frauen treffen sich zum Tee. Kaum daß sie im Salon der Gastgeberin Platz genommen haben, seufzt die erste:
»*Oj!*« (Ach je!)
Wenige Sekunden später seufzt die zweite:
»*Oj waj!*« (Ach herrje!)
Die dritte sucht den Blick ihrer Freundinnen, bevor sie auftrumpft:

»*Oj waj is mir!*« (Ach herrjemine!)

An diesem Punkt beginnt die vierte, die bisher noch nichts gesagt hat, indigniert zu protestieren:

»Jetzt hört aber auf! Wir hatten doch abgemacht, daß das Thema Kinder heute tabu ist ...«

Schauplatz: Eine internationale Tagung über Esperanto, die Sprache der Zukunft, der Völkerverbundenheit, der Brüderlichkeit unter den Menschen. Während der Tagung sprechen alle Kongreßteilnehmer, egal, aus welcher Ecke der Welt sie kommen, ausschließlich Esperanto miteinander. Die Protokolle und Kongreßakten sind selbstverständlich auch in Esperanto abgefaßt.

Nach Abschluß des mit Arbeitsgruppen und Vorträgen vollgepfropften Tagesprogramms versammeln sich die Teilnehmer zum Abendessen. Man sitzt um eine große Tafel, froh, nach zwölf Stunden Esperanto endlich wieder die echte Universalsprache sprechen zu dürfen. Fragt einer seinen Tischnachbarn: »*Nu, wos macht a jid?*« – also etwa: »Na, wie geht's denn so?«

Gut möglich, daß es sich bei der kleinen Geschichte um eine wahre Begebenheit handelt, vielleicht sogar einen Augenzeugenbericht. Zamenhof, der Erfinder des Esperanto, und viele seiner ersten Anhänger waren nämlich Juden.

Für den folgenden Witz müssen wir einen Sprung von etlichen Jahren machen: von der Vorkriegszeit mit ihren (jiddisch abgehaltenen) Esperanto-Kongressen und ihren (polnisch, hebräisch usw. abgehaltenen) Tagungen übers Jiddische ins Nachkriegs-Amerika. Es ist eine traurige Geschichte voller Nostalgie, doch die Pointe zeugt von beißender Ironie – Selbstironie, versteht sich.

New York. In der Lower East Side findet ein jüdisches Leichenbegängnis statt. Der spärliche Trauerzug zieht still unter den Fenstern der letzten jiddischen Tageszeitung vorbei, die in der Metropole noch erscheint. Einer der drei Redakteure beobachtet die Szene; kaum ist der Sarg um die Ecke, dreht er sich zum Drucker um und sagt:

»Hei, Mottel, du kannst eine weniger drucken ...«

Die nächsten beiden Juden treffen sich wieder im Zug. Aber sie kennen sich bereits – und geben uns damit erneut Gelegenheit, darüber nachzudenken, weshalb die Juden eine Frage grundsätzlich mit einer Gegenfrage beantworten. Nach dem Motto: In jeder Gewißheit steckt auch ein Zweifel und in jedem Zweifel eine Gewißheit.

Zwei Juden treffen sich also im Zug. Nach der Begrüßung und den üblichen Höflichkeitsfloskeln fragt Bernstein:

»Und wohin geht die Reise, werter Liebmann?«
»Nach Berdicev«, antwortet Liebmann.
Darauf Bernstein gereizt:
»Machen wir uns doch nichts vor, Liebmann. Sie sagen, Sie fahren nach Berdicev, damit ich glaube, Sie seien in Wirklichkeit nach Zitomir unterwegs – stimmt's? Zufällig weiß ich aber, daß Sie heute tatsächlich nach Berdicev fahren! Was erzählen Sie mir also Geschichten?«

Der nächste Witz ist ebenfalls ein Klassiker, der in irgendeiner Variante in allen Sammlungen vorkommt:

Die Baronesse Weiss erwartet ihr erstes Kind und liegt in den Wehen. Ein berühmter Geburtshelfer wird ins Haus gerufen. Der Arzt wirft einen Blick in das vornehm eingerichtete Zimmer der Wöchnerin, sieht, daß alles in Ordnung ist, setzt sich darauf ins Wohnzimmer, verlangt eine Tasse Tee und beginnt in aller Gemütsruhe die Zeitung zu lesen.

Der zukünftige Vater ist schrecklich aufgeregt. Irgendwann hört man aus dem angrenzenden Zimmer ein »*Oh, mon Dieu!*«.

»Doktor ...« haucht der Baron.

»Keine Sorge, Baron. Es ist noch nicht soweit.«

Wenig später hört man einen erstickten Schrei:

»*Oh, God, God!*«

Der Baron ist am Rande eines Nervenzusammenbruchs.

»Doktor ...«, stöhnt er mit ersterbender Stimme.

»Nur ruhig, Baron. Es ist immer noch nicht soweit«, erwidert der Doktor und nippt an seinem Tee, doch er hat kaum die Tasse zurückgestellt, als aus dem Nebenzimmer ein markerschütternder Schrei gellt:

»*Oj, wawoj! Oj, Gewalt!*«

Der Arzt springt auf und stürzt ins Zimmer der Baronesse, wobei er ihrem Mann noch zuschreit:

»Jetzt ist es soweit, Baron!«

Das Jiddische ist also nicht nur die Sprache der Tradition und des Andenkens, sondern auch die Sprache, die man in den heikelsten und intimsten Momenten gebraucht ...

Diesmal befinden wir uns in Israel. An der Bushaltestelle steht eine junge Frau mit ihrem Kind. Sie ist trotz brütender Hitze streng orthodox gekleidet, das heißt Haare unter einem Kopftuch versteckt, knöchellanges Kleid, dicke Nylonstrümpfe. Obwohl sie mit ihrem Sohn jid-

disch spricht, antwortet er auf hebräisch – was sie jedoch vorgibt, nicht zu verstehen, und zwar so hartnäckig, daß der Sprößling zum Schluß auf jiddisch umstellt. Ein Mann, der ebenfalls auf den Bus wartet und die Szene neugierig verfolgt hat, fragt die junge Frau: »Warum zwingen Sie Ihren Sohn, jiddisch zu sprechen?«
»Damit er nicht vergißt, daß er ein Jude ist.«

Auch der nächste Witz spielt im Gelobten Land, und zwar in den »heißen Jahren«, als es den Staat Israel noch nicht gab und die arabische Guerilla heftig wütete. Von Jerusalem nach Tel Aviv zu fahren war in jener Zeit ein gewagtes Abenteuer:

Linienbus Jerusalem – Tel Aviv. In der Ferne hört man Schüsse. Der Busfahrer tritt aufs Gaspedal und sein Beifahrer spornt ihn zusätzlich an:
»Los, schneller! Gib Gas, soviel du kannst!«
Eine orthodoxe Jerusalemer Jüdin mit Kopftuch schlägt sich die Hände vor die Brust und schreit in einem Jiddisch, das andern Zeiten anzugehören scheint:
»Oj, wawoj!«, was in diesem Zusammenhang Staunen und Angst in einem ausdrückt, Traurigkeit und Entsetzen, und die Liste könnte beliebig fortgesetzt werden ... »Oj, wawoj! Hier schießen sie auf uns und Ihr sprecht hebräisch!«

Ja, das Hebräische ... archaisch und modern zugleich, die Sprache des Gebets und der heiligen Schriften. Orthodoxe Juden lehnen es strikt ab, sie im Alltagsleben zu gebrauchen, denn das hieße, sie mit banalen und niedrigen Umgangswörtern zu verseuchen. Im Alltag darf ausschließlich *Mameloschen* gesprochen werden, die »Mutter-Sprache«:

duldsam und freundlich, giftig und ätzend, anheimelnd und ausdrucksvoll – wie das Jiddische eben ist. Im Alltag hebräisch zu sprechen, wie der Busfahrer aus dem vorigen Witz, empfindet ein orthodoxer Jude als Bruch mit der Tradition, als Revolte, als Provokation.

Ein kleiner Junge und sein Schwesterchen wollen Papa und Mama spielen. »Wie spielt man das?« fragt das Mädchen. »Ganz einfach«, erwidert ihr um weniges älterer Bruder. »Wir gehen in Papas und Mamas Schlafzimmer und schließen uns ein.« – »Und dann?« bohrt die Kleine weiter. »Dann ziehen wir uns aus!« belehrt sie der Bruder mit wichtigtuerischer Miene. »Und dann?« – »Dann schlüpfen wir unter die Decke!« – »Und dann?« Die Neugier des kleinen Mädchens ist nicht zu stillen. »Dann machen wir das Licht aus!« – »Und dann?« – »Dann ... dann ... dann sprechen wir jiddisch, ist doch klar, oder?«

Ein kleiner Junge aus Tel Aviv fragt seinen Spielkameraden:
»Weißt du, was der Tod ist?«
»Klar weiß ich das«, erwidert der andere. »Paß auf, das geht so: Zuerst wird man geboren, dann kommt man in den Kindergarten und später in die Schule. Wenn man aus der Schule raus ist, heiratet man und wird Papa und Mama, dann Großvater und Großmutter. Dann fängt man an, jiddisch zu reden, und dann stirbt man ...«

Das Jiddische war immer ein bescheidenes, anpassungsfähiges Behältnis für Zeichen, Wörter und Gefühle. Es wollte nie eine Sprache im herkömmlichen Sinne sein – und ist es tatsächlich auch nie gewesen.

Der Rabbiner Ouaknin erzählt, sein Großvater sei ein unglaublich gebildeter Mann gewesen, der siebzehn Sprachen gesprochen habe – alle auf jiddisch.

Die Werkstatt, das Geschäft, der Markt waren Zentren des jüdischen Lebens und bevorzugte Schauplätze des jüdischen Witzes. Das kommt nicht von ungefähr: Dort wurde gehandelt und der Handel war die Hauptbeschäftigung der in der Diaspora lebenden Söhne Israels – nicht weil sie sich dazu berufen gefühlt hätten, sondern weil die meisten anderen Berufe ihnen schlicht verboten waren.

Nun ist ein Handelsgeschäft durchaus kein simples Unternehmen, das immer nach demselben Schema abläuft. Ganz im Gegenteil: Es erfordert komplizierte und langwierige Verhandlungen über Preis, Qualität und Zahlungsweise. Der zur Diskussion stehenden Ware – sei es nun ein Stück Stoff, ein Karpfen, ein Bund Karotten oder ein Paar gebrauchte Schuhe – werden von Mal zu Mal andere und ganz neue Merkmale zugesprochen, und nicht selten durchläuft sie beim Hin und Her zwischen Käufer und Verkäufer eine erstaunliche Metamorphose: So verwandelt sich ein vor Tagen aus dem Wasser gezogener und bereits stinkender Fisch in einen fangfrischen, paradiesisch schmeckenden Karpfen, und die gebrauchten Schuhe, durch deren Sohlen man fast hindurchsehen kann, werden zu einem einmaligen Schnäppchen, das man sich auf keinen Fall entgehen lassen darf. Ich denke, was das betrifft, gleichen sich alle Märkte auf der ganzen Welt, aber es gibt auch Unterschiede, und die kriegt man weniger durchs Hin-Schauen als durchs Hin-Hören heraus. Wer auf die Stimmen der Händler achtet, ihr Geschrei und ihr Geflüster, ihr Singen und ihr Raunen, der weiß, wo er ist. Das gilt auch für den jüdischen Markt, obwohl hier alles durcheinander klingt:

Jiddisch, Ladinisch, Italienisch, Englisch, Arabisch und natürlich Hebräisch. Doch egal, wie groß das Sprachengewirr auch ist, der Grundtenor ist immer derselbe und unverwechselbar.

Ein Kunde kommt wutschnaubend ins Geschäft eines Uhrmachers gerannt und knallt die Tür hinter sich zu, daß sie fast aus den Angeln fällt. »Sie Lump! Sie Betrüger!« schreit er den Ladenbesitzer an. »Als ich Ihnen meine Uhr gebracht habe, ging sie ein bißchen nach, aber sie tickte wenigstens noch. Jetzt geht sie überhaupt nicht mehr. Da, schauen Sie, was Sie gemacht haben ...«
»Gemacht? Ich? Aber ich habe Ihre Uhr ja gar nicht in der Hand gehabt! Das schwöre ich Ihnen, mein Herr ...«

Ein Mann, der sich eine neue Uhr kaufen möchte, betritt ein Geschäft, in dessen Schaufenster eine große Penduluhr hängt. Seltsamerweise ist das Geschäft so gut wie leer. Es gibt nur einen wackeligen Tisch, an dem ein bärtiger alter Jude mit Käppchen auf dem Kopf sitzt.
»Guten Tag. Ich bräuchte eine neue Uhr.«
»Ich verkaufe keine Uhren«, erwidert der Ladenbesitzer mürrisch. »Ich bin Beschneider.«
»Beschneider? Warum haben Sie dann eine Uhr im Schaufenster hängen?«
»Nu, fällt Ihnen vielleicht was Besseres ein?«

Und noch eine kleine Geschichte zu diesem Initiationsritus – auf hebräisch *Brit Mila* –, mit dem jüdische Jungen, wenn sie acht Tage alt sind, in den Bund Gottes mit Abraham aufgenommen werden: die Beschneidung. Sie ist das unauslöschliche Zeichen der Zugehörigkeit zum Volke Israels, darüber hinaus ist sie aber auch, der Leser wird es bereits ahnen, Gegenstand unzähliger Wortspiele, Witze und Schnurren.

Einer, der sich für einen großen Spaßvogel hält, betritt in Brooklyn das Stoffgeschäft von Zalman Kowalsky und sucht sich einen Stoff aus. »Okay, Jude«, sagt er dann zu Zalman und grinst. »Geben Sie mir davon ein Stück, und zwar so lang, daß es von Ihrer Nasenspitze bis zur Spitze Ihres Pimmels reichen würde!« Der alte Zalman nickt ergeben und teilt dem Kunden mit, daß er ihm die Ware innerhalb von zwei Tagen direkt nach Hause liefern wird. Am übernächsten Tag hört unser »Spaßvogel« es tatsächlich an der Tür läuten, er geht aufmachen und erblickt vor dem Haus fünf große Lastwagen, aus denen Männer unzählige Ballen von dem Stoff ausladen, den er bei Zalman Kowalsky ausgesucht hat. Als sie mit ihrer Arbeit fertig sind, händigt ihm der letzte von ihnen einen Umschlag aus, der nicht nur eine gesalzene Rechnung enthält, sondern auch eine kleine Notiz: »*With compliments* von Zalman Kowalsky – wohnhaft in New York, beschnitten in Warschau.«

Zum Verständnis der Pointe: Der Beschneidungsritus sieht vor, daß die entfernte Vorhaut am Ort der »Operation« oder ganz in der Nähe vergraben wird ... Aber das weiß mein beschlagener Leser sicher längst.

Vater und Sohn betreten ein Bekleidungsgeschäft.
»Guten Tag!«
»Guten Tag! Sie wünschen?«
»Ich suche einen Anzug für meinen Sohn. Er muß aber bitte von erstklassiger Qualität und Verarbeitung sein. Und daß er beim Waschen ja nicht einläuft!«

Der Ladenbesitzer setzt ein fast mitleidiges Lächeln auf und zeigt den beiden, was er dahat. Nach langem Anprobieren und Verhandeln entschließt sich der schwierige Kunde endlich zum Kauf, doch vorher möchte er noch einmal versichert haben, daß es sich auch wirklich um hochwertiges Material handelt.

»Keine Sorge, mein Herr. Dieser Stoff läuft nicht mal ein, wenn Sie ihn bei hundert Grad waschen. Das garantiere ich Ihnen persönlich.«

Wenige Tage später erscheinen Vater und Sohn erneut im Geschäft. Der Junge trägt den kürzlich erstandenen Anzug, doch die Ärmel sind so eng, daß sich seine Ellbogen darunter abzeichnen, und der Saum der Hosenbeine reicht ihm gerade noch bis zu den Waden. Daß die Miene des Vaters wenig Gutes ahnen läßt, braucht nicht erst betont zu werden. Unser Kleiderverkäufer stutzt einen Moment, aber als erfahrener Händler hat er immer eine Antwort parat:

»Nanu? Ich hätte Sie fast nicht wiedererkannt«, ruft er aus. »Das ist ja unglaublich, wie der Junge gewachsen ist! Mein Kompliment!«

Vorabend des Sabbats. Mirele überläßt das Geschäft ihrem Mann – normalerweise steht natürlich sie im Laden – und eilt nach Hause, um den Feiertag vorzubereiten: Wäsche waschen, putzen, kochen. Als tüchtige Frau ist sie relativ schnell mit allem fertig und eilt augenblicklich ins Geschäft zurück, um nach dem Rechten zu sehen. Doch was für ein Anblick erwartet sie dort! Zwei Kosaken stehen vor den Regalen und stopfen sich in aller Ruhe die Taschen voll, während ihr Mann in ein Buch vertieft dasitzt und nichts hört und nichts sieht. Die arme Mirele bekommt fast einen Anfall: »Faulenzer! Tagdieb!

Was sitzt du herum? Siehst du nicht, daß uns die beiden Kosaken hier den Laden ausräumen?!«

Der Mann hebt endlich die Augen von seinem Buch und erwidert:

»Nu, reg dich nicht auf! Du sagst es ja selbst: das sind Kosaken, keine Rabbiner. Was wunderst du dich also, daß sie klauen? Für einen Kosaken ist das doch normal ...«

Itke, die bereits auf die Siebzig zugeht, kommt mit zwei lebenden Fischen im Einkaufskorb vom Markt zurück. Die Fische leben auch noch, als Itke sie ins kochende Wasser wirft. Ihre Enkelin ist entsetzt: »Aber Großmutter, wie kannst du nur?! Die armen Tiere ...«

»Reg dich nicht auf, Liebling! Die sind das gewöhnt, schließlich behandle ich sie seit über fünfzig Jahren so ...«

Auf dem Markt. Ein Mann zupft einen andern Mann am Ärmel und sagt:

»Können Sie mir hundert Taler leihen?«

Der andere dreht sich um, schaut ihn an und erwidert dann entrüstet:

»Aber ich kenne Sie doch gar nicht!«

Sagt der erste:

»Da soll einer schlau werden: Dieser Mensch leiht mir kein Geld, weil er mich nicht kennt, und daheim im Dorf leiht mir keiner was, weil sie mich alle kennen ...«

Und wo wir schon dabei sind ...

»Sag mal, Awroimele: Wann gibst du mir eigentlich das Geld zurück, das ich dir geliehen habe?«

»Was fragst du mich, Moischele? Bin ich ein Prophet?«

Apropos Prophet:

Eine kleinere Gemeinde stellt einen Rabbiner an, der zwar keine sehr gute Reputation hat, dafür aber auch als Kantor und Schächter fungieren kann. Man ist daher überzeugt, drei Fliegen mit einer Klappe zu schlagen. Am Sonntagmorgen, der für die Juden der erste Arbeitstag der Woche ist, nimmt sich der Gemeindevorsteher die Freiheit heraus, zu fragen: »Nun, lieber Rabbe, welches Kapitel der Bibel ist denn am kommenden Sabbat dran?«
Der Neuankömmling erwidert ihm entrüstet: »Lieber Herr Gemeindevorsteher, ich bin Rabbiner, Kantor und Schächter, aber kein Prophet, merken Sie sich das!«

Die nächste Schnurre spielt in einer modernen Einkaufsstraße mit prächtigen Schaufenstern und ausgesuchten Luxusartikeln. Trotzdem gilt auch hier das uralte Handelsgesetz, demzufolge kein Preis fest und endgültig, dauerhaft oder unveränderlich ist ...

Samuel Levinsohn geht sich eine Krawatte kaufen und wird dabei, obwohl bereits vierzigjährig, von seiner Mutter begleitet. Die beiden betreten ein vornehmes Geschäft in der Fifth Avenue und Frau Levinsohn hat bald eine Krawatte entdeckt, die ihr gefällt. Ohne ihren Sohn mit einem Wort nach seiner Meinung zu fragen, sagt sie zum Verkäufer: »Die ist hübsch. Was kostet die?«
»Fünfundzwanzig Dollar.«
»Gut. Die nehme ich.«
Wenig später verlassen Sohn und Mutter das Geschäft

mit der neuen Krawatte. Samuel macht ein Gesicht, als habe er soeben Rabbi Schnirsoon beim Verspeisen eines Salamibrötchens gesehen; wahlweise auch eine Familie von Marsmenschen beim Picknick auf unserem Planeten.

»Mama, was ist bloß in dich gefahren? Fünfundzwanzig Dollar ohne Widerrede, ohne auch nur ansatzweise zu feilschen?«

»Was in mich gefahren ist? Das will ich dir sagen: Der Verkäufer war mir vom ersten Augenblick an unsympathisch, also dachte ich mir, den ärgerst du ein bißchen. Und nun überleg mal, Junge: Was hätte für diesen Mann schlimmer sein können, als daß ich ihm widerspruchslos den ersten Preis zahle, den er mir nennt? ›Ich Esel!‹ wird er sich sagen. ›Da hätt ich ja genausogut sechs oder sieben Dollar mehr verlangen können!‹ Und glaub mir, das bringt ihn heute nacht mit Sicherheit um den Schlaf.«

Zissl beobachtet vom Bürofenster aus das geschäftige Treiben im Hof seiner kleinen Fabrik. Nach einer Weile ruft er seinen Sohn zu sich und sagt, indem er ihm den Arm um die Schulter legt:

»Alles, was du da siehst, mein Sohn, gehört dir. Ich habe es mit eigenen Händen aufgebaut und mich dabei immer von zwei Prinzipien leiten lassen: Redlichkeit und Vernunft. Die Redlichkeit ist besonders wichtig. Wenn du versprichst, etwas am ersten März zu liefern, dann muß der Kunde es auch pünktlich am ersten März bekommen – verstanden?«

»Klar, Papa. Und was ist mit der Vernunft?«

»Nun, vernünftig wäre es zum Beispiel, niemals etwas zu versprechen.«

Frau Rosenfeld geht zum Bäcker.
»Was kosten die Erdbeertörtchen da?« fragt sie.
»Fünfundzwanzig das Stück.«
»Der Bäcker gegenüber verkauft sie für zweiundzwanzig!«
»Dann kaufen Sie die Törtchen bei ihm.«
»Er hat aber keine mehr.«
»Nu, wenn ich keine mehr hätte, würde ich sie auch für zweiundzwanzig verkaufen.«

Ein Kutscher nimmt unterwegs einen umherziehenden Rabbiner auf und schlägt ihm etwas Unerhörtes vor: »Rabbi, tun Sie mir einen Gefallen: Ziehen Sie meine Jacke und Mütze an, nehmen Sie die Peitsche in die Hand, setzen Sie sich hier auf den Kutschbock und spielen Sie den Kutscher. Ich ziehe dafür Ihre Sachen an, setze mich hinten rein und tu, als wäre ich der Rabbiner. Sie werden sehen, ich kann das genauso gut wie Sie.«
Nach kurzem Überlegen nimmt der Rabbi die Herausforderung an. Die Reise verläuft ohne weitere Zwischenfälle bis zum Zielort, wo bereits ein aufgeregter Schwarm von Anhängern auf den Meister wartet, um sich weise Ratschläge von ihm erteilen zu lassen. Als die Kutsche in der Ferne auftaucht, laufen die Gläubigen ihr auf der Landstraße entgegen und bestürmen den Meister mit ihren Problemen, Fragen und Zweifeln, bevor er überhaupt aussteigen kann. Der (falsche) Rabbiner läßt sich nicht aus der Ruhe bringen, lächelt und sagt: »Aber liebe Kinder, habt ihr denn keine schwierigeren Probleme? Die Fragen, die ich da bisher gehört habe, könnte euch ja selbst mein Kutscher beantworten! Versucht es nur mal ...«

Vom nächsten Witz gibt es unzählige Versionen und in jeder wird ein anderes Volk mit seinen positiven und negativen Eigenschaften belächelt. Ich habe mich für die Version von Drujanow entschieden, dessen Witzesammlung bereits vor über fünfzig Jahren erschienen ist – was natürlich den Verdacht nahelegt, daß es sich bei allen anderen Versionen um Nachahmungen handelt, die fraglos auf denselben »Archetypus« zurückgehen ...

Zur Abwechslung mal wieder ein Jude auf Reisen. Polen, Rußland, Bulgarien, Holland – wer kann das sagen? Der Mann steigt jedenfalls in einem Gasthof ab, um alldort zu übernachten. Als er am nächsten Morgen in die Gaststube herunterkommt, wird er von der Wirtin, einer wohlbeleibten, rotbäckigen Frau, fröhlich begrüßt:
»Na, Herr Lewinsky, wie haben Sie geschlafen?«
»Nicht schlecht, Gott sei dank. Schade nur, daß auf dem Kopfkissen eine tote Wanze lag ...«
»Eine Wanze? Eine einzige tote Wanze?« entgegnet die Wirtin. »Nu, was kann die schon machen?!«
»Nichts«, erwidert der Gast müde. »Aber Sie hätten mal sehen sollen, wie viele ihr den letzten Gruß entrichten kamen.«

Und aus derselben Serie:

Wieder ein Jude auf Reisen. Er steigt in einem Landgasthof ab und läßt sich vor dem Zubettgehen ein üppiges Abendessen und reichlich Wein servieren. Als er am nächsten Morgen in die Gaststube kommt, fragt ihn der Wirt: »Und, wie schläft man in meinem Haus?« – »Ausgezeichnet«, erwidert er. »Die ersten vier Stunden hab ich geschlafen wie ein Murmeltier, weil ich beschwipst war, und die nächsten vier Stunden waren die Wanzen beschwipst, so daß ich ungestört durchschlafen konnte.«

An Deck eines Kreuzfahrtschiffs. Ein jüdischer Passagier gibt mit seinen einflußreichen Bekanntschaften an: »Kanzler Bismarck ist ein enger Freund von mir. Er fragt mich vor allen wichtigen Entscheidungen um Rat. Gut, er ist kein großer Judenfreund, aber für mich macht er eine Ausnahme. Auch Rothschild kenne ich gut ... den Frankfurter Millionär, Sie wissen schon. Wenn ich in Frankfurt bin, steige ich immer bei ihm ab. Wir unterhalten uns über dies und jenes, gehen miteinander spazieren ...« – »Sie sind ein Aufschneider! Ein Aufschneider und Betrüger«, sagt der Fahrgast, der neben ihm an der Reling lehnt und bis zu diesem Augenblick geduldig zugehört hat. »Sie kennen weder Bismarck noch Rothschild!« Der andere sieht ihn beleidigt an und fragt: »Wie kommen Sie zu dieser Behauptung?« – »Wie ich zu dieser Behauptung komme? Das will ich Ihnen sagen: Rothschild, das bin ich, und Sie, mein Lieber, Sie habe ich noch nie im Leben zu Gesicht bekommen, so wahr ich hier stehe!« Doch unser Hochstapler läßt sich nicht einschüchtern: »Sprechen Sie für sich, Herr Rothschild, aber nicht für Reichskanzler Bismarck«, entgegnet er. »Dazu haben Sie kein Recht!«

In einem Bahnabteil sitzen sich zwei Juden gegenüber. Beide sind sehr reserviert, aber schließlich fragt der eine den andern:
»Verzeihung, können Sie mir sagen, wie spät es ist?«
Keine Antwort.
»Entschuldigung. Wieviel Uhr ist es, bitte?«

Der Mitreisende stellt sich erneut taub. Am Zielbahnhof angekommen, steigen beide Passagiere hintereinander aus. Bevor sich ihre Wege trennen, sagt jedoch der eine zum andern: »Also, mit Verlaub: Ich habe selten einen unhöflicheren Menschen erlebt als Sie. Einfach nicht zu antworten, wenn man eine Frage gestellt bekommt, ist doch ...«

»Hören Sie: Wenn ich Ihnen geantwortet hätte, hätten wir uns bestimmt in ein Gespräch verstrickt. Ich wette, daß Sie mir von Ihrem Sohn erzählt hätten und ich Ihnen von meiner Tochter, und daß Sie am Ende vorgeschlagen hätten, die beiden sollen heiraten. Nun steht für mich aber eins klipp und klar fest: Ich würde meine Tochter aber niemals einem Mann zur Frau geben, dessen Vater keine Uhr hat.«

Die aus einem Provinz-Schtetl stammenden Zelig und Falik sind geschäftlich in Warschau. Um Ausgaben zu sparen, teilen sie sich ein Hotelzimmer. Am Abend eines arbeitsreichen Tages fallen die beiden todmüde ins Bett. Nach ein paar Minuten sagt Zelig: »Weißt du was? Ich kann nicht einschlafen, solange das Licht brennt. Vielleicht wär's besser, wir machen es aus – ich bin bloß zu müde zum Aufstehen ...«

»Weißt du was?« gähnt Falik. »Du hast völlig recht. Ich bin bloß zu müde, es dir zu sagen ...«

Ein Dorfjude namens Jankele besucht seinen Vetter Moritz in der Stadt. Dieser fragt ihn, wenn auch aus purer Höflichkeit, ob er einmal ins Theater möchte. Jankele ist begeistert.

»Daß du mir aber ja vorher die Socken wechselst!« mahnt Moritz ihn. »Die stinken nämlich gottserbärmlich ...«

Am Abend gehen die beiden ins Theater, nehmen Platz und wenige Sekunden später hält sich alles um sie herum die Nase zu. Moritz beugt sich zu Jankele hinüber und flüstert: »Hab ich dir nicht gesagt, du sollst dir frische Socken anziehen, bevor wir ins Theater gehen?« – »Doch, und das habe ich auch gemacht!« Moritz sieht ihn verärgert an: »Willst du mich zum Narren halten?« – »Aber gar nicht! Und weil ich schon wußte, daß du mir nicht glaubst, habe ich die schmutzigen mitgenommen. Schau her!« sagt er und zieht die stinkenden Socken aus der Tasche ...

Ein Kaufmann und sein Knecht sind unterwegs auf Reisen. Es ist bereits Nacht, als sie in einem einsamen Landgasthof haltmachen. Der Kaufmann klettert vom Wagen und läßt den Knecht als Bewacher zurück. »Zundel, daß du mir ja gut auf die Pferde aufpaßt und nicht einschläfst! In dieser Gegend wimmelt es von Räubern, hast du gehört?«

»Ja, Herr«, erwidert der Knecht, während er sich auf dem Karren ein bequemes Lager zurechtmacht.

Etwa eine Stunde später kommt der Kaufmann, der inzwischen gegessen hat, aus der Gaststube, um nachzusehen, ob alles in Ordnung ist. »Zundel, bist du wach?« ruft er.

»Ja, Herr.«

»Was machst du?«

»Ich denke nach.«

»Worüber denkst du nach?«

»Darüber, wohin die Erde verschwindet, wenn man ein Loch schaufelt.«

»Weiter so«, lobt ihn der Kaufmann und kehrt zufrieden in den Gasthof zurück, doch vor dem Zubettgehen

möchte er die Lage noch einmal überprüfen und geht abermals hinaus:
»Zundel, bist du wach?«
»Ja, Herr.«
»Was machst du?«
»Ich denke nach.«
»Worüber denkst du nach?«
»Darüber, wohin der Rauch verschwindet, wenn man Weihrauch verbrennt.«
»Weiter so«, lobt ihn der Kaufmann und kehrt in sein Zimmer zurück. Weil er aber keinen Schlaf finden kann, geht er ein drittes Mal hinaus.
»Zundel, bist du wach?«
»Ja, Herr.«
»Was machst du?«
»Ich denke nach.«
»Worüber denkst du nach?«
»Darüber, wohin unsere Pferde verschwunden sind ...«

Doktor Levinsohn wird zum neunzigjährigen Rabbiner Weise gerufen. Nach gründlicher Untersuchung sagt er: »Verehrter Rabbi, tut mir leid, aber es steht nicht in meiner Macht, Sie jünger zu machen.« – »Das hat auch keiner von Ihnen verlangt, lieber Doktor. Sie sollen mir nur helfen, älter zu werden!«

Dieser Witz bringt mich auf einen anderen, den ich Ihnen auch erzählen möchte, obwohl er strenggenommen nichts mit unserem Thema zu tun hat:

»Stell dir vor«, sagt Leib zu seinem Freund Fischke. »Mein Vater, Gott möge ihn erhalten, ist jetzt über achtzig. Ist das nicht ein beneidenswertes Alter?«

»Beneidenswertes Alter? Daß ich nicht lache«, erwidert Fischke. »Wenn mein Vater, Gott hab ihn selig, noch leben würde, wäre er jetzt weit über hundert!«

Überhaupt tragen Irrtümer und Mißverständnisse natürlich zu allerlei lustigen Situationen bei:

Eine Arztpraxis. Das Telefon klingelt, die Sprechstundenhilfe nimmt ab:
»Hier Arztpraxis Cohen Lewinsky Abramsohn, guten Tag.«
»Guten Tag. Ich hätte gerne mit Doktor Cohen gesprochen.«
»Tut mir leid, der ist heute nicht da. Heute ist *Kippur*.«
»Ach so«, fällt ihr die Patientin ins Wort, »heute ist Kippur dran? Na, dann geben Sie mir eben Doktor Kippur!«

Für den Fall, daß Sie's nicht wissen: *Kippur* ist ein hoher jüdischer Feiertag, der sogenannte Versöhnungstag, an dem selbstverständlich nicht gearbeitet wird.

»Sag mal, wie bist du eigentlich den schlimmen Husten losgeworden, den du letzten Winter hattest?«
»Das will ich dir sagen. Ich bin zu einem berühmten Arzt gegangen und der hat mir ein starkes Abführmittel verschrieben.«
»Wie bitte? Was hat denn ein Abführmittel mit Husten zu tun?«
»Das weiß ich auch nicht. Ich weiß bloß, daß ich mich nicht mehr zu husten getraue, seit ich es nehme.«

Jankele geht zum Hals-Nasen-Ohrenarzt. »Doktor, ich höre kaum noch was. Das müssen Ohrpfropfen sein ...« Der Arzt läßt ihn Platz nehmen, entfernt ihm aus dem rechten Ohr tatsächlich sehr viel Ohrenschmalz und schaut dann mit seinem Lämpchen hinein. »Doktor, so sehen Sie nichts«, sagt Jankele. »Das andere Ohr ist auch verstopft, glauben Sie's mir.«

Zwei Juden gehen zum Doktor. Einer von ihnen stöhnt. Der Arzt fragt:
»Wo tut es Ihnen weh?«
Der Patient antwortet:
»Nirgends, Doktor. Der Kranke bin nicht ich, sondern mein Freund.«
»Warum haben Sie dann gestöhnt?«
»Och, nur so, aus Solidarität ...«

Zwei seit kurzem in die USA eingewanderte Juden treffen sich in Brooklyn auf der Straße.
»Mendel! Was für eine Freude! Wie geht's dir denn so?«
»Miserabel, Ruben. Ich kann einfach keine feste Arbeit finden. Nur Gelegenheitsjobs, mit denen ich meine Familie gerade so durchbringe. Zu allem Übel war ich auch noch einen Monat krank. Letzte Woche mußte ich eine Arztrechnung von fünfzig Dollar bezahlen!«
»Was? Fünfzig Dollar?« erwidert Ruben entsetzt. »Für das Geld war man bei uns daheim ein ganzes Jahr krank!«

Die Tochter einer sehr frommen Frau erkrankt an schwerem Durchfall. Statt zum Arzt zu gehen, sucht die Mutter einen *Zaddik* auf (also einen jener chassidischen Rabbiner, die gleichzeitig Wunderheiler sind). Der heilige Mann befiehlt, die Psalmen zu beten, und die Kleine wird tatsächlich gesund. Ein paar Wochen später ist sie jedoch schon wieder krank, diesmal hat sie Verstopfung. Die Mutter sucht erneut Rat beim *Zaddik*, der ihr dieselbe Therapie verschreibt: Psalmen beten. Die Frau sieht ihn aus tränenverschleierten Augen an und haucht: »Aber Rabbi, Psalmen sind doch gegen Durchfall!«

Aus Gründen der Logik mußten wir den folgenden Witz hier einfügen, aber recht besehen hätte er auch ins Kapitel über die Mütter gepaßt ...

Esther Lipover geht zum ersten Mal im Leben zum Gynäkologen. Er heißt Doktor Kupfermintz (jedenfalls in Leo Rostens Version) und ist der Sohn ihrer besten Freundin.
»So, Frau Lipover, wenn Sie jetzt bitte ins Nebenzimmer gehen und sich frei machen ...«
»Wie, frei machen? Sie meinen ... Sie meinen, ich soll mich ausziehen?« stammelt die Patientin.
»Ja, bitte, ich komme dann gleich.«
»Hören Sie mal, Doktor: Weiß Ihre arme Mutter eigentlich, womit Sie sich Ihr Brot verdienen?«

In New York gab es einmal einen berühmten Herzspezialisten namens Liebmann. Die Rechnungen, die er ausstellte, waren seinem Ruhm entsprechend hoch. Dazu muß allerdings gesagt werden, daß die erste Visite mit fünfzehn Dollar die teuerste war, während alle nachfolgenden »nur« noch zehn Dollar kosteten.
Cohen, ein Schneider von der East Side, litt an akuten Herzbeschwerden – und chronischer Geldnot. Da er sich

um jeden (oder fast jeden) Preis von Professor Liebmann untersuchen lassen wollte, dachte er sich für den Tag der ersten Visite etwas aus: Als die Sprechstundenhilfe ihn nach langem Warten endlich aufrief, öffnete er schwungvoll die Tür ins Sprechzimmer und verkündete in beschwingt-vertraulichem Ton: »So, Doktor, da bin ich wieder!«

Für den Fall, daß Sie's nicht kapiert haben sollten: Unser armes Schneiderlein fand, daß er für diese Untersuchung maximal zehn Dollar ausgeben konnte.

Doch womit er nicht gerechnet hatte, war Professor Liebmanns sagenhaftes Gedächtnis. Der fühlte ihm nämlich den Puls, hörte sein Herz mit dem Stethoskop ab und sagte darauf: »Ich kann keinerlei Veränderung feststellen, Herr Cohen. Nehmen Sie also ruhig die Medikamente weiter, die ich Ihnen beim letzten Mal verschrieben habe.«

Frage: Was ist der Unterschied zwischen einem Psychotiker und einem Neurotiker?
(Simple) Antwort: Der Psychotiker ist überzeugt, daß zwei plus zwei fünf macht. Der Neurotiker dagegen weiß, daß zwei plus zwei vier macht, aber es geht ihm wahnsinnig auf die Nerven!

»Tag, Jankele, wie geht's?«
»Miserabel, Jossel. Meine Zähne tun weh, mein Blutdruck ist viel zu hoch, meine Bronchien sind entzündet, mein Magengeschwür wird von Tag zu Tag größer, meine Beine sind geschwollen und selber fühle ich mich auch nicht ganz wohl ...«

»Sie sehen fabelhaft aus, Herr Epstein«, sagt der Arzt erfreut.

»Ach, Herr Doktor, wenn Sie wüßten ... Ich könnte mit dem Kopf gegen die Wand rennen, so hab ich Migräne.«

»Wegen Ihrer Migräne mache ich mir keine Sorgen ...«, erwidert der Arzt in einlenkendem Ton.

»Herr Doktor«, fällt ihm der Patient ins Wort, »wenn Sie meine Migräne hätten, würde ich mir auch keine Sorgen machen!«

»Sag, hast du das von Mendel Katzmann schon gehört?«

»Mendel Katzmann, der mit dem Asthma?«

»Ja, genau der!«

»Und mit der Leberzirrhose?«

»Richtig.«

»Der schon zwei Herzinfarkte hinter sich hat?«

»Ja, ja, genau den meine ich. Stell dir vor, er ist gestorben!«

»Was?! Mendel Katzmann gestorben? Aber der war doch das blühende Leben!«

Über Bücher gebeugt und in der Synagoge.
Im Himmel, auf Erden und auf halber Strecke

Und so fing alles an ...

Am Anfang war et cetera, et cetera ... Wenig später sehen wir Gott auf seinem Throne sitzen, den Erzengel Gabriel zu seiner Linken und Michael zu seiner Rechten (oder auch andersherum). Plötzlich macht er eine gereizte Handbewegung, als wolle er eine Fliege oder Stechmücke verscheuchen.

»Schafft mir dieses lästige Insekt vom Leib!«

»Herr, allmächtiger Vater, das ist kein Insekt, das ist die Erde, die du selbst geschaffen hast, erinnerst du dich nicht?«

»Erde, Erde ... sagt mir nichts.«

»Aber doch«, insistiert Gabriel, »denk doch mal nach ... deine Schöpfung: Am Anfang schuf Gott Himmel und Erde. Und die Erde war wüst und leer usw. Erinnerst du dich?«

»Vage, sehr vage«, erwidert der Herr. »Mach du weiter, Michael. Was kam dann?«

»Dann hast du das Licht gemacht, den Tag und die Nacht, die Bäume und Pflanzen, die Fische und die Vögel. Und am sechsten Tag, allmächtiger Vater, hast du den Mann und das Weib geschaffen, Adam und seine Frau Eva ...«

»Ach ja, ich glaube, jetzt erinnere ich mich wieder.«

»Und du hast sie in den Garten Eden gesetzt. Dort ist dann diese betrübliche Geschichte mit der Schlange passiert, die Adam und Eva dazu angestiftet hat, vom Baum der Erkenntnis zu essen. Das hattest du ihnen streng verboten, weißt du noch?«

»Ja, sicher. Das weiß ich noch gut. Und dann, wie ist die Sache ausgegangen?«

»Damit, daß die beiden Eden verlassen haben«, sagt Gabriel. »Du hast sie ja verjagt!«

»Och, das war doch nur ein Spaß«, erwidert Gott sichtlich betrübt. »Von mir aus hätten sie ruhig bleiben können ...«

Warum es leugnen, die Juden stehen mit Gott auf Du und Du – wenigstens bilden sie sich das ein und oft bilden sie sich auch etwas darauf ein. Freilich gibt es auch Gegenstimmen, Juden, für die es nicht unbedingt und nicht immer ein Segen ist, zum auserwählten Volk zu gehören. Lesen Sie, was der Milchhändler Tewy, ein unvergeßliches Unikum, diesbezüglich einmal gesagt hat:

Gütiger Herr, es war sehr nett von dir, uns Juden zum auserwählten Volk zu machen. Aber so, wie die Dinge laufen, wäre es da nicht möglich, daß du hin und wieder mal ein anderes Volk auserwählst, ich meine, nur so zur Abwechslung ...

Doch die meisten nehmen es mit ihrer Auserwählung sehr ernst, manchmal zu ernst ...

Gott ist tot, Nietzsche ist tot, Marx ist tot und mir ist auch schon ganz schlecht ...

Das muß Woody Allen gesagt haben. Von ihm stammt übrigens auch folgender Ausspruch:

Gott gibt es nicht, trotzdem sind wir sein auserwähltes Volk.

Ein Gesandter der armen Jerusalemer Gemeinde befindet sich in Odessa auf der Suche nach »Sponsoren«, wie man es heute nennen würde. Er macht einen reichen jüdischen Kaufmann ausfindig, der seine Erwartungen nicht enttäuscht und sich zu einer großzügigen Spende entschließt. Nach Erledigung der Formalitäten setzten die beiden sich zu einem Plausch ins Wohnzimmer:
»Und wann gedenken Sie nach Israel zurückzufahren, Reb Chaim?«
»Mit dem ersten Schiff, das in See sticht, Herr Perper.«
»Oh, dann möchte ich Sie um einen Gefallen bitten, Reb Chaim. Ich würde Ihnen gerne ein Paket mitgeben.«
»Aber selbstverständlich, Herr Perper. Das ist überhaupt kein Problem.«
Der reiche Kaufmann bittet einen Moment um Entschuldigung und geht hinaus. Nach wenigen Minuten kommt er mit einer dicken Thora-Rolle unterm Arm zurück.
»Bitte, Reb Chaim, tun Sie mir den Gefallen, steigen Sie auf den Sinai und geben Sie das schöne Geschenk hier zurück. Es reicht jetzt!«

Echte Frömmigkeit sieht dagegen so aus:

Arjeh Leib und Zeew Wolf würden gerne das Abendgebet verrichten, aber sie sind nur zu zweit: Zur vorgeschriebenen *Minjan* fehlen ihnen acht Mann!

Sagt Arjeh Leib: »Also, laß uns noch mal richtig zählen. Ich und du macht zwei, du und ich macht zwei, ich für mich und du für dich macht ebenfalls zwei. Damit wär'n wir schon bei sechs. Wenn du jetzt noch mal die gleiche Rechnung aufstellst, kommen unterm Strich zwölf raus ...«

»Nu, wenn es so ist«, erwidert Zeew Wolf, »sind wir ja zwei zuviel. Dann können wir beide auch gehen ...«

In jeder Skepsis schwingt auch ein wenig Traurigkeit mit, ein wenig Resignation und Enttäuschung:

Goldstein besucht seinen Freund Friedenthal, der sich am heiligen Fasttag *Kippur* doch tatsächlich ein gebratenes Huhn schmecken läßt. Goldstein ist entsetzt:

»Wie kannst du nur?! Ich bin alt und schwach, aber an *Kippur* würde ich keinen Krümel zu mir nehmen. Nicht mal mein geliebtes Pfeifchen rauche ich heute!«

»Hör schon auf, Schloimele«, erwidert der Häretiker, indem er Goldstein freundschaftlich den Arm um die Schulter legt.

»Von uns beiden kommt sowieso keiner ins Paradies – ich, weil ich am Buß- und Fasttag esse, und du, weil es das Paradies nicht gibt ...«

Und wo wir schon bei den Häretikern sind ...

Drei »Rationalisten« sitzen um einen Tisch und diskutieren miteinander. Jechiel wirft das erste Problem auf:

»Also: Hat die Welt nun einen Schöpfer und einen Gott, der sie regiert, oder nicht? Was ist eure Meinung?«

Nach ausführlicher Diskussion kommt man zu dem

Schluß, daß die Welt ewig ist und folglich nicht geschöpft worden sein kann, und daß Gott nicht existiert.

Nathan macht Anstalten, einen Schluck Wein zu trinken, doch Itchok stoppt ihn, bevor er sich das Glas an die Lippen setzen kann: »Was ist? Segnest du deinen Wein nicht, bevor du ihn trinkst?«

»Na, entschuldige mal! Wir haben doch gerade festgestellt, daß es Gott nicht gibt. Warum also einen Segen sprechen? Ich wüßte ja gar nicht, an wen ich ihn richten soll ...«

»Was tut das denn zur Sache?« schaltet sich Jechiel ein. »Regel ist Regel und muß befolgt werden. Hat man je einen *Goj* gesehen, der seinen Wein segnet, bevor er ihn trinkt?«

Seine Freunde verneinen. »Na also! Und genausowenig hat man je einen Juden gesehen, der seinen Wein nicht segnet, bevor er ihn trinkt!«

Noch ein Witz zu *Jom Kippur*, dem höchsten Feiertag und gleichzeitig strengsten Fasttag des Jahres. (Um ihn zu verstehen, muß man wissen, daß in Mittelmeerländern die Regel gilt: Guten Fisch ißt man in den Monaten, in deren Namen der Buchstabe »r« vorkommt, also etwa Januar, Februar, März usw. Überdies verbietet die Bibel den Juden den Genuß von Muscheln, insbesondere Austern.)

Schauplatz Marseille. Polak ist auf dem Weg zur Synagoge. Unterwegs entdeckt er in einem kleinen Restaurant an der Strandpromenade seinen alten Freund Einhorn vor einem großen Teller Austern. Entsetzt betritt er das Lokal und knöpft sich den Frevler vor:

»Einhorn! Wie kannst du nur! Heute ist *Jom Kippur* und du ißt! Noch dazu Muscheln!«

»Warum nicht?« erwidert der Libertin gelassen. »In *Jom Kippur* ist doch ein ›r‹ enthalten, oder nicht?«

Ein brillanter junger *Jeschiwa*-Student bittet seinen weisen Rabbiner um eine Privataudienz. Er steckt in einer tiefen Krise:

»Rabbe, ich muß Ihnen die Wahrheit sagen: Ich bin ungläubig geworden. Ich glaube nicht mehr an Gott. Bitte, helfen Sie mir ...«

Der weise Rabbiner krault sich den Bart und denkt eine Weile nach, wirkt aber in keiner Weise entsetzt oder erschrocken.

»Wie lange studierst du nun schon den Talmud und die Schriften unserer großen Meister, mein Junge?«

»Fünf Jahre«, erwidert der junge Mann.

»Fünf Jahre erst? Und da willst du schon ungläubig geworden sein?«

Woraus man mal wieder ersehen kann, wie dünn die Grenze zwischen Glaube und Häresie ist, zwischen Frömmigkeit und Sarkasmus, zwischen Witz und bitterem Ernst. Was gibt uns der Rabbiner aus dieser Geschichte denn eigentlich zu verstehen? Alles und nichts. Er spricht völlig im Ernst und doch: Er kann unmöglich sagen wollen, was wir verstehen. Ja, dieses »und doch« ... Oft, viel öfter als erwartet, ist es das Rückgrat der jüdischen Witze.

Abraham Mapu, Alexander Sender und Mosche Cohen, drei verbissene Agnostiker, schließen eine Wette ab: Wer von ihnen drei die größte Lüge erzählen kann, gewinnt. Mapu ist der erste:

»Die Auferstehung der Toten ist Tatsache.«

Nicht schlecht. Nun ist Cohen an der Reihe:

»Die Ankunft des Messias steht unmittelbar bevor.«
Kann sich auch sehen lassen. Doch Sender hebt beschwichtigend die Hände und mahnt seine beiden Freunde:
»Hört auf zu lästern. Gott hört uns.«
Sender gewinnt.

Manchem mag dieser vertrauliche Umgang mit Gott übertrieben vorkommen, aber einem Volk, das sich seit Jahrtausenden mindestens dreimal täglich an Ihn wendet, ist er zur Gewohnheit geworden – eine Gewohnheit, die ebenso zu einem freundschaftlichen (wenn auch nur vorgestellten) Klaps auf die Schulter berechtigt wie zu einem geistvollen Witz; manchmal auch zu einem nüchternen oder besser ernüchterten Blick, der vermutlich Gott selbst die Sprache verschlägt.

Man erinnere sich daran, daß Sonntag der erste Werktag der jüdischen Woche ist. Am Sonntagmorgen bestellt der Rabbi den Schneider zu sich nach Hause und gibt ihm für den kommenden Sabbat einen neuen Mantel in Auftrag – daß er aber ja pünktlich fertig sei, denn er wolle ihn zu Ehren des Festtags tragen. Der Schneider nimmt Maß, kehrt in seine Werkstatt zurück und macht sich augenblicklich an die Arbeit. Leider wird er jedoch erst bis Sonntag mit dem Mantel fertig. Als er ihn abliefert, empfängt ihn der Rabbi mit folgenden weisen Worten:
»Da siehst du den Unterschied zwischen dir und unserem Herrn, mein lieber Schneider: Der Herr, gelobt sei er, hat in sechs Tagen die ganze Erde erschaffen. Du hast in derselben Zeit nicht mal einen Mantel fertiggebracht.«
Schweigen. Der Rabbiner streicht sich zufrieden über den Bart.

»Mit Verlaub, Rebbe, ich sehe die Sache etwas anders ...«, erwidert der Schneider nach einer Weile. »Gott war zwar in sechs Tagen mit seiner Arbeit fertig, aber seien wir ehrlich, Rebbe: Er hat ein bißchen gepfuscht. Schauen wir uns bloß um. Ich war mit meiner Zeit nicht so geizig und hab Ihnen dafür einen Mantel genäht, der sich sehen lassen kann ... Das ist der Unterschied!«

Jom Kippur: Viele Geschichten, Schnurren und Witze spielen an diesem Buß-, Fast- und Versöhnungstag, dem höchsten und heiligsten Feiertag des Jahres. Nach jüdischer Tradition schließen sich am Ende dieses Tages, wenn die letzten Sonnenstrahlen die Spitzen der Baumkronen kitzeln, die Tore des Himmels. Vor allem aber schließt Gott die zehn Tage zuvor, am Neujahrstag, geöffneten Bücher, in denen die guten und die bösen Taten aller Menschen verzeichnet sind: Nun ist sein Urteil gefällt und eines jeden Schicksal für das kommende Jahr vorbestimmt. Damit ist *Jom Kippur* eine ebenso feierliche wie »heikle« Angelegenheit. Der gute alte Schneider Feivisch führt an diesem Tag folgendes Zwiegespräch mit Gott:

»Herr, unser Gott, ich wende mich an Dich und erlaube mir, Deine Aufmerksamkeit auf den Fall Fischel zu lenken, den Flickschuster unseres Dorfes – ein gütiger, weiser Mann, fromm und rechtschaffen, Vater vieler Kinder. Nun frage ich Dich: Was hat Fischel getan, um seine gute, arme Frau unter Höllenqualen sterben zu sehen? Und Chaim, der Wasserträger – er hat fast nie Geld genug, um den Sabbat mit einem bescheidenen, kleinen Karpfen zu ehren! Und doch betet er dreimal am Tag zu Dir, studiert den Talmud, wann immer er kann, und würde keiner Fliege was zuleide tun ... Und dann, auf der andern Seite, der Müller Label: Er nützt die Armen aus und schert sich einen Dreck um Dein Gesetz; ich hab ihn mit eigenen Augen am Sabbat rauchen sehen und mit verschiedenen Schicksen herummachen und Schweinefleisch essen. Trotzdem wird er von Tag zu Tag reicher! Wie paßt das zusammen, Herr? Findest Du das gerecht? Na bitte! Aber wenn Du mir heute vergibst, gütiger Herr, will ich nett sein und Dir auch vergeben ...«

Freitag abend in der Synagoge. Der Kantor eröffnet den *Kabbalat Schabbat*, die Feier zum »Empfang des Sabbats«, und als er das »Gelobt sei der Herr« anstimmt, stehen alle Gläubigen auf – alle bis auf den Rabbiner. Dieser neigt leicht den Kopf zur Seite und flüstert dem Kantor ins Ohr:
»Was ist? Ich habe doch nicht das Zeichen zum Aufstehen gegeben!«
»Aber ich habe den Namen unseres Herrn ausgesprochen, Rabbi!« erwidert der Kantor, worauf der Rabbiner gereizt und diesmal laut zurückgibt:
»Hier in der Synagoge gebe ich den Takt an und nicht unser Herr, habt ihr verstanden?«

Ein Rabbi sitzt in seinem Arbeitszimmer und brütet über dem Talmud. Im Zimmer nebenan, einer Art Vorraum, sind seine Schüler versammelt und sprechen über ihn:
»Unser Rabbi ist der netteste Mensch der Welt. Eine Seele von einem Mann.«
»Und was für ein Richter erst! Die Leute kommen von überall her, um ihm ihre Probleme vorzutragen. Seine Urteilssprüche sind im ganzen Land anerkannt und noch weit darüber hinaus.«
»Und was für ein überragender Gelehrter! Er kennt

die gesamte Thora in- und auswendig. Dafür ist er in ganz Europa berühmt!«

Pause. Schweigen. Nach ein paar Minuten hört man aus dem angrenzenden Zimmer die Stimme des Rabbi: »Das war alles? Und über meine Bescheidenheit verliert keiner ein Wort?«

Apropos Bescheidenheit:

Jemand beobachtet Rabbi Eisik Meir dabei, wie er auf der Straße vor sich hin brabbelt.

»Rabbi, Sie sind doch nicht meschugge, oder?«

Als der Rabbi die Frage hört, gerät er außer sich vor Wut.

»Still!« schreit er. »Da unterhält man sich zum ersten Mal in seinem Leben mit einem halbwegs intelligenten Menschen und Sie kommen daher und unterbrechen einen!«

In Wirklichkeit ist der Rabbiner nicht der einzige, der in der Synagoge den Ton angibt. Da ist zum Beispiel auch noch der Vorsänger, von dem die nächste Schnurre handelt:

Als der Herr, gelobt sei er, die Erde erschuf, wollte er zunächst jeder Kreatur vierzig Jahre Leben geben. Als das Pferd vor ihm stand, fragte es:

»Und was soll meine Aufgabe sein?«

Gott antwortete:

»Auf dir werden die Menschen reiten.«

Da scharrte das Pferd mißmutig mit den Hufen und murmelte:

»Wenn es so ist, reichen mir auch zwanzig Jahre.«

Und der Herr, gelobt sei er, erhörte seinen Wunsch.

Dann kam der Esel.
»Was soll meine Aufgabe sein?«
»Du wirst Lasten auf dem Rücken tragen«, antwortete der Herr.
Der Esel schüttelte den Kopf und sagte:
»Wenn es so ist, kannst du mir ruhig zwanzig Jahre weniger geben.«
Und Gott erhörte ihn.
Dann kam der Vorsänger an die Reihe.
»Was soll meine Aufgabe sein?«
Gott erwiderte:
»Oh, deine Aufgabe wird ganz leicht sein: Du brauchst nur zu singen.«
Der Kantor hüstelte und sagte:
»Wenn es so ist, kannst du mir ruhig vierzig Jahre dazu geben.«
Und der Herr, gelobt sei er, erhörte auch ihn und gab ihm die zwanzig Jahre des Pferdes und die des Esels dazu. So kommt es, daß der Kantor bis vierzig singt, ab da jedoch wiehert wie ein Pferd und schreit wie ein Esel.

Reb Mordecai ergeht sich in Lobeshymnen auf einen gewissen Levi.
»Aber Rabbi«, wendet einer seiner Zuhörer schüchtern ein, »warum sind Sie so nachsichtig mit diesem Menschen, wo er doch nur schlecht über Sie redet ...«
»So? Tut er das?« brummt der Rabbi. »Nu, dann haben wir uns beide geirrt ...«

Auch die nächste Schnurre gehört recht besehen in die Kategorie »Vertraulichkeiten mit oben«. Außerdem zeigt sie, wie sehr sich die Juden – wenigstens bis vor ein paar Generationen – in der Synagoge zu Hause gefühlt haben:

Schauplatz ist eine nagelneue Synagoge in New York.

Strahlend weiße Wände, glänzender Zierat, prächtige Lüster. Die Einweihung fällt mit den Neujahrsfestivitäten zusammen. Um Gedränge und Streitigkeiten zu vermeiden, sehen die Verantwortlichen sich gezwungen, Eintrittskarten auszugeben. Sie werden selbstverständlich vor dem Fest verkauft, da Juden an Feiertagen weder Geld ausgeben noch bei sich tragen dürfen. An *Jom Kippur* ist die Synagoge voller denn je. Beim Aufsichtsbediensteten, der den Eingang überwacht, erscheint ein junger Mann, der ganz außer Atem ist: »Bitte, lassen Sie mich kurz rein, nur eine Minute, ich muß meiner Schwiegermutter oben auf der Empore sagen, daß sie gerade einen prächtigen Enkel bekommen hat!« Der Wächter denkt einen Moment nach und brummt dann:

»Also gut. Gehen Sie rauf. Aber wenn ich Sie dabei erwische, daß Sie auch nur einmal Amen sagen, blüht Ihnen was ...«

Frau Goldstein hat sich erboten, auf den kleinen Enkel aufzupassen, während ihre Tochter und deren Mann mal wieder ein romantisches Wochenende verbringen, fast wie damals als frisch Vermählte. Samuel ist sechs Jahre alt und ein ziemlich lebhaftes Kind.

Die Großmutter geht mit ihm in den Park und findet eine hübsche Bank direkt am See. Dort läßt sie sich nieder, genießt die warme Sonne und die Landschaft, während der kleine Samuel am Ufer herumtollt und Steine in den See wirft. Doch auf einmal macht es platsch ... Herrje! Der Kleine ist ins Wasser gefallen und taucht nicht mehr auf. Frau Goldstein gerät in helle Panik. In ihrer Not wendet sie sich an den Himmel: »Herr, wie kannst du mir so etwas antun? Wo ich doch stets eine fromme und ergebene Jüdin war, die am Sabbat ihre Kerzen anzündet, immer koscher kocht und ihre Kinder nach deinem Gesetz erzogen hat! Was sage ich meiner Tochter und meinem Schwiegersohn, wenn sie am Sonntagabend zurückkommen, hast du dir das überlegt? Ach, am besten, ich stürze mich auch gleich ins Wasser und dann ist Schluß ...« Doch der Herr erbarmt sich ihrer offensichtlich, denn eine Sekunde später erscheint der kleine Samuel am Ufer, naß und verängstigt, aber gesund!

»Omi, Omi!« Die Großmutter schließt ihren Enkel in die Arme und wendet sich dann erneut an den Herrn: »Allmächtiger Gott, in deiner unermeßlichen Güte hast du mein Flehen erhört. Dafür will ich dir ewig dankbar sein!«

Doch während sie das Kind noch an sich drückt, fällt ihr plötzlich etwas auf, und sie hebt noch einmal den Blick zum Himmel, diesmal leicht erbost: »Moment mal, Herr: Als Samuel ins Wasser fiel, hatte er eine Mütze auf dem Kopf. Jetzt ist sie weg! Das gilt nicht!«

Jom Kippur in einer New Yorker Synagoge. Einen der Rabbiner kratzt es im Hals und er hat das Gefühl, daß er das lange Nachmittagsgebet nicht durchstehen wird – zumal es mit lauter Stimme gesungen werden muß und obendrein mit leerem Magen! Er bittet also einen seiner Kollegen, ohne ihn weiterzumachen, geht nach Hause und legt sich ein wenig aufs Ohr. Als er aufwacht, fühlt er sich schon viel besser, aber irgendwie hat er keine große Lust, ins Gebetshaus zurückzukehren. »Besser, ich mache einen kleinen Spaziergang«, denkt er sich. Unterwegs fällt ihm ein, daß er eigentlich auch eine Partie Golf spielen könnte. Er weiß natürlich, daß er im Club keinen seiner Freunde und Mitgläubigen antreffen wird, beschließt aber trotzdem hinzugehen und eben alleine zu spielen. Der Zufall will, daß er auf den ersten Schlag einen Volltreffer landet, will sagen, den Ball direkt ins Loch bugsiert!

Gott und Satan schauen ihm vom Himmel aus zu. Als Satan sieht, was für ein unverschämtes Glück der Rabbiner hat, dreht er sich empört zu Gott um. »Und das nennst du Gerechtigkeit?« höhnt er. »Ein Jude, obendrein Rabbiner, entweiht den höchsten und heiligsten Feiertag des Jahres und tritt dein Gesetz mit Füßen und du beschenkst ihn zur Strafe mit einem so unerhörten Sieg?!« Sagt Gott: »Aber nein, lieber Satan, denk doch mal nach: Für einen Golfspieler wäre so ein Erfolg tatsächlich das Höchste der Gefühle, absolut spektakulär, aber meinst du, dieser Rabbiner wird den Mut haben, irgend jemandem davon zu erzählen?«

»Reb Himmelfarb, ist es eine Sünde, am Sabbat Bridge zu spielen?«
»Herr Katz, so, wie Sie spielen, ist das an jedem Tag der Woche eine Sünde!«

Rosenberg hat es satt, seinem Jüngsten, der sich als Playboy aufführt, ständig Geld geben zu müssen, und schwört, daß er ab sofort keinen roten Heller mehr herausrücken wird. Wenige Tage später kommt der Sohnemann schon wieder schnorren:
»Papa, du mußt mir unbedingt etwas Geld geben, sonst tu ich etwas, das noch kein Jude und kein *Goj* je getan hat ...«, sagt er in halb warnendem, halb flehendem Ton.

Von bösen Ahnungen befallen, bricht der Vater seinen

Schwur, zieht das Portemonnaie aus der Tasche und macht ein paar dicke Scheine locker. Nachdem sein Sohn das Geld eingestrichen hat, fragt er ihn:
»So, verrätst du mir jetzt, was du machen wolltest?«
»Aber sicher«, entgegnet der mißratene Sprößling. »Ich hatte vor, am Sabbat mit *Tefillin* zu beten.«

Das Gesetz schreibt natürlich vor, daß am Sabbat ohne *Tefillin* gebetet wird. Aber unser armer Vater hegte bestimmt ganz andere Befürchtungen ...

Scholem und Caleb jammern über die Mißstände ihrer Tage. Die Ungläubigen werden immer anmaßender, ihr Dünkel kennt keine Grenzen:
»Stell dir vor, gestern habe ich doch tatsächlich einen behaupten hören, die Welt sei ewig. Eine solche Unverschämtheit!«
»Also, in diesem Fall verstehe ich deine Aufregung nicht. Was stört dich daran, daß einer behauptet, die Welt sei ewig? Das kann dir doch egal sein.«
»Ja, begreifst du denn nicht? Heute behauptet dieser Mensch, die Welt sei ewig, und morgen rückt er damit heraus, daß er selbst, bei allem Respekt, auch ewig ist ...«

Jelzin ist auf Staatsbesuch in den USA. Auf dem Schreibtisch des amerikanischen Präsidenten im Weißen Haus thront ein goldenes Telefon, das seine Neugier weckt.
»Das ist meine Direktverbindung zu Gott«, erklärt Clinton ihm gelassen.
»Oh«, staunt Jelzin bang und hoffnungsvoll zugleich, »darf ich ihn mal anrufen?«
»Aber sicher. Bitte.«

Jelzin spricht gut eine halbe Stunde mit Gott. Danach fragt er seinen amerikanischen Kollegen nach dem Preis für das Gespräch: Einhunderttausend Dollar! Jelzin trifft fast der Schlag, aber er zahlt, ohne mit der Wimper zu zucken.

Ein paar Tage später beschließt er seine Auslandsreise in Israel. Er befindet sich im Büro des Ministerpräsidenten. Auch hier steht ein goldenes Telefon auf dem Schreibtisch.

»Das ist die Direktverbindung zu Gott, stimmt's?« Seine Frage wird bejaht. »Darf ich mal kurz?«

»Bitte«, sagt der israelische Ministerpräsident.

Der Russe unterhält sich diesmal fast zwei Stunden mit Gott. Nachdem er aufgelegt hat, fragt er höflich, was er für das Gespräch bezahlen muß.

»Fünfzig Cent«, erwidert sein israelischer Kollege.

»Fünfzig Cent?!« schreit Jelzin. »In Amerika habe ich für ein viel kürzeres Telefonat eine Unsumme bezahlt ...«

»Logisch«, erwidert der Ministerpräsident, »hier war es ja auch ein Ortsgespräch.«

Frage: Was ist der Unterschied zwischen Gott und einem polnischen Juden?
Antwort: Gott weiß alles. Auch der polnische Jude weiß alles, aber besser.

Nichts wäre falscher, als sich unter den Juden eine homogene Gruppe vorzustellen, in der alles fest zusammenhält und stets einer Meinung ist. Im Gegenteil: Hader und Streit sind tief in der jüdischen Seele verankert. Das fing bereits bei der aufmüpfigen Eva an und ging munter so weiter: Jakob und Esau haben bekanntlich schon im Mutterleib miteinander gezankt, und wer in den rabbinischen Kommentaren des Talmud nach Übereinstimmung sucht, wird bitter enttäuscht. Was gibt es da nicht alles ... Zionisten, Sozialisten, Assimilationisten, Neo-Orthodoxe, Reformer, Konservative, Assimilierte und so könnte es gerade fortgehen. Wahrscheinlich würde schon ein kurzer Wortwechsel wie der folgende ausreichen, um selbst den phlegmatischsten Briten auf die Palme zu bringen:

Frage: Warum beantworten die Juden Fragen immer mit Gegenfragen?
Antwort: Warum sollten sie nicht?

Ein Weiser sprach: »Chassidim oder Rationalisten, sie kommen alle in die Hölle. Die Chassidim, weil sie sagen: ›Was brauchen wir Bücher? Wir haben doch einen Rebbe!‹, und die Rationalisten, weil sie sagen: ›Was brauchen wir einen Rebbe? Wir haben doch Bücher!‹«

Ihnen beiden antwortet Reb Mordecai, der uns nebenbei erklärt, weshalb man die Juden auch das Büchervolk nennt ...

»Reb Mordecai, früher hat alles die Thora studiert und es gab kaum Bücher. Heutzutage studieren immer weniger die Heilige Schrift, während es immer mehr Bücher gibt. Wie kommt das?«
Reb Mordecai gab folgende Antwort:
»Nun, ganz einfach: Früher haben die Juden ihre Bärte mehr gepflegt als heute, deshalb verloren sie kaum Haare, und die wenigen Bücher, die es gab, reichten völlig aus, um sie zu verstecken. Bei den ungepflegten Bärten von heute braucht es dagegen unzählige Bände, um den, nennen wir's mal ›freien Fall‹ zu vertuschen ...«

Seit jeher also ein Volk von Haarspaltern und Streithähnen, die Juden. Und dazukommt, daß sie im Verlauf ihrer Geschichte lernten, in Büchern, in Diskussionen über den Talmud, in der Schule, in der Schneider- oder Schuhmacherwerkstatt, beim Lumpenhändler oder Wucherer jene Freiheit »auszuleben«, die ihnen sonst verwehrt war – sei es durch die Mauern eines Gettos, sei es durch den Judenstern, sei es durch tausend andere kleine und große Einschränkungen, zu denen man sie in der Diaspora zwang, Die Ausübung dieser Freiheit nannte man *Pilpul*. *Pilpul* leitet sich vom hebräischen *pilpel* (»Pfeffer«) ab und steht für eine besonders scharfsinnige Argumentierkunst, egal wie sie sich nun äußert: ob in intelligenten Bemerkungen, komplizierten Wortspielen, geistreicher Kritik oder was auch immer.

Ein schiffbrüchiger Jude strandet auf einer verlassenen Insel. Fromm, wie er ist, baut er als erstes zwei Synagogen. Warum zwei? Ist doch klar: eine, in die er normalerweise geht, und eine, in die man ihn nur über seine Leiche reinbekäme ...

Theorem: Drei Italiener zusammen macht ein Restaurant. Drei Juden zusammen macht zwei Synagogen.

Drei Reformrabbiner treffen sich. Jeder von ihnen prahlt mit der Liberalität, die in der eigenen Synagoge herrscht.
»In meiner Synagoge«, sagt der erste, »sind Aschenbecher an die Bänke geschraubt, damit die Gläubigen während der Thora-Lesung gemütlich rauchen können.«
»Wir gehen noch viel weiter«, erwidert der zweite. »An *Jom Kippur* fasten wir nicht wie vorgeschrieben den ganzen Tag, sondern legen gegen Mittag eine Gebets-

pause ein, während der wir Schinkenbrötchen an die Gläubigen verteilen.«

»Nicht schlecht«, gibt der dritte zu, »aber gar nichts gegen das, was wir machen. Wir hängen nämlich von *Rosch ha-Schana* bis *Jom Kippur* (also während der zehn höchsten Feiertage zwischen dem jüdischen Neujahrsfest und dem Versöhnungstag) ein Schild an die Tür mit der Aufschrift: ›Wegen Ferien geschlossen‹.«

Die meisten Rabbiner kennen sich nicht nur in der Bibel und im Talmud gut aus, sondern überhaupt. Ihre gelehrten Diskussionen, die jahrzehntelange Beschäftigung mit Texten, das ununterbrochene Studium schärfen ihren Verstand und verschaffen ihnen umfangreiche Kenntnisse in vielen Lebensbereichen. So kommt es, daß sie eigentlich immer eine passende Antwort oder einen weisen Ratschlag parat haben, oft auch das letzte Wort.

Rabbi Elieser Rabinowitz aus Minsk bekam eines Tages Besuch von zwei schwärmerischen jungen Sozialisten, die ihm die marxistische Lehre auseinandersetzten und eine Art Zusammenarbeit vorschlugen. Anders ausgedrückt: Sie baten ihn um seine Unterstützung. Der Rabbiner lächelte und sagte:
»Abgemacht, Jungs. Teilen wir uns die Arbeit: Ihr geht zu den Reichen und überredet sie, zu geben, ich geh zu den Armen und überrede sie, zu nehmen.«

Der nächste Witz handelt von einem ungläubigen Juden. Die »ungläubigen« Juden bilden eine in allen Breiten vorkommende Subspezies mit seltsamen, bisweilen dubiosen Angewohnheiten. Ihr soziales Verhalten betreffend, sind sie recht kontaktfreudig, zeichnen sich jedoch durch eine ausgeprägte Zwiespältigkeit ihrem Rudelführer gegenüber aus, der bald völlig ignoriert, bald rückhaltlos bewundert wird.

Ein ungläubiger Jude also wird gefragt, weshalb er sich eigentlich so vor Gewittern fürchte.

»Weil sie mich an den Berg Sinai erinnern«, lautet die Antwort.

»An den Berg Sinai? Was hat denn der damit zu tun?«

»Nu, wenn ich a Donner höre, krieg ich jedesmal Angst, der Herr könnt uns noch amol a Thora runterschicken.«

Übrigens hat sich die Subspezies der ungläubigen Juden in den letzten Jahren zahlenmäßig stark vergrößert, und zwar weniger aufgrund einer steigenden Geburtenrate als wegen spontan aufgetretener Genveränderungen bei anderen Subspezies (haebreus religiosus, haebreus sinoista etc.). Auch ihre außergewöhnlich gute Angepaßtheit an die Umgebung hat dazu beigetragen.

Jom Kippur – hochheiliger Festtag. Ein ungläubiger Jude geht in den Garten hinaus, pflückt sich einen Apfel vom Baum und verspeist ihn ungeniert in aller Öffentlichkeit. Ein Rabbiner, der die Szene auf dem Weg zur Synagoge mitbekommt, spricht den Frevler traurig an: »Glauben Sie denn an gar nichts mehr? Und unsere Väter, haben Sie die völlig vergessen?«

»Nein, Rebbe. An eins glaube ich nach wie vor.«

»So? Und woran, wenn ich fragen darf?«

»An die Auferstehung.«

»An die Auferstehung? Warum gerade daran?«

»Überlegen Sie doch mal, Rebbe: Ein Jude kehrt am Sabbat gegen Mittag aus der Synagoge zurück; er setzt sich zu Hause an den Tisch und verdrückt sodann zu Ehren des Feiertags zwei Teller Bohneneintopf mit Kaldaunen, reichlich Rettichsoße mit Hühnerfett, mindestens eine Scheibe Kalbshaxensülze mit Knoblauch, Gemüseauflauf, so viel reinpaßt, und zum Schluß noch Braten mit gesottenen Kartoffeln; als Dessert gibt's selbstverständlich ein Stück Kuchen und etwas Kompott. Nach dieser unerhörten Völlerei legt er sich aufs Ohr. Nun frage ich Sie, Rebbe: Wie nicht an die Auferstehung glauben, wo man ihn doch eine Stunde später gesund und munter wieder vor sich hat?«

»In der Thora findest du alles, du brauchst sie nur oft genug auf- und zurollen«, hat einmal ein weiser Rabbiner gesagt. Wie wahr!

Ein junger Mann begibt sich zu Reb Mendele, um seinen Rat einzuholen. Er möchte sich nämlich ein neues Haus bauen.

»Du kommst gerade richtig, mein Junge. Ich habe soeben das Talmudkapitel aufgeschlagen, in dem dieses Thema behandelt wird.«

Indem er ein wenig vor- und zurückblättert und den einen oder anderen Kommentar noch einmal überprüft und deutet, setzt der Rabbiner dem jungen Mann genau auseinander, was das Gesetz für diesen Fall vorschreibt. Zum Abschluß seiner Erläuterungen weist er ihn darauf hin, daß er, wenn das Haus steht und alles fertig ist, als letztes die *Mezuza* an den Türpfosten nageln muß.

Der fromme Jude geht zufrieden weg und baut sein Haus genau so, wie der Meister es ihm erklärt hat. Unmittelbar vor dem Einzug will er noch die *Mezuza* an den Türpfosten nageln, doch beim ersten Hammerschlag, o Schreck, stürzt das ganze Haus ein. Kein Stein bleibt auf dem andern.

Der junge Mann läuft entsetzt zu Reb Mendele und erzählt ihm, was passiert ist.

»Wie ist das möglich?« wundert sich der Rabbiner. »Paß auf, jetzt packen wir die Sache anders an. Als erstes schreibst du dir alle Vorschriften genau auf, und dann soll ein Freund sie dir vorlesen, während du baust. Bestimmt hast du beim ersten Mal etwas vergessen oder falsch gemacht.«

Der junge Mann gehorcht und macht sich mit Hilfe eines Freundes von neuem an die Arbeit. Diesmal befolgt er Schritt für Schritt die schriftlichen Anweisungen des Rabbiners, aber als er zum Schluß die *Mezuza* anbringen will, stürzt wieder alles ein.

Noch entsetzter als beim vorigen Mal rennt er zum Rabbiner und berichtet ihm den unglaublichen Vorfall. Reb Mendele schüttelt verständnislos den Kopf, setzt die Brille auf, erhebt sich und holt einen Talmudband aus dem Regal. Er blättert darin herum, findet die gesuchte Stelle, liest sie und nickt endlich: »Ah, jetzt ist mir die Sache klar: Rabbi Akiwa schreibt, daß ihm dasselbe passiert ist!«

Von dieser Schnurre gibt es – wie so oft der Fall – auch ein anderes Ende. Kehren wir noch einmal zum letzten Absatz zurück:

Unser junger Mann rennt also in heller Aufregung zum Rabbiner.

»Rabbi, schon wieder! Alles kaputt! Dabei habe ich Rabbi Akiwas Anweisungen haarscharf befolgt. Warum passiert mir das? Warum stürzt mein Haus just, wenn ich die *Mezuza* annageln will, jedesmal ein?«

Der Rabbiner nimmt den Talmud zur Hand, blättert darin herum, liest, überlegt, kratzt sich am Kopf, krault sich den Bart, entdeckt eine Fußnote. »Moment mal«, sagt er. »Ah, sieh mal an: Raschi hat genau dieselbe Frage gestellt ...«

Nebenbei bemerkt: Raschi war ein großer Rabbi und der berühmteste Talmudkommentator. Seine Erläuterungen stehen immer unmittelbar neben dem Text, sie gehören praktisch dazu wie der Donner zum Blitz, die Pfirsichblüte zum Frühling, der »gefillte Fisch« zum Sabbat.

Ein anderer, nicht weniger gewitzter Rabbiner erkrankte eines Tages schwer. So schwer, daß er nicht einmal die örtlichen Honoratioren mehr empfangen wollte, die ihn besuchen kamen. Als sich jedoch ein stadtbekannter Atheist seinen Weg durch die Menge bahnte und bat, vorgelassen zu werden, nickte der Rabbiner zur Verwunderung aller bejahend mit dem Kopf.

»Verzeihen Sie, Rebbe, aber warum lassen Sie all die vornehmen Herrschaften vor der Tür stehen und empfangen ausgerechnet diesen gotteslästerlichen Ketzer?«

»Nu, ganz einfach«, erwiderte der Rabbiner. »All diese vornehmen Herrschaften treffe ich doch sicher bald im Paradies wieder. Warum sollte ich mir also die Mühe machen, sie jetzt zu empfangen, wo es mir schlechtgeht und ich kaum ein Wort rausbringe? Was dagegen diesen Mann betrifft, so sehe ich ihn wohl kaum je wieder, und da wir uns schon lange kennen, wollte ich mich wenigstens von ihm verabschieden, bevor ich für immer gehe.«

Samstag im *Schtetl*. Eine Gruppe junger Männer ist auf dem Weg zur Synagoge. Unterwegs sehen sie einen gewissen Hajim Zalkin hinterm Fenster seines Hauses stehen und ... in aller Gemütsruhe eine Zigarette rauchen! *Was am Sabbat natürlich strengstens verboten ist.*

Die jungen Männer stürmen aufgebracht in das Haus und beklagen sich bei Reb Schmuel, dem Schwiegervater des Missetäters. Nach ein paar Minuten gesellt sich der Frevler zu ihnen. »Immer mit der Ruhe, Jungs. Regt euch nicht auf«, meint er gelassen. »Ich hab's einfach vergessen.«

»Was?« schreien die Gesetzestreuen im Chor. »Daß heute Sabbat ist?«

»Unsinn. Ich hab vergessen, den Vorhang zuzuziehen!«

Ähnlich im Grundton, jedoch viel tiefsinniger in der Bedeutung, die folgende Anekdote:

Zalman Cohen geht seinen Freund Mendel Rubinstein besuchen und trifft ihn, obwohl es Sabbat ist, mit Zigarette im Mund an. Der in flagranti ertappte Mendel bringt zunächst kein Wort über die Lippen, dann drückt er seine Zigarette im Aschenbecher aus und sagt leise: »Ich schwör dir, Zalman, ich hatte total vergessen ...«

»Was, Mendel?« fällt Cohen ihm ins Wort. »Was hast du vergessen? Daß heute Sabbat ist?«

»Nein, um Himmels willen! Wie könnte ein Sohn Israels den heiligsten Tag der Woche vergessen?!«

»Was hast du dann vergessen? Daß man am Sabbat nicht rauchen darf?«

»Hältst du mich für total verblödet? Ist doch klar, daß am Sabbat Rauchverbot ist!«

»Teufel noch mal, Mendel, rück endlich raus mit der Sprache! Was hast du vergessen?«

»Daß ich Jude bin, Zalman ...«

Die Verstöße gegen den Sabbat stellen natürlich ein unerschöpfliches Witzrepertoire dar. Hier noch ein besonders paradoxer:

»Herschel, was zum Teufel rauchst du?! Heute ist Sabbat! Weißt du nicht, daß Rauchen am Sabbat verboten ist?«

»Reg dich nicht auf, Baruk. Ich hab den Rabbiner gefragt.«

»Und was hat der Rabbiner gesagt?«

»Daß Rauchen am Sabbat verboten ist ...«

Bei Gericht. Nach Erledigung der üblichen Formalitäten fragt der Richter den Zeugen: »Beruf?«

»Ich bin *Minjan*-Mann, Euer Ehren.«

»*Minjan*-Mann? Was ist das denn?«

»Nun, das ist ... Wie soll ich sagen, Euer Ehren? Also, passen Sie auf: Wenn sich in der Synagoge nur neun Mann zum Gebet eingefunden haben, komme ich dazu und dann sind wir zehn.«

»So ... Und was für ein Beruf soll das bitte sein? Statt Ihnen könnte doch genausogut ich dazukommen und dann wären es ebenfalls zehn, oder?«

Bei diesen Worten neigt sich der Zeuge zur Richterbank vor und fragt in vertraulichem Ton:

»Sind Sie denn auch von der Gemeinde, Euer Ehren?«

Eine freundliche Dame, die gerade zu Komplimenten aufgelegt ist, fragt den Rabbiner Wise: »Sagen Sie,

Rabbi, können Sie mir erklären, warum am Ende Ihrer erbaulichen und brillanten Predigten kein Mensch applaudiert, während sich die Leute im Konzert nach jedem Sänger oder Solisten die Hände wund klatschen?«

»Ja, das kann ich«, entgegnete der Rabbiner freundlich. »In meinem Fall fürchtet sich das Publikum vor der Zugabe.«

In der Synagoge. Rabbi Eisel predigt von der Kanzel herab. Seine Ansprache wird jedoch von einem Gläubigen gestört, der laut vor sich hin schnarcht. Irgendwann unterbricht sich der Rabbiner, winkt den Synagogendiener zu sich und flüstert ihm ins Ohr: »Awrom, geh doch kurz zu dem schlafenden Herrn dort und weck ihn auf.«

»Das finde ich nicht gerecht, Rabbi«, erwidert der Synagogendiener ein wenig aufmüpfig. »Sie haben ihn doch eingeschläfert, also wecken Sie ihn auch wieder auf.«

Welwe ist ein rechter Nichtsnutz. Eines Tages kommt er auf die Idee, sich als Laienprediger durchzuschlagen, sprich einer von jenen, die sich ihren Lebensunterhalt damit verdienen, daß sie von Synagoge zu Synagoge ziehen und gegen kärgliche Bezahlung erbauliche Predigten halten – Frucht ihrer Weisheit und Tugend. Welwe besaß keins von beidem, aber er wollte sein Glück trotzdem versuchen. Er kommt also in ein x-beliebiges kleines *Schtetl*, streicht das Honorar ein (das natürlich im voraus bezahlt werden muß, da die Juden am Sabbat nicht mit Geld umgehen dürfen), steigt auf die Kanzel des Gebetshauses und sagt: »Meine Damen und Herren, wissen Sie, worüber ich heute predigen werde?«

»Nein! Das wissen wir nicht«, verneint die Gemeinde im Chor.

»Nun, ich denke, es ist besser, ihr erfahrt es erst gar nicht«, sagt Welwe, legt seinen Gebetsschal ab, steigt von der Kanzel, grüßt und geht.

Eine Woche später wird Welwe – so seltsam es klingt – erneut unter Vertrag genommen. Natürlich kassiert er auch diesmal im voraus.

Die Szene wiederholt sich: Welwe erklimmt die Kanzel und fragt: »Meine Damen und Herren, wissen Sie, worüber ich heute predigen werde?«

Diesmal geht ihm die Gemeinde nicht auf den Leim und antwortet ihm unisono:

»Jaaa, das wissen wir!«

»Ausgezeichnet!« erwidert Welwe. »Dann brauche ich es Ihnen ja nicht noch mal zu erzählen!« Er legt seinen Gebetsschal ab, wünscht einen guten Abend und geht.

Unglaublich, aber wahr: Am darauffolgenden Freitag engagiert man Welwe wieder und zu denselben Bedingungen!

Die Szene wiederholt sich zum zweiten Mal. Welwe steigt auf die Kanzel und spricht: »Meine Damen und Herren, wissen Sie, worüber ich heute predigen werde?«

Die Gemeinde ist nicht dumm. Diesmal schreit die Hälfte: »Nein! Das wissen wir nicht!« und die andere Hälfte: »Ja! Das wissen wir!«

»Fabelhaft!« sagt Welwe. »Dann können ja die, die's schon wissen, es denen erzählen, die's noch nicht wissen ...«

Ein unbekannter Autor sucht den berühmten Gelehrten Rabbi Posbuler aus Wilna auf, um von ihm das Druckrecht für einen selbstverfaßten Kommentar zu den Sprüchen Salomos, den sogenannten »Sprichwörtern«, erteilt zu bekommen. Der Rabbiner blättert das handgeschriebene »Opus« durch, überliest es oberflächlich, denkt eine Weile nach und sagt schließlich: »Eigentlich wäre es besser, Sie hätten einen Kommentar zum Buche Hiob geschrieben ...«

»Warum?« fragt der Verfasser verdutzt.

»Das will ich Ihnen sagen. Der arme Hiob hatte so viel Pech im Leben, da wäre es ihm auf eine Katastrophe mehr nicht angekommen. Aber Salomo, der war immer ein fröhlicher Mensch. Warum ihm nachträglich die Laune verderben?«

Und aus derselben Reihe:

Ein Möchtegerngelehrter bringt Rabbi Itzak Eichel eines Tages einen selbstverfaßten Kommentar zu den »Klageliedern« mit der Bitte, ein kurzes Vorwort dazu zu schreiben. Nach über einem Monat gibt Rabbi Eichel das Manuskript endlich zurück. Der Verfasser schlägt es mit klopfendem Herzen auf, sucht das Vorwort und findet es unter der Überschrift: »Klagelied zum Kommentar«.

Ein vielversprechender junger Talmud-Gelehrter gab Rabbi Eisik Meir eines Tages sein Erstlingswerk zur Ansicht. Der Rabbi sagte: »Lieber Junge, wenn du wirklich Schriftsteller werden möchtest, mußt du dich damit abfinden, die ersten vierzig Jahre Hunger zu leiden und mit deinen Büchern hausieren zu gehen.«

»Und danach?« fragt der junge Talmudist ihn hoffnungsvoll.

»Keine Sorge, mein Junge. Danach hast du dich daran gewöhnt ...«

Rabbi Jaakow hat ein neues Buch in den Händen. Er wirkt begeistert:
»Dieses Buch ist das reinste Wunder!«
Seine Schüler blicken ihn verständnislos an.
»Aber Rabbi! Wie können Sie ein so mittelmäßiges Buch als Wunder bezeichnen?«
»Das will ich euch erklären. Also, daß man aus Lumpen Papier machen kann, war mir bekannt – und ehrlich gesagt kommt mir auch das schon wie ein Wunder vor. Was ich aber nicht wußte, ist, daß der Prozeß auch umgekehrt funktioniert – sprich, daß Papier wieder zu Lumpen werden kann. Das Buch hier ist ein glänzendes Beispiel dafür – wahrhaftig ein Wunder!«

Als Rabbi Zorach in sehr hohem Alter war, hörte er irgendwann auf, am Sabbat in die Synagoge zu gehen, um im Chor mit der ganzen Gemeinde die Psalmen zu beten. Von einem Glaubensbruder nach dem Grund gefragt, antwortete er: »Weißt du, mein Lieber, wir Alten verhalten uns besser still und versuchen, so wenig wie möglich aufzufallen. Nicht, daß mich dort oben noch jemand hört und sagt: ›Was treibt sich denn der alte Knochen noch da unten rum?‹«

Dem Tod weicht keiner aus, denn: »Du bist Erde und sollst zu Erde werden«, hat Gott gesagt und darein müssen wir uns wohl schicken. Die jüdische Tradition ist, was den Tod betrifft, sehr nüchtern, und genauso nüchtern ist ihr Bestattungszeremoniell: Pompöse Trauerzüge, goldbeschlagene Särge und Blasmusik am Grabe sind den Juden fremd. Sehr viel phantasievoller sind da schon die Schnurren und Witze, die sich ums Jenseits ranken, jenen geheimnisumwobenen Ort, von dem noch keiner je zurückgekehrt ist ...

Jentl ist gestorben. Man ruft augenblicklich ein Bestattungsunternehmen ins Haus, das die Leiche versorgen und die Beerdigung in die Wege leiten soll. Doch als die Männer Jentl gerade in den Sarg legen wollen, erwacht dieser plötzlich von den Toten, setzt sich auf und blickt sich verwundert um! Die Angehörigen sind sprachlos. Als der erste Schreck überwunden ist, sagt einer von ihnen: »Jentl! Wir dachten, du bist tot!«

»Wirklich?« fragt der Wiederauferstandene. »Also, ich hab die ganze Zeit über gewußt, daß ich noch am Leben bin. Und wißt ihr, warum? Weil ich Hunger und kalte Füße hatte!«

»Hunger und kalte Füße? Was soll das heißen?«

»Ist doch klar, Leute: Wäre ich im Paradies gewesen, hätte ich keinen Hunger gehabt. Und in der Hölle wär's mir mit Sicherheit nicht kalt gewesen!«

Jossel hat diese Welt verlassen und befindet sich jetzt im Jenseits, doch wo genau, hat er noch nicht begriffen. Er wandert ziellos umher und kommt irgendwann zu einem großen Palast. Kaum hat er ihn betreten, läuft ihm ein alter Mann über den Weg. Jossel kennt ihn gut: Zu Lebzeiten war dieser Mann ein berühmter und sehr, sehr frommer jüdischer Gelehrter. »Nu, wenn der hier ist, muß ich wohl im Paradies sein«, denkt sich Jossel. Wenig später begegnet er jedoch einer bekannten Halbweltdame. Jossel ist verdutzt: »Nanu? Was macht denn die hier? Dann bin ich vielleicht doch in der Hölle gelandet ...« Noch verwirrender wird die Sache, als er kurz darauf den alten jüdischen Gelehrten und die Halbweltdame eng umschlungen tanzen und sich dabei küssen sieht! Jossel versteht nun überhaupt nichts mehr. In seiner Not wendet er sich an einen der Engel, die die Paradiespforte bewachen: »Lieber Engel, sagen Sie mir doch bitte, ob dieser herrliche Ort hier das Paradies oder die Hölle ist ... Wenn es das Paradies ist, verstehe ich nicht, was diese Schlampe hier zu suchen hat. Wenn es aber die Hölle ist, was macht dann dieser heilige Mann hier?«

Der Engel lächelt nachsichtig und sagt: »Zerbrich dir nicht den Kopf, Jossel: Für ihn ist es das Paradies und für sie die Hölle ...«

Vor der Paradiespforte treffen sich ein Rabbiner aus New York und ein Busfahrer aus Tel Aviv. Entgegen aller Erwartung wird der Busfahrer in einen viel schöneren Teil des Himmels geschickt als der Rabbiner.

»Ich verstehe das nicht. Hier muß ein Irrtum vorliegen ...«, beschwert sich der Rabbiner.

»Mitnichten«, entgegnet der Erzengel Gabriel spitz. »Wenn du deine Predigten gehalten hast, sind die meisten eingeschlafen. Wenn dagegen dieser Mann hier seinen Bus chauffierte, hat alles gebetet ...«

Witze erfinden und sich erzählen ist eine von vielen Beschäftigungen, mit denen man sich die Zeit vertreiben kann, während man auf den Messias wartet – der es bekanntlich nicht eilig hat (zumindest nach Meinung der Juden). Kein Wunder also, daß bei der langen Warterei auch Schnurren über ihn selbst aufgekommen sind.

Herschl kehrt ganz niedergeschlagen aus der Synagoge zurück.

»Warum machst du denn so ein Gesicht? Was ist passiert?« fragt Riwkele, seine Frau.

»Ach, Reb Judel sagt, daß seinen Berechnungen zufolge bald der Messias kommen müßte – und Reb Judel versteht was davon. Es kann sich scheint's nur noch um Monate handeln.«

»Und deshalb bist du so traurig?« wundert Riwkele sich.

»Nein, warte. Er hat auch gesagt, daß alle Juden dem Messias ins Gelobte Land folgen müssen, wenn er kommt. Und das, wo wir beide doch gerade erst in unser schönes Häuschen umgezogen sind ... Wäre doch furchtbar, es schon wieder aufgeben zu müssen. Deshalb bin ich so traurig.«

Die kluge Riwkele denkt einen Augenblick nach. »Soll ich dir was sagen, Herschl? Reg dich nicht auf und denk dran, was in der Thora steht. Gott hat uns vor dem Anschlag des bösen Haman gerettet, er hat uns aus dem Joch des Pharaonen befreit. Da wird er uns doch wohl noch gegen den Messias zu helfen wissen, meinst du nicht?«

»Wenn dieser Messias nur käme«, pflegte Pinchas zu sagen. »Dann bräuchten wir endlich keine heiligen Männer und anständigen Juden mehr ...«

Nun die berühmteste und treffendste aller Anekdoten zum Thema Messias-Erwartung:

Früh am Morgen in irgendeinem polnischen, ukrainischen oder galizischen *Schtetl*. Dröhnender Posaunenklang weckt den kleinen Ort. Es ist soweit: Der Messias ist gekommen. Als erstes springen die *Chassidim* aus den Federn:

»Die Posaunen des Messias! Er ist da!«

Sie rennen aus dem Haus und ins Bad, um die rituellen Waschungen zu vollziehen und das neu angebrochene

Zeitalter rein an Geist und Körper zu empfangen, wie es geschrieben steht.

Natürlich ist das Posaunengetöse auch an die Ohren der Ungläubigen gedrungen, derer, die vom rechten Glauben abgefallen sind. Im Nu haben sie ihre Abtrünnigkeit vergessen und stürzen dem Messias entgegen ...

Nachdem er ausführlich begrüßt und bejubelt worden ist, macht man sich gemeinsam auf den Weg ins Gelobte Land – auch dies genau so, wie es geschrieben steht.

Als der lange Zug bereits ein gutes Stück vom *Schtetl* entfernt ist, ertönt von hinten plötzlich aufgeregtes Geschrei: Es sind die *Chassidim*, die, frisch gewaschen und gestriegelt, dem Messias hinterhergelaufen kommen.

»Hei, wir sind auch da! Wartet auf uns!«

Der Messias dreht sich um:

»Wer sind die denn?« will er wissen.

Einer der vielen Ungläubigen, die ihm folgen, sagt in mitleidigem Ton:

»*Chassidim*. Sei nett zu ihnen, Herr: Die *Chassidim* sind auch Juden.«

Als Kleopatra, die schöne Königin von Ägypten, Rabbi Meir eines Tages spöttisch fragte, ob man denn seiner Meinung nach nackt oder bekleidet wieder von den Toten auferstehe, bekam sie folgende Antwort: »Nun, wenn doch selbst das Weizenkorn in einem grünen Mäntelchen zur Welt kommt, wie wird Gott da nicht auch den Toten Kleider geben, bevor er sie zu neuem Leben ruft?!« So betrachtet hätten Berele und Leon natürlich Pech:

Zamosc, Polen. Zwei Schneider benützen eine Arbeitspause, um ein wenig miteinander zu plaudern. Das Leben ist hart ...

»Würde doch endlich der Messias kommen! Nur er könnte uns noch retten«, seufzt Berele.

»Tja, aber wie? Machen wir uns nichts vor ...«, erwidert Leon.

»Na, entschuldige mal – steht etwa nicht geschrieben, daß der Messias am Tag seiner Ankunft die Toten auferstehen läßt?«

»Ja, und?«

»Nu, die vielen auferweckten Toten werden doch Kleider brauchen ...«

»Schon, aber vergiß nicht, daß auch viele Schneider auferstehen werden«, gibt Leon zu bedenken.

»Kann ja sein. Aber die haben keinen blauen Dunst, was man heutzutage in Polen trägt, mein Lieber«, schließt Berele triumphierend.

Mütter: Nun, die sind ein Kapitel für sich

Ach, was fällt uns nicht alles ein, wenn wir das Wort Mutter hören: Liebe, Aufopferung, Fürsorge, Schutz, aber auch Belästigung, Aufdringlichkeit, Indiskretion, Einmischung. Gibt man all diese Zutaten in ein Reagenzglas und schüttelt es gut, so bekommt man ein hochexplosives Gemisch, eine Art Hypermaterie, eine Treibmine, die jeden Augenblick in die Luft gehen kann: die *jiddische Mame*.

Die *jiddische Mame*, Prototyp und Archetyp in einem, verstand es, lange bevor die Gentechnik in Mode kam, sich selbst zu klonen (da staunen Sie, was?). Über den Ursprung der *jiddischen Mame* gibt es die unterschiedlichsten Hypothesen, einige basieren auf der Quantentheorie, andere auf der biblischen Hermeneutik; bisweilen bemüht man auch den Grundsatz von der Unendlichkeit des Universums und selbst eine *creatio ex nihilo* wird nicht grundsätzlich ausgeschlossen.

Vollständigkeitshalber und um unseren werten Leser nicht unnötig zu langweilen, seien hier nur die beiden anerkanntesten Theorien wiedergegeben. Die erste gründet auf dem berühmten Spruch: »Mutter gibt's nur eine«, über dessen Tiefgründigkeit wir uns hier nicht länger auslassen wollen. Es ist dies jedoch der Satz, den jedes jüdische Kind im Herzen trägt und im Verlaufe seines Lebens wohl hundertmal ausspricht. Ihm zufolge ist die *jiddische Mame* ein besonderes Modell von Mutter, und zwar ein Modell, das sich selbst stets gleichbleibt – gerade so, als gehorche es einem ewigen Naturgesetz wie dem, das die Planeten veranlaßt, um die Sonne zu kreisen, die Jahreszeiten, regelmäßig wiederzukehren, oder eine Wolke sich just dann auszuregnen, wenn unsereins ohne Schirm aus dem Haus gegangen ist. Die zweite Theorie dagegen setzt uns Dan Greenburg in seinem Aufsatz »*How to be a Jewish Mother. A Very Lively Training Manual*« einleuchtend auseinander: »Zwischen ›jüdisch‹ und ›Mutter sein‹ und ›eine jüdische Mutter sein‹ besteht ein Riesenunterschied. Auch braucht man/frau gar nicht unbedingt jüdisch, ja nicht einmal Mutter sein, um eine ›jüdische Mutter‹ zu sein, durchaus nicht: Eine irische Kellnerin kann es genausogut werden wie ein italienischer Friseur.«

Demzufolge hätten wir uns die *jiddische Mame* als eine Art Ursuppe vorzustellen oder auch als ein blind umherirrendes Chromosom, das wahllos »zuschlägt« – ein Fehler oder ein Geschenk (das hängt ganz vom Standpunkt ab) der unerforschlichen Natur ...

Frage: Warum hat Gott zuerst den Mann und dann die Frau geschaffen?
Antwort: Ist doch klar: Weil er keine Lust hatte, sich vorschreiben zu lassen, wie er den Mann zu schaffen habe.

Von der abstrakten Definition einmal abgesehen, wird die jüdische Mutter gemeinhin als *ein Wesen* bezeichnet,
das seinem Sohn nachts mal rasch das Bett macht, während er pinkeln geht.

Oder auch als
diejenige, die verzeiht und vergißt, aber nie, niemals vergißt, daß sie verziehen hat.

Das breite, noch gar nicht vollständig erforschte Spektrum der Verhaltensformen und Obliegenheiten einer *jiddischen Mame* läßt sich zusammenfassend an ihrem eisern vertretenen Standpunkt zu einem höchst brisanten Thema illustrieren; ich meine die Bioethik und insbesondere die Frage, ab welchem Moment der Fötus als vollwertiger Mensch zu bezeichnen ist. Nun, lieber Leser, für die *jiddische Mame* ist die Sache klar: Ein Fötus bleibt ein Fötus, bis er sein Staatsexamen in der Tasche hat.

Und im Talmud steht angeblich geschrieben (ich habe es nicht nachgeprüft, mir aber glaubhaft versichern lassen, daß es stimmt):

Heirat bedeutet für einen Mann die Scheidung von seiner Mutter.

Unzählige Witze, Redewendungen, Sentenzen und Sprichwörter ranken sich um die mythische Figur der Mutter, die einen zeitlebens »verfolgt«:

Altes jiddisches Sprichwort: Eine Mutter kann zehn Kinder aushalten, aber zehn Kinder halten eine Mutter nicht aus.

Mutterfreundliche Version:

Da Gott nicht überall sein kann, hat er die Mütter geschaffen.

Meistens hilft die *jiddische Mame* ihrem Sprößling, seinen Horizont zu erweitern, manchmal hindert sie ihn aber auch daran, denn an übertriebener Liebe und Fürsorglichkeit kann man bekanntlich auch ersticken:

Der kleine Meyer kommt in die Schule. Am ersten Schultag gibt ihm seine Mutter tausend Ratschläge mit auf den Weg:
»Sei höflich zu deiner Lehrerin, Bubele, und tu immer, was sie sagt. Wenn du sprechen möchtest, Bubele, hebst du die Hand. Sei nett zu deinen Klassenkameraden, Bubele, und zieh immer Schal und Handschuhe an, wenn du in den Pausenhof hinuntergehst, hast du gehört, Bubele?«
»Ja, Mama.«
Wenige Stunden später steht die Mutter gespannt vor der Haustür und wartet auf ihr Bubele, Verzeihung, den kleinen Meyer.
»Nu, Bubele, wie war's?« fragt sie ihn, als er heimkommt. »Was hast du an deinem ersten Schultag gelernt, Bubele?«
Und der Junge begeistert:
»Ich hab gelernt, daß ich Meyer heiße, Mama!«

Zu den herausragenden Eigenschaften der *jiddischen Mame* gehört zweifellos ihre Entschlossenheit und die Weigerung, sich abzufinden, wenn die Dinge nicht so laufen, wie sie laufen sollten – sprich, wie sie es wünscht:

Eine junge Mutter geht mit ihren beiden Söhnen spazieren. Einen hat sie an der Hand, der andere sitzt noch in der Kinderkarre.
»Ach, wie niedlich«, meint eine Passantin. »Wie alt sind die denn?«
»Der Arzt vier Jahre und der Rechtsanwalt zweieinhalb.«

Und noch eine stolze junge Mutter fährt ihr Kind im Kinderwagen spazieren. Ein Passant spickt hinein und sagt:

»Was für ein hübsches Kind!«, worauf die Mutter erwidert:
»Das ist noch gar nichts! Sie sollten ihn mal auf Fotos sehen.«

Genie: Ein mittelmäßig begabtes Kind mit *jiddischer Mame.*

Ein junger jüdischer Mann telefoniert mit seiner Mutter aus dem afrikanischen Urwald. Je nach Witzversion befindet er sich dort
 a) anläßlich eines lang verdienten Urlaubs,
 b) um eine anthropologische Doktorarbeit zu schreiben.
»Mama, wie geht's dir?«
»Gut, Bubele. Und dir?«
»Bestens, Mama ... schschsch (Rauschen in der Leitung) ... eine gute Neuigkeit für dich.«
»Laß hören, Bubele.«
»Ich habe geheiratet, Mama!«
Die Leitung bleibt ein paar Sekunden tot.
»*Mazel tov!* Herzlichen Glückwunsch! Wie schön, Bubele, warum hast du mir das nicht früher gesagt? Ich freu mich ja so, Bubele!«
»Mama, da ist noch was ...«
»Was, Bubele?«
»Meine Frau ist keine Jüdin.«
»Das macht doch nichts, Bubele. Wir sind ja schließlich keine Rassisten.«
»Mama, sie ist schwarz ...«
»Na und, Bubele? Leben wir nun im zwanzigsten Jahrhundert oder nicht? Ich bin ja so froh für dich, Bubele.«

»Mama, sie hat auch vier Kinder.«
»Vier Kinder? Na, um so besser! Dann wissen wir wenigstens schon, daß sie nicht steril ist. Kompliment! Wann kommst du nach Haus, Bubele?«
»Nächste Woche, Mama. Aber ich möchte euch nicht stören. Reserviert uns bitte ein Hotelzimmer.«
»Kommt überhaupt nicht in Frage! Du störst doch deine Mama nicht! Und Platz haben wir genug im Haus: Du und deine Frau, ihr schlaft in unserm Ehebett; Papa kann auf der Wohnzimmercouch schlafen und die Kinder im Zimmer von deinem Bruder, der ist zur Zeit sowieso nicht da.«
»Und du, Mama? Wo schläfst du?«
»Ach, da mach dir mal keine Sorgen, Bubele. Sobald ich aufgelegt habe, stürz ich mich sowieso aus dem Fenster!«

Auf ihre Art ist die *jiddische Mame* auch eine unnachgiebig strenge Hüterin der Tradition:

Ein streng orthodoxer junger Jude, der nie ohne schwarzen Kaftan aus dem Haus geht, Vollbart und *Peies* trägt und täglich seine Gebete verrichtet, wandert von Rußland nach Amerika aus, um sein Glück in der Neuen Welt zu versuchen. Nach einigen Jahren kommt er auf Besuch zurück – steinreich und kaum wiederzuerkennen.
»Moischele«, fragt seine Mutter entsetzt, »wo ist denn dein Bart geblieben?«
»In Amerika trägt niemand mehr einen Bart, Mama.«
»Aber den Sabbat, Bubele, den hältst du doch noch ein, nicht?« bohrt die alte Frau weiter.
»Liebe Mama, Geschäft ist Geschäft, und in Amerika wird am Samstag gearbeitet.«

»Ja, tust du wenigstens noch koscher essen?« fragt die Mutter immer besorgter.

»Oh, Mama, du hast ja keine Ahnung ... Koscheres Essen ist in den USA so gut wie nirgends zu bekommen.«

Schweigen. Ein langes, düsteres Schweigen, das nur hin und wieder von einem tiefen Seufzer unterbrochen wird. Endlich nimmt die Mutter ihren ganzen Mut zusammen und fragt schüchtern:

»Hör mal, Moischele, und beschnitten ... bist du das noch?«

(Ich weiß, ich weiß, diesen Witz hatten wir schon einmal. Aber ich fand es wichtig, ja unerläßlich, ihn hier noch einmal zu wiederholen.)

Unnachgiebig streng wie gesagt:

Frage: Wodurch unterscheidet sich eine jüdische Mutter von einer Terroristin?
Antwort: Mit einer Terroristin kann man verhandeln.

... und unfehlbar:

Frau Cohn ist bei Frau Moskowitz zum Tee eingeladen. Man plaudert gemütlich, trinkt eine Tasse Tee nach der anderen und knabbert dazu Gebäck.

»Nehmen Sie doch noch ein Plätzchen, Frau Cohn. Die habe ich selbst gebacken!«

»Das merkt man, Frau Moskowitz, die schmecken köstlich, aber ich habe doch schon sechs gegessen!«

»Sieben, wollten Sie wahrscheinlich sagen, aber wer zählt denn mit, ich bitte Sie, Frau Cohn!«

Und noch ein Austausch von Komplimenten zwischen Frau Cohn und Frau Moskowitz:

»Ruti, was hast du denn für eine Frisur? Die sieht ja aus wie eine Perücke!«

»Das ist auch eine Perücke. Mir sind urplötzlich alle Haare ausgefallen, stell dir vor.«

»Was du nicht sagst! Unglaublich! Dabei wirkt diese Frisur völlig natürlich. Ich hätte nie gedacht ...«

... manchmal auch inspirierende Muse, selbstverständlich immer auf ihre Art. Karl Kraus hat einmal gesagt, die Psychoanalyse sei die Krankheit der emanzipierten Juden, denn die religiösen gäben sich mit Diabetes zufrieden. Während man beim Zucker bis heute nicht weiß, wie er vererbt wird, können wir, was die Psychoanalyse betrifft, eins mit Sicherheit sagen: Die Mutter steht in enger, ja engster Beziehung dazu!

Drei jüdische Mütter plaudern bei einer Tasse Tee. An dieser Stelle sei präzisiert, daß jüdische Mütter beim Plaudern immer auch einen – mehr oder weniger verhüllten – Konkurrenzkampf miteinander austragen:

»Ja, mein Sohn mag mich schon sehr«, sagt die erste. »Zu meinem letzten Geburtstag hat er mir eine Weltreise geschenkt.«

»Also, mein Sohn vergöttert mich regelrecht«, erwidert die zweite. »Als ich siebzig wurde, hat er mir einen zweimonatigen Aufenthalt in einem Luxushotel mit Schwimmbad und Sauna geschenkt.«

»Und mein Sohn erst!« trumpft die dritte auf. »Jossel hängt so an mir, daß er dreimal in der Woche zum Psychoanalytiker geht. Zweihundert Dollar pro Sitzung, stellt euch das vor! Und wißt ihr, worüber er mit dem Analytiker spricht? Über seine Mama!«

Ein dreißig Jahre alter Mann mit massiven neurotischen Störungen hat seine erste Sitzung beim Psychoanalytiker. Seine Mutter, die unterdessen gespannt zu Hause wartet, stirbt fast vor Neugier. Kaum hört sie Schritte auf der Treppe, als sie auch schon zur Tür stürmt: »Nu, was hat der Doktor gesagt?«

Der junge Mann sieht sie an und sucht nach Worten, mit denen er ihr die abstruse Diagnose erklären könnte, die der Arzt vor einer halben Stunde gestellt hat. Dann beschließt er, nicht lange um den heißen Brei zu reden: »Das Hauptproblem ist meine Mutterbeziehung, sagt der Doktor. Er meint, ich hätte da noch vieles nicht gelöst und leide an einem Ödipuskomplex.«

»Hör mal, Junge«, erwidert die Mutter mit einer wegwerfenden Handbewegung, »dieser Ödibus oder Omnibus oder wie er heißt kann uns den Buckel runterrutschen. Hauptsache, du hast deine Mama lieb, dann wird schon alles gut.«

Andererseits darf folgendes auch nicht verschwiegen werden:

Frage: Was ist ein Psychiater?
Antwort: Ein Psychiater ist ein Jude, der (seiner Mutter zuliebe) gern Arzt geworden wäre, aber leider kein Blut sehen kann.

Doch zurück zur jiddischen Mame:

Die jung verheiratete Lea ist zutiefst deprimiert und vertraut sich ihrer Busenfreundin an: »Ach, wenn du wüßtest, Riwkele! Mein Mann schaut mich nicht an. Er redet immerzu nur von seiner Mutter.«

»Hast du schon versucht, das Problem offen anzusprechen?« fragt Riwkele, die ein paar Monate mehr Eheerfahrung hat.

»Ja, sicher, ich habe alles versucht, aber es hat nichts gefruchtet.«

»Dann gibt's nur eins: Mit den Waffen kämpfen, die deiner Schwiegermutter nicht zur Verfügung stehen. Kauf dir verführerische Unterwäsche: Strumpfbänder, Spitzen-BHs, Tangaslips. Schmink dich hübsch, leg dir seidene Bettwäsche zu und erwarte deinen Mann mit gedämpftem Licht, wenn er heimkommt.«

Ausgezeichnete Idee. Lea bereitet den großen Abend sorgfältig vor: schwarze Dessous, gedämpftes Schummerlicht, betörende Düfte, einen Strauß dunkler Rosen im Schlafzimmer.

Moischele kommt nach Haus, knallt die Tür hinter sich zu, wirft den Mantel aufs Sofa, sieht sich dann verwundert um und fragt erschrocken:

»Lea, warum ist hier alles schwarz? Es wird doch Mama nichts passiert sein?!«

Zwei jüdische Mütter treffen sich auf der Straße. Sie haben sich ewig nicht mehr gesehen. Ita Rubinstein fängt an zu reden und hört nicht mehr auf. Nach geraumer Zeit unterbricht sie ihren Wortschwall ebenso abrupt wie unerwartet und fragt die schweigsame Golde: »Interessiert es dich eigentlich nicht, wie's mir und den Kindern geht? Jetzt haben wir uns so lange nicht mehr gesehen und du möchtest überhaupt nichts wissen.«

»Doch, Ita. Wie geht's denn so?« erwidert Golde, froh, endlich auch einmal etwas sagen zu dürfen.

»Oj«, stöhnt die Freundin. »Frag mich nicht. Damit fang ich lieber erst gar nicht an ...«

Drei jüdische Mütter sprechen – wie könnte es anders sein – über ihre Söhne.

»Mein Aaron«, sagt die erste, »ist ein großer Chirurg – Chefarzt und Präsident einer internationalen Organisation!«

»Mein Jonathan«, sagt die zweite, »ist Juraprofessor an der Universität und außerdem ein Staranwalt. Seine Plädoyers sind in aller Munde.«

»Mein Ariel«, sagt die dritte, »ist Rabbiner ...«

»Rabbiner? Nu, ist das eine Laufbahn für einen jüdischen Jungen?!« erwidern die Freundinnen im Chor.

»Oj, mein Sohn, der Ärmste, hat es so schlecht getroffen«, jammert eine *jiddische Mame*. »Seine Frau rührt den ganzen Tag keinen Finger. Am Vormittag erscheint sie erst gar nicht: Sie schläft. Mein Sohn muß ihr das Frühstück ans Bett bringen. Im Haushalt tut sie nichts, sie läßt sich von vorn bis hinten bedienen. Die Küche hat sie, glaube ich, noch nie von innen gesehen. Nachmittags geht sie bummeln, oder sie bestellt den Juwelier direkt zu sich ins Haus!«

»Das ist ja furchtbar, Perla«, erwidert ihre Freundin. »Und deine Tochter? Erzähl mal, wie geht es der?«

»Oh, meine Tochter, die hat ein Goldstück von einem Mann. Denk dir nur: Am Vormittag erscheint sie erst gar nicht. Sie schläft. Ihr Mann muß ihr das Frühstück ans Bett bringen. Im Haushalt tut sie nichts, sie rührt keinen Finger und läßt sich von vorn bis hinten bedienen. Ihre Küche hat sie noch nie von innen gesehen. Nachmittags geht sie bummeln, oder aber sie bestellt den Juwelier direkt zu sich nach Haus, genau wie die Friseuse und die Kosmetikerin ...«

Die *jiddische Mame* ist allgegenwärtig, in passenden wie in unpassenden Momenten:

Ein Telefongespräch.
»Hallo, Mama, wie geht's dir?«
»Gut, Liebling, und dir?«
»Ach, hier geht's drunter und drüber, Mama, ich dreh fast durch: Die Kinder sind krank, mein Kühlschrank ist kaputt und heute abend kommen zwanzig Leute zum Essen!«
»Keine Sorge, Liebling. Wofür ist deine Mama da? Ich steige in den ersten Zug, nehme am Bahnhof einen Bus und gehe die letzten zwei Kilometer zu Fuß. Unterwegs denke ich mir ein schönes Menü für heute abend aus und kaufe alles dafür ein. Später koche ich dann und nebenher kümmere ich mich um die Kinder. Sag mal, was war noch gleich Jeremys Lieblingsnachtisch? Mousse au chocolat, stimmt's?«
»Jeremy? Wer ist Jeremy?«
»Nu, Jeremy, dein Mann!«
»Mein Mann heißt Daniel! Hab ich denn nicht die 45126718 gewählt?«
»Nein, hier ist die 45126715!«
»O, Gott! Soll das heißen, du kommst nicht?!«

... und grenzenlos fürsorglich:

»Moischele, wach auf, du mußt zur Schule!«
»Ich will nicht«, brummt Moischele und versteckt den Kopf unterm Kissen.
»Komm, Moischele. Steh schon auf.«
»Ich will nicht, ich will nicht, ich will nicht. Die Lehrer öden mich an, die Kinder hänseln mich, der Haus-

meister geht mir auf die Nerven. Ich will heute nicht in die Schule!«

»Du mußt aber, Moischele!«

»Warum, Mama? Nenn mir einen triftigen Grund!«

»Nu, du bist fünfundvierzig Jahre alt und der Schuldirektor, Moischele!«

Doch die Wirkung einer *jiddischen Mame* ist nicht immer vorhersehbar:

Vierte Volksschulklasse. Aufsatzthema: »*Mutter gibt's nur eine.*« Fast alle Kinder ergehen sich in Lobliedern auf ihre Mütter, die sie liebevoll gesundpflegen, wenn sie krank sind, ihnen ihre Leibspeise kochen, sie trösten, wenn sie in der Schule eine schlechte Note bekommen haben, usw. Der kleine Benny dagegen hat folgendes geschrieben: »Eines Tages bin ich vom Basketball nach Hause gekommen und hatte einen Bärenhunger. Ich habe meiner Mama hallo gesagt und gefragt, was es zum Essen gibt. Sie hat gesagt: ›Schau im Kühlschrank nach. Dort müßten noch Frikadellen und etwas Kartoffelpüree sein.‹ Ich bin also in die Küche gegangen, hab den Kühlschrank aufgemacht und das Kartoffelpüree gefunden, aber Frikadelle war bloß eine da. Da bin ich zu meiner Mama gegangen und hab gesagt: ›Mutter, gibt's nur eine?‹«

Was ist der Unterschied zwischen einer italienischen *Mamma* und einer *jiddischen Mame*?

Die italienische *Mamma* sagt: »Amore, iß deinen Teller leer, oder ich bring dich um!«

Die *jiddische Mame* dagegen sagt: »Bubele, iß deinen Teller leer, oder ich bring mich um!«

Die zweite der beiden Formeln ist mit Sicherheit erfolgreicher, denn sie zündet den in jedem Schuldgefühl enthaltenen Sprengstoff. Im Grunde ein Kniff, der so alt ist wie die Welt selbst: »Freches Volk, was habt ihr getan?! Hatte ich euch nicht verboten, von dem Zeug da zu essen? Das mindeste, was ihr jetzt tun könnt, und ich betone: das mindeste, ist es, eure Tat zu bereuen ...« Nun, kommt Ihnen diese Standpauke irgendwie bekannt vor? Wenn nicht, will ich Ihnen mit dem Hinweis auf die Sprünge helfen, daß die *jiddische Mame* himmlische Vorgänger hatte ...

Feigele ist todunglücklich. Sie beschließt, sich umzubringen. Als sie gerade den Kopf in die Röhre ihres Gasherds stecken will, fällt ihr ein, daß sie ja eigentlich auch gleich einen Braten mit reinstellen könnte, damit Papa und die Kinder was zu essen haben, wenn sie heimkommen.

Frau Blumenstein ist als Zeugin bei Gericht vorgeladen. Nach Erledigung der Eingangsformalitäten fragt der Richter sie:
»Frau Blumenstein, sagen Sie mir bitte, wie alt sind Sie?«
»Vierzig«, erwidert die Zeugin, ohne zu zögern.
»Verzeihung, Frau Blumenstein, aber meinen Unterlagen entnehme ich, daß Sie bereits vor sieben Jahren einmal vor diesem Gericht ausgesagt haben und schon damals angaben, vierzig Jahre alt zu sein ...«
»Nu, ich bin eben eine rechtschaffene Frau, Herr Richter. Auf dieselbe Frage gebe ich immer dieselbe Antwort.«

Die Mutter eines brillanten *Jeschiwa*-Studenten schwärmt einer Freundin von ihrem Sohn vor (wie könnte es anders sein?).

»Du hast ja keine Ahnung, wie sehr es meinem Elimelech um Reinlichkeit ist. Ich gebe ihm jeden Samstag ein sauberes Handtuch ins Internat mit und am nächsten Freitag bringt er's mir genauso sauber zurück ...«

Im Heft des kleinen Benny steht eine kurze Mitteilung an die Lehrerin: »Liebe Frau Lehrerin, schimpfen Sie Benny nicht, wenn er ungezogen ist. Schimpfen Sie lieber seinen Banknachbarn – Benny wird es sich merken. Hochachtungsvoll, die Mutter.«

Die *jiddische Mame* ist, soviel steht fest, durch nichts kleinzukriegen:

»Mami«, schreit Jonathan, ein junger Staranwalt, ins Telefon. »Mami, ich habe zwei Nachrichten für dich, eine gute und eine schlechte. Welche willst du zuerst hören?«
»Die schlechte, Liebling. Zuerst die schlechte.«
»Ich bin gay geworden, Mami!« (*gay* nicht *Goj*, passen Sie auf!)
Die Mami läßt sich in einen Sessel sinken.
»Und die gute Nachricht, Joni?« haucht sie mit ersterbender Stimme.
»Ich habe mich gerade mit einem jüdischen Arzt aus bester Familie verlobt, Mami ...«

»Sag schon, Irving, wie schmeckt meine Leberpastete?« fragt die Mutter wohl zum dritten Mal.
»Köstlich, Mama«, erwidert der (vierzigjährige) Sohnemann mit vollem Mund.
»Hör auf ... Die Hühnerlebern, die der Metzger mir gegeben hat, waren schon ganz trocken; ich hätte sie

am liebsten gar nicht genommen. Außerdem hatte ich nur eine Zwiebel im Haus und zu allem Überfluß hat der Küchenwecker nicht geschellt. Ich begreife wirklich nicht, wie du diese Pastete köstlich finden kannst!«

Brooklyn in den zwanziger Jahren. Der berühmt-berüchtigte Abe Caponenthal, ein jüdischer Gangster und größter Alkoholschmuggler der Stadt, fällt einem brutalen Attentat zum Opfer, während er in Goldenbergs Restaurant gerade seine *gefillte Fisch* verzehrt. Zwei aus nächster Nähe abgefeuerte Kugeln treffen ihn mitten ins Herz – die Attentäter haben sich natürlich binnen Sekunden dünne gemacht. Ein Blutstrahl schießt direkt auf Abes Teller, aber unser Held hat noch nicht das letzte Wort gesprochen. Zwar sackt er zunächst zusammen und kippt vom Stuhl, doch dann schafft er es – vor einer Zuschauerschaft, die wie versteinert dasitzt –, langsam zur Tür zu kriechen. Glücklicherweise wohnt seine Mutter im selben Haus, direkt über Goldenbergs »*Koschere Delikatessen*«. Abe schleppt sich unter höllischen Qualen die Treppe hinauf. Oben angekommen, kann er gerade noch an der Wohnungstür klingeln, dann sinkt er halbtot auf den Fußabtreter. Seine Mutter öffnet sofort die Tür und sieht den Sohn in einer riesigen Blutlache vor sich liegen.

»Mam ... Mam ... ich ste-sterbe«, röchelt der Gangster.

»Nu, komm erst mal rein, Junge. Iß was Anständiges und dann kannst du mir alles in Ruhe erzählen ...«

Auf dem Kennedy-Flughafen, Flugauskunft. Das Telefon läutet.

»Guten Tag! Ich bin Frau Rosenthal. Sagen Sie mir doch bitte, wann mein Sohn ankommt ...«

Die nächste Schnurre ist ein Musterbeispiel für ihre Art und hätte genausogut unterm Stichwort Psychoanalytiker zitiert werden können. Andererseits haben wir ja bereits gesehen, daß die beiden Themen – also Mutter und Psychoanalyse – untrennbar miteinander verbunden sind.

»Heute nacht habe ich etwas Seltsames geträumt«, berichtet der vierzigjährige Patient seinem Psychoanalytiker. »Ich habe meine Mutter von hinten gesehen, aber als sie sich umdrehte und mich ansah, hatte sie Ihr Gesicht, Doktor. Sie können sich nicht vorstellen, was für ein Schock das für mich war. Ich bin aus dem Schlaf hochgeschreckt und konnte kein Auge mehr zutun. Im ersten Morgengrauen bin ich aufgestanden, hab eine Coca-Cola getrunken und bin zu Ihnen gerannt, Doktor. Können Sie mir diesen Traum interpretieren?«

Der Psychoanalytiker läßt seiner Frage ein langes, ernstes Schweigen folgen. Dann erwidert er:

»Eine Coca-Cola, sagten Sie? Aber das ist doch keine Art zu frühstücken!«

Zwei jüdische Mütter treffen sich im Supermarkt.

»Tag, Perle, wie geht's dir? Mir scheint, du hast gute Neuigkeiten zu berichten, stimmt's?«

»Ja, Lea. Meine Tochter heiratet demnächst.«

»Phantastisch! Wer ist denn der Glückliche?«

»David Katz, Chefarzt der Chirurgie im Hadassah-Hospital.«

»Das ist ja wundervoll! Ich weiß nicht, aber irgendwie dachte ich, der sei Universitätsprofessor ...«

»Du hast schon recht, aber das war der vorige Mann, Jakob Teitelbaum – der war Ordinarius für Jura.«

»Ach so, ja ... Seltsam ... Und ich war felsenfest überzeugt, der sei Psychiater gewesen!«

»Dann hast du Saul Allen gemeint, den ersten Mann meiner Tochter. Der hatte ein sehr gutes Renommee unter den Psychoanalytikern.«

»Aber sicher! Wie konnte ich das vergessen. Oh, Perle, was für ein Glückspilz du bist! So viel Glück und Zufriedenheit durch eine einzige Tochter.«

Die Mutter hat ihrem Irving – Rechtsanwalt, zweiundvierzig Jahre, ledig, beginnende Geheimratsecken und ein Herz voller Liebe für seine Mutter – zwei Krawatten geschenkt: eine rote mit hübschem, gelb-orangem Muster und eine ganz jugendliche mit Comic-Aufdruck, auf der man von oben nach unten folgende Szenen sehen kann: Micky Maus beim Surfen, Goofy mit einem Heuwagen, Dagobert Duck in seinem Geld schwimmend, Donald Duck, der sich in einem Liegestuhl sonnt und dabei einer Limonade nippt, und Daniel Düsentrieb, der Tick, Trick und Track an einer Tafel Einsteins Relativitätstheorie illustriert. Irving ist gerührt und bedankt sich überschwenglich bei seiner Mutter, dann überreicht er ihr den üblichen Blumenstrauß, mit dem er seit zwanzig Jahren jeden Freitagabend bei ihr zum Essen erscheint. Alles verläuft wie immer. Eine Woche später steht der »junge Mann« am Freitagabend, Punkt sieben, wie gewohnt mit Blumenstrauß vor der Tür seiner Mutter. Doch heute abend trägt er seine nagelneue Walt-Disney-Krawatte!

Die Mutter macht auf, mustert ihn wie immer von Kopf bis Fuß, schaut ihm dann tiefer und länger als gewohnt in die Augen und sagt beleidigt: »Warum hast du mir nicht gleich gesagt, daß die andere dir nicht gefällt, Irving?!«

Und um diesen kurzen und sicher nicht erschöpfenden Überblick abzuschließen, möchte ich ein paar Witze aus dem Büchlein von Dan Greenberg zitieren, einem Meilenstein der Jiddische-Mame-Witze.

»Warte, Irving. Hier, iß noch ein Stückel Brot.«
»Brot? Zu Himbeereis? Aber Mama!«
»Komm, Irving, nur ein Stückel, zur Verdauung.«

»Mama! Mama!« schreit Irving aufgeregt. »Mama, ich habe in der Lotterie der jüdischen Pfadfinder einen Rolls Royce gewonnen!«
»Oh, Liebling, das ist ja phantastisch«, erwidert die Mutter, während sich von ihren Mundwinkeln aus eine kritische Grimasse übers ganze Gesicht verbreitet.
»Wunderbar ... schon allein die Versicherung wird uns total ruinieren ...«

Denksportaufgabe: Dein Sohn hat soeben eine Stelle bei einer Werbeagentur in New York angeboten bekommen. New York ist 150 Meilen entfernt. Der Zug nach New York fährt mit einer Geschwindigkeit von 75 Meilen pro Stunde. Eine Lammhaxe braucht im Durchschnitt 2 Stunden zum Auftauen. Erlaubst du deinem Sohn, die Stelle anzunehmen?
Lösung: Nein! Wer würde seinem Sohn schon erlauben, bei einer Werbeagentur zu arbeiten!

Marktforschung: »Ist das Mädchen Jüdin, Irving? Hatte sie gute Noten in der Schule? Raucht sie wenig? Trinkt sie auch nicht zu viel Alkohol?«
»Pfui! Eine, die raucht und trinkt, kann ja nur eine Schlampe sein!«

In Sachen Geld, Nase et cetera sind wir Juden die ersten, die über uns lachen

Mit dem »et cetera« aus der Kapitelüberschrift meine ich Tugenden und Untugenden, Grillen und Schwächen, kleine Sünden und noch kleinere Freiheiten, die wir Juden uns herausnahmen – und herausnehmen – und über die wir selbst lachten, ganz besonders dann, wenn es zu »riskant« war, über andere zu lachen. Wie schon der Psychoanalytiker Martin Grotjan zu Recht bemerkt hat: »Das selbstzerstörerische Element ist typisch für den jüdischen Witz. Es ist, als wollten die Juden ihren Gegnern sagen: ›Greift uns bloß nicht an. Das können wir selber‹ – und obendrein viel besser ...«

Moischele und Awromele treffen sich auf der Straße.
»Nu, Awromele, ich hab gehört, daß du dich neuerdings für den Messias hältst ...«
»Was heißt da hältst? Ich bin der Messias!«
»So? Und woher weißt du das?«
»Das hat Gott mir gesagt!«
»Ich? Stimmt ja gar nicht!«

Der Mythos, einen Juden könne man auf hundert Meter Entfernung erkennen, ist ebenso absurd wie langlebig. Es gibt Leute, die felsenfest davon überzeugt sind, die Juden würden sich gegenseitig am Geruch, an der Nase, an den Augen oder an irgendeinem versteckten Körpermal erkennen, ja selbst aufgrund eines nicht näher definierten, magnetischen Fluidums. Hier eine ziemlich glaubwürdige Anekdote, die hoffentlich dazu beitragen wird, diesem unsinnigen Volksglauben entgegenzuwirken:

Ein reicher amerikanischer Jude befindet sich auf Geschäftsreise in Tokio. Es ist Sabbat, und da er auch hier den Feiertag begehen möchte, läßt er sich von einem Taxi zur Tokioer Synagoge bringen. Die Gemeinde ist bereits zum Gebet versammelt und unser Amerikaner stellt zu seiner großen Überraschung fest, daß die Gläubigen alle Schlitzaugen haben – sogar der Rabbiner! Dieser kommt nach dem Gottesdienst auf ihn zu, verneigt sich höflich und sagt:
»Was fül eine Ehle, einen flemden Gast bei uns zu haben. Tulist?«
»Eigentlich nicht. Ich bin auf Geschäftsreise in Tokio.«
Kurze Pause, dann fragt der Rabbiner schüchtern:
»Ich möchte ja nicht indisklet sein, abel dalf ich flagen, ob Sie Jude sind?!«
»Natürlich bin ich das!«
»Melkwüldig, das sieht man Ihnen gal nicht an!«

Von diesem Witz gibt es auch eine »futuristische« Version:

Zwei Marsmenschen begegnen sich zufällig in Chicago.
»Wie heißt du?« fragt einer den andern in ihrer unverständlichen Sprache.
»4286. Und du?«
»3359.«
»Was?! Ich hätte nie gedacht, daß du Jude bist!«

Der aus einem gottverlassenen polnischen *Schtetl* stammende Chaim Polansky lebt seit kurzem in den USA. Eines Tages sieht er in der Untergrundbahn einen Schwarzen, der eine jiddische Zeitung liest. Er beobachtet ihn eine Weile, dann kann er seine Neugier nicht mehr zügeln, stellt sich neben den Mann und fragt ihn vorsichtig:
»Verzeihen Sie, eine Frage: Sind Sie Jude?«
Der Schwarze sieht ihn beleidigt an und sagt:
»Jude? Das hätte mir gerade noch gefehlt!«

In der Bahnhofshalle von Warschau steht eine automatische Münzwaage. Anschel möchte dieses Wunder der Technik einmal ausprobieren. Er steigt also auf die Waage, wirft eine Münze ein und vernimmt nach wenigen Sekunden eine näselnde Stimme, die sagt:
»Du wiegst siebzig Kilo und bist Jude ...«
Anschel traut seinen Ohren nicht. Er ist überzeugt, sich verhört zu haben, aber beschwören könnte er's nicht. Was tun? Schweren Herzens opfert er eine zweite Münze, steigt erneut auf die Waage und wartet, was passiert. Nach wenigen Sekunden meldet sich die näselnde Stimme:
»Du wiegst immer noch siebzig Kilo, bist Jude und wartest gerade auf den Zug nach Krakau ...«
Anschel trifft bald der Schlag. Jetzt möchte er's aber genau wissen! Er geht in die Toilette, setzt sich eine schwarze Brille auf, zertrampelt seinen Hut und reißt sich die Krawatte vom Hals. Dann marschiert er zu der unheimlichen Waage zurück, stellt sich drauf und wirft seine dritte und letzte Münze ein. Diesmal deucht ihn die Wartezeit ewig, doch dann meldet die näselnde Stimme sich endlich zu Wort:

»Du wiegst immer noch siebzig Kilo, bist immer noch Jude und außerdem ein Esel, der gerade seinen Zug nach Krakau verpaßt hat!«

Eine Kreuzfahrt. Das Schiff wimmelt von *Gojim*, nur zwei der Passagiere sind Juden: Einer hat einen Buckel und ist wie ein orthodoxer Jude gekleidet; der andere ist blond, groß und athletisch gebaut. Der Blonde spricht den ganzen Tag kein Wort mit seinem einzigen Glaubensbruder an Bord, im Gegenteil, er weicht ihm aus, mischt sich unter die anderen Passagiere und vermeidet alles, was irgendwie seine semitische Herkunft verraten oder sonst Aufmerksamkeit erregen könnte. Der Zufall will, daß sich die beiden Juden spät am Abend, als ihre Mitreisenden schon in den Kajüten sind, auf Deck begegnen. Sie beginnen, miteinander zu plaudern, und irgendwann sagt der große Blonde zu dem Buckligen:
»Ich möchte Ihnen was verraten. Sagen Sie's aber nicht weiter! Ich bin Jude ...«
»Ich möchte Ihnen auch was verraten. Sie dürfen's aber auch nicht weitersagen«, erwidert der Bucklige. »Ich habe einen Buckel ...«

Auch die nächste Anekdote gehört in die Kategorie »Man erkennt sich auf Anhieb«:

Varieté-Abend im Theater. Ein Pole und ein Jude sitzen nebeneinander. Der Vorhang geht hoch und auf der Bühne erscheint eine Violinistin. Sie spielt meisterhaft und reißt das Publikum zu begeistertem Beifall hin.
    Der Jude beugt sich zu seinem Nachbarn hinüber und sagt:
        »Das war eine von den Unseren ...«

Die Geigerin macht die Bühne für eine Primaballerina frei, die bezaubernd tanzt und ebenfalls reichlich Applaus erntet.

Der Jude beugt sich wieder zu seinem Nachbarn hinüber und sagt:

»Das war eine von den Unseren ...«

Dieselbe Szene wiederholt sich auch bei den folgenden drei Varieté-Nummern: Zauberer, Pantomime, Sänger.

Als der Jude nach dem letzten Beifall erneut seinen Satz herunterleiert, platzt dem Polen der Kragen:

»Jesus, noch mal!«

»Stimmt, der war auch einer von den Unseren ...«

Abraham Cohen hat beschlossen, seinen Namen ändern zu lassen, um »gesellschaftsfähiger« zu sein. Er geht also zum Einwohnermeldeamt, erledigt alle nötigen Formalitäten und wird Paul Johnson. Seltsamerweise sieht die Gemeindeangestellte ihn bereits einen Tag später erneut vor ihrem Schalter stehen.

»Guten Tag, Miss. Mein Name ist Paul Johnson, ich würde ihn aber gerne in Bill Jeffrey ändern lassen.«

»Sorry, haben Sie nicht erst gestern den Namen gewechselt?«

»Doch, schon, nur ... Passen Sie auf, ich erklär's Ihnen: Wenn ich mich in einer vornehmen Gesellschaft als Bill Jeffrey vorstelle, lachen die Leute mich aus und sagen: ›Ah, Bill Jeffrey! Sieh mal einer an! Und vorher, lieber Moischele, wie hast du vorher geheißen?‹ An diesem Punkt werde ich dann sagen können: ›Vorher habe ich Paul Johnson geheißen ...‹«

Um Mark Hillel zu zitieren: »Wer diese Schnurre noch nie gehört oder weitererzählt hat, werfe den ersten Stein.«

Die nächste Episode führt uns eine weitere, typisch jüdische Eigenschaft vor. Wie die meisten ist sie nicht angeboren, sondern erworben, und zwar in jahre-, jahrzehnte-, jahrhundertelangem Gettoleben. Ich meine die Eigenschaft, sich grundsätzlich im Hintergrund zu halten und niemals Aufsehen oder Anstoß zu erregen:

Ein Russe, ein Pole und ein Jude werden von der Polizei in flagranti bei einer Partie Poker ertappt.

»Ich schwöre«, sagt der Russe, »ich schwöre, daß wir nur Kartenhäuser bauen wollten. Der Blitz soll mich erschlagen, wenn ich lüge.«

»Das schwöre ich auch«, beteuert der Pole. »Ich würde nie um Geld spielen! So wahr ich hier sitze!«

Der drohende Blick des Polizisten wandert zu dem Juden.

»Mit Verlaub, Herr Gendarm«, sagt der kleinlaut, »aber Sie haben ja gehört, daß meine beiden Freunde nicht gepokert haben und mit mir allein kann ich schlecht spielen, oder?«

Es gab einmal einen berühmten Arzt, der, obwohl selbst Atheist, die Angewohnheit hatte, Geistlichen grundsätzlich keine Rechnung zu stellen, egal, welcher Konfession sie angehörten. Eines Tages kam ein katholischer Pfarrer zu ihm, und als er nach der Untersuchung wissen wollte, was er schulde, erwiderte der Doktor: »Nichts.« Wenige Tage später bekam er zum Dank einen schönen, handgeschnitzten Rosenkranz von dem Pfarrer zugesandt.

Ein anderes Mal suchte ein protestantischer Pastor die Praxis unseres Arztes auf, wurde ebenfalls kostenlos behandelt und ließ darauf noch am selben Tag eine prächtige, ledergebundene Bibel mit Goldschnitt überbringen.

Wenig später erschien auch ein Rabbiner und wurde wie seine beiden Vorgänger gratis behandelt. Nun, was glauben Sie, schickte er dem Doktor, zutiefst gerührt und dankbar, wie er war? ... Einen anderen Rabbiner!

»Geldscheffler« ist bekanntlich ein Etikett, das man den Juden gerne anhängt – ein Laster, eine Schwäche, ein Wahn und damit ein Lachanlaß wie jeder andere. Das fast schon sprichwörtliche jüdische Händchen für Geld hat ihre Wurzeln in der Vergangenheit, als es den in der Diaspora lebenden Juden größtenteils verboten war, normale, bürgerliche Berufe auszuüben. Das Verleihen von Geld gegen Pfand oder Zins war eine der wenigen Tätigkeiten, denen sie nachgehen durften. Doch keiner lacht so viel und so gern über die angebliche Geldschneiderei der Juden wie die Juden selbst. Voraussetzung ist allerdings, daß die Witze und die oft recht boshaften Anekdoten von ihnen selbst erfunden, erzählt und belacht werden. Denn sonst bestünde ja Gefahr, daß der Schuß nach hinten losgeht und eine witzige Schnurre sich in antisemitische Propaganda von der übelsten Sorte verwandelt.

Ein berühmter indischer Guru, der seit langem in New York ansässig ist, liegt todkrank darnieder. Als er sein letztes Stündlein nahen spürt, ruft er drei alte Freunde zu sich, um ihnen seinen letzten Willen hinsichtlich des immensen Vermögens mitzuteilen, das er hinterläßt. So merkwürdig es klingen mag, bei den drei Freunden handelt es sich um einen Katholiken, einen Protestanten und einen Juden.

»Liebe Freunde, wie ihr wißt, habe ich keine Angehörigen. Ich habe deshalb beschlossen, mein Vermögen zu gleichen Teilen an euch zu vererben. Zum Zeichen eurer Freundschaft und Treue, und weil ich es auf meinem langen Weg ins Jenseits vielleicht brauchen könnte, möchte ich euch allerdings um eine symbolische Geste bitten: Jeder von euch soll tausend Dollar auf meinen Sarg legen, bevor er in die Gruft gesenkt wird.«

Wenige Tage später stirbt der alte Guru tatsächlich. Ein langer Trauerzug begleitet ihn zum Friedhof. Als der Moment gekommen ist, den letzten Gruß zu entrichten, tritt der katholische Freund vor und legt seine tausend Dollar auf den Sarg. Der Protestant tut es ihm nach. Dann kommt die Reihe an den Juden. Er stellt sich vor das Grab, entfernt behutsam die beiden Geldscheine und legt statt ihrer einen Scheck über dreitausend Dollar auf den Sarg.

Sabbat in New York. Rabbi Epstein kehrt in Begleitung eines seiner treuesten Schüler aus der Synagoge zurück. Unterwegs flattert plötzlich ein 20-Dollar-Schein aus der Tasche seines Kaftans.

»Aber Rabbi! Wie konnten Sie nur gegen das Gesetz verstoßen und am Sabbat Geld mit sich herumtragen?!« fragt der Schüler entsetzt.

»Diesen jämmerlichen Fetzen Papier nennst du Geld?«

Appelbaum bestellt bei seinem Lieferanten in Krakau neue Ware. Wenige Tage später erhält er folgende telegraphische Mitteilung:

»Bedauern mitteilen zu müssen, daß bestellte Ware erst nach Begleichung voriger, noch offenstehender Rechnung geliefert werden kann.«

Appelbaum telegraphiert zurück:

»Bestellung stornieren. Kann unmöglich so lange warten.«

Aus dem Testament von Alter Friedenthal: »Meiner geliebten Frau und Lebensgefährtin Lea hinterlasse ich die Hälfte meines Vermögens. Die andere Hälfte hinterlasse ich zu jeweils einem Drittel meinen Kindern Felix, Johanna und Pinhas. Und zuletzt möchte ich noch dem Wunsch meines guten, alten Freundes Jankele nachkommen, der unbedingt in diesem Testament erwähnt sein wollte: Nu, Jankele, wie geht's denn so?«

Und noch ein Witz zum Thema echte und erfundene Testamente:

Beerdigung eines nicht näher identifizierten Rothschild.
Jankele Opatovic, ein armer Flickschuster aus dem Getto, weint bitterlich und kann gar nicht mehr aufhören.
»Waren Sie mit dem Verstorbenen verwandt?« wird er mitfühlend gefragt.
»Eben nicht!« antwortet Jankele schluchzend.

An diesem Punkt muß erwähnt werden, daß die Rothschilds ein regelrechter Topos des jüdischen Witzes sind. Ihres legendären Reichtums wegen werden sie bewundert und verehrt, aber auch beneidet und verachtet. Am häufigsten kommen sie in den Schnorrerwitzen vor, wo sie als weltmännisch, hilfsbereit und freundlich dargestellt werden, oft sogar als ausgesprochen »witzig«.

Roise und Jossi Baruchstein waren zu einem musikalischen Nachmittag bei Baron Rothschild und seiner Gemahlin eingeladen. Sie haben sich kaum verabschiedet und stehen wieder auf der Straße, als Roise ihrem Mann zuflüstert:

»Ist schon wahr, Jossi, das sind nicht mehr die Rothschilds von einst ...«

»Warum?« fragt Jossi verwundert.

»Nu, hast du denn nichts bemerkt? Die mußten doch zu zweit auf einem Klavier spielen!«

Der nächste Witz ist wirklich böse:

Bahnstrecke Warschau–Wilna. In einem Abteil sitzen sich ein Junge und ein alter Mann gegenüber. Beim ersten Halt springt der Alte vom Zug, rennt zum Fahrkartenschalter, löst ein Ticket bis zum nächsten Bahnhof und kommt atemlos wieder zurück. Dieselbe Szene wiederholt sich nicht nur beim nächsten und übernächsten Halt, sondern bei allen darauffolgenden. Irgendwann gibt der Junge sich einen Ruck und fragt:

»Verzeihung, mein Herr. Wo wollen Sie eigentlich hin?«

»Nach Wilna«, erwidert der Alte.

»Nu, warum kaufen Sie dann nicht gleich eine Fahrkarte bis dorthin und sparen sich die ganze Rennerei?«

»Das ist so, mein Junge«, erwidert der Alte mit einem nachsichtigen Lächeln. »Ich bin sehr krank, mußt du wissen. Ein Professor aus Wilna hat mir auf den Kopf zugesagt, daß mein Fall hoffnungslos ist, daß ich jeden Moment tot umfallen könnte. Da kaufe ich doch nicht eine Fahrkarte bis nach Wilna und werfe womöglich einen Haufen Geld zum Fenster hinaus ...«

Frumkin und Zeitlin betreiben zusammen ein Schneideratelier in Brooklyn. Während sie gerade im Lift nach unten fahren, um gemeinsam Mittagspause zu machen, fällt Frumkin siedendheiß etwas ein:

»Oj, Zeitlin, ich hab vergessen, den Tresor abzuschließen!«

»Keine Angst«, erwidert Zeitlin tröstend. »Ich bin ja bei dir ...«

Ein junger Jude, der vor kurzem zum Katholizismus übergetreten ist – wie auch sein Vater und überhaupt die ganze Familie –, hat sich in ein armes, jüdisches Mädchen verliebt. Er möchte sie heiraten, aber sein Vater rät ihm wärmstens davon ab, und das mit Grund:

»Dieses Mädchen ist nichts für dich. Erstens, weil sie Jüdin ist und du *Goj*, und zweitens, weil sie arm ist und du Jude ...«

Der reiche Genendel hat seine Tochter mit einem jungen Geschäftsbesitzer verlobt. Die Mitgift beträgt sage und schreibe zehntausend Taler! Kurz vor der Hochzeit ruft der zukünftige Schwiegervater seinen zukünftigen Schwiegersohn zu sich. Die beiden schließen sich in Genendels Büro ein.

»Du weißt, mein Sohn, daß es orthodoxere Juden gibt als mich. Trotzdem würde ich mich verpflichten, dir weitere fünftausend Taler Mitgift zu bezahlen, wenn du mir versprichst, dein Geschäft in Zukunft am Sabbat und an den anderen jüdischen Feiertagen geschlossen zu halten.«

»Abgemacht, Schwiegerpapa«, erwidert der junge Mann. »Und wenn du noch mal zehntausend Taler drauflegst, laß ich den Laden auch werktags zu ...«

Mendel, ein armer Lumpenhändler, hat einen Geldbeutel auf der Straße gefunden. Er enthält neunzig Rubel und ein Kärtchen mit Namen und Adresse des Portemonnaie-Besitzers. Auf der Rückseite des Kärtchens steht zu lesen:

»Wer diesen Geldbeutel findet, ist gebeten, ihn umgehend zurückzugeben. Zehn Rubel Finderlohn.«

Mendel, der nicht nur arm, sondern auch ehrlich ist, begibt sich augenblicklich zu der angegebenen Adresse – einer prächtigen Villa, wie sich herausstellt. Auf sein Klingeln öffnet ein vornehm aussehender Herr. Er dankt Mendel, zählt das Geld und ruft aus:

»Aha, die zehn Rubel Finderlohn haben Sie sich bereits genommen, wie ich sehe!«

»I-Ich?« stottert der arme Mendel verlegen. »Ich habe gar nichts genommen, das schwöre ich Ihnen!«

»Hier waren aber hundert Rubel drin ...«, grinst der Portemonnaie-Besitzer.

Der Zufall will, daß just in diesem Augenblick ein Rabbiner auf der Straße vorbeikommt. Man winkt ihn herbei, erklärt ihm den Sachverhalt und bittet ihn um sein Schiedsurteil.

»Wem glauben Sie nun, Rabbi, mir oder diesem Lumpenhändler?« fragt der Reiche.

»Ihnen natürlich«, erwidert der Rabbiner. Und mit diesen Worten nimmt er ihm das Portemonnaie ab und überreicht es dem verdutzt dreinschauenden Mendel.

»Rabbi, was tun Sie da?« schreit der Reiche.

»Ich habe Sie nur beim Wort genommen, mein Herr. Sie behaupten, daß in Ihrem Portemonnaie hundert Rubel sind. Der Mann hier sagt, daß das von ihm gefundene Portemonnaie nur neunzig Rubel enthält. Folglich kann es sich bei dem gefundenen nicht um Ihr Portemonnaie handeln ...«

»Ach, was tu ich jetzt bloß?« jammert der Reiche.

»Nu, ganz einfach: Warten, daß jemand einen Geldbeutel mit hundert Rubel findet!«

Frage: Wie kommt man in Israel zu einem kleinen Vermögen?
Antwort: Man bringt ein großes mit.

Das *Pessach*-Fest nähert sich und Schemaja Feibischs Taschen sind leer wie die Schwalbennester im Herbst. Nicht einmal ein paar Groschen hat er, um sich die *Mazzot* und ein bissel Wein für das *Seder*-Mahl zu kaufen. In seiner Not beschließt er, dem Allmächtigen höchstpersönlich einen Brief zu schreiben:

»Vater unser, Herr im Himmel, hab Erbarmen mit Deinem untertänigen Diener Schemaja Feibisch und schenk mir ein bissel Geld, damit ich das *Pessach*-Fest feiern und Dich ehren kann!«

Als er den Brief fertiggeschrieben hat, setzt er eine schnörkelige Unterschrift darunter und schleudert das Blatt in die Luft. Wunder oder Ironie des Schicksals, der Wind trägt das Schreiben jedenfalls direkt in die Hände von Baron Rothschild. Dieser liest es, läßt den Absender ausfindig machen und sagt zu ihm: »Der Herr hat deine Bitte erhört, Schemaja Feibisch, und schickt dir durch mich fünfzig Taler.«

Schemaja nimmt das Geld und bringt es seiner Frau Riwkele, aber er wirkt alles andere als zufrieden.

»Was ist los? Freust du dich denn nicht?« fragt Riwkele ihn verständnislos.

»Ich möcht bloß wissen«, brummt Schemaja, »wieviel sich dieser Rothschild an Provision einbehalten hat.«

Zwei alte Freunde treffen sich nach langer Zeit wieder. Abe (amerikanische Version von Abraham) sagt: »Was ist los, Meir, du siehst so niedergeschlagen aus? Komm, erzähl mal!«

»Nu ja, die Dinge laufen einfach nicht, wie sie sollen ...«
»Meinst du deine Geschäfte?«
»Nein, nein, das nicht. Aber vor drei Monaten ist meine Tante Raisel gestorben und hat mir 25 000 Dollar hinterlassen. Letzten Monat hat's meinen Onkel Berl getroffen, der hat mir 30 000 Dollar vererbt.«
»Kopf hoch, Meir! Früher oder später müssen wir alle dran glauben, und das waren immerhin alte Leute. Außerdem haben sie dir doch ein hübsches Sümmchen hinterlassen ...«
»Das ist es ja«, jammert Meir, »und diesen Monat – nichts!«

Unglaublich, aber wahr: Zalman und Nokhum werden Geschäftspartner.
Unglaublich, weil Nokhum steinreich und Zalman arm wie eine Kirchenmaus ist. Auch Zalmans Frau kann es kaum fassen:
»Erklär mir bloß, wie Nokhum dazu kommt, dich zu seinem Geschäftspartner zu machen! Ich verstehe das nicht ...«
»Weil du keinen Grips hast, Frau«, erwidert Zalman schulterzuckend. »So ist nun mal der Lauf der Welt: Heute hat er viel Geld und ich viel Erfahrung. In ein, zwei Jahren wird es, so Gott will, umgekehrt sein: Dann habe ich viel Geld und er viel Erfahrung ...«

Ein Jude dient als Rekrut im russischen Zarenheer, doch er kann sich einfach keine Disziplin angewöhnen. Irgendwann zitiert sein Kommandant ihn zu sich und sagt:
»Hör mal, Zalman, vielleicht wär's besser, du kaufst dir eine Kanone und machst dich selbständig ...«

Und wo wir schon bei »kriegerischen« Themen sind:

Israel. Ein Trainingslager für junge Rekruten. Der Kommandant ruft einen der Ausbilder – ein braun gebranntes Muskelpaket – zu sich und sagt zu ihm: »Ich hab gehört, in deinem Unterricht wird nur über Gewehre gesprochen. Bitte vergiß nicht, daß auch Geist und Studium zur Tradition des jüdischen Volkes gehören und daß wir viele berühmte Gelehrte hatten ... Sprich also nicht nur über Gewehre vor deinen Rekruten, sondern auch über Geschichte, Kultur, Philosophie und dergleichen. Du könntest deinen Unterricht doch beispielsweise mit einer kurzen Einführung in die Bibel beginnen, was meinst du?« Der Ausbilder zeigt sich einverstanden. Am darauffolgenden Tag fängt ein neuer Trainingskurs an:

»Am Anfang schuf Gott Himmel und Erde. Dann schuf er das Gewehr. So, und das hier wäre nun so ein Gewehr. Schauen wir uns mal an, wie es gemacht ist und wie man es bedient ...«

Israel 1948, Unabhängigkeitskrieg. Die arabischen Armeen attackieren den jungen, israelischen Staat. Alle wehrdienstfähigen Männer werden zu den Waffen gerufen. Auch ein weit über achtzig Jahre alter, schon ganz tatteriger Greis meldet sich.

»Ich hab gehört, daß ihr Leute anmustert ...«

»Stimmt, aber Krücken wie dich können wir hier nicht brauchen. Geh ruhig wieder heim, Opa.«

»Ich hab auch gehört, daß es vor allem an Generälen fehlt ...«

Israel. Auf einem der Hügel von Jerusalem wird vor einer ehrfürchtigen Zuschauerschar ein Denkmal für den Unbekannten Soldaten enthüllt. Das sanfte Rauschen der Pinien im Wind unterstreicht die feierliche Atmosphäre. Der Premierminister hält eine kurze Ansprache und bedeutet zwei Rekruten sodann, das weiße Tuch von dem Denkmal zu ziehen. Zum Vorschein kommt eine abstrakte und recht bizarre Bronzestatue, auf deren Sockel eine riesige Messingtafel prangt:

> Baruk Levinson
> Warschau 1910
> Tel Aviv 1988

Inmitten des andächtigen Schweigens, das der Enthüllung folgt, flüstert jemand in der hintersten Reihe seinem Nachbarn ins Ohr:
»Ich dachte, das sei ein Denkmal für den Unbekannten Soldaten!«
»Das ist es auch«, erwidert der andere.
»Nu, lesen Sie doch die Tafel: Von unbekannt kann keine Rede sein!«
»Als Soldat schon! Bekannt war er nur als Schneider ...«

Und nun möchte ich Ihnen ein paar Witze zum Stichwort Chuzpe präsentieren. Sicher haben Sie schnell heraus, was man im Jiddischen darunter versteht ...

»Hör mal: Der Kupferkessel, den ich dir geliehen habe, ist kaputt. Ich fürchte, du mußt mir einen neuen kaufen ...«
»Was?? Also erstens: Als ich ihn dir zurückgegeben habe, war er völlig in Ordnung. Zweitens: Als du ihn mir gegeben hast, war er schon kaputt. Und drit-

tens: Ich hab mir nie einen Kupferkessel von dir geliehen!«

... richtig: Chuzpe bedeutet Frechheit, jene besondere Art von Unverschämtheit also, in der Unverfrorenheit und Naivität, Unschuld und Dünkel, Liebenswürdigkeit und Zynismus sich paaren. Hier gleich noch ein paar Beispiele dazu:

Mitte der zwanziger Jahre. Zwei deutsche Offiziere sitzen in einer Gastwirtschaft. Ein Jude kommt herein, blickt sich kurz um und setzt sich dann zu ihnen an den Tisch. Der Kellner, der die Szene mitbekommen hat, eilt mit besorgter Miene zu dem Juden und flüstert ihm ins Ohr:
»Das sind Antisemiten ...«
Statt sich aus der Ruhe bringen zu lassen, erwidert der Jude lächelnd und so, daß alle es hören können:
»Kein Problem. Wenn sie sich anständig benehmen, können sie ruhig bleiben ...«

Deutschland im Dritten Reich. Der alte und schon ziemlich gebrechliche Fridenthal erscheint im Büro der Gestapo. Er hat eine herausgerissene Zeitungsseite in der Hand; unter der Rubrik »Stellenangebote« ist mit Rotstift eine Annonce angestrichen. Es soll auch nicht verschwiegen werden, daß unser guter Fridenthal einen langen weißen Bart hat und das typische Käppi auf dem Kopf trägt.
Der Uniformierte brüllt:
»Was suchst du hier, Jud? Du bist doch nicht etwa auf die Anzeige gekommen ...«
»Doch, genau deshalb bin ich hier«, erwidert der Alte unerschrocken.

»Hast du denn nicht gelesen, was hier steht, verdammter Jude? ›Junger Mann mit stattlicher Erscheinung gesucht, mindestens 1,80 Meter groß, optimales Sehvermögen, Arier.‹ Du, Jud, bist doch mit Sicherheit an die Achtzig, hä? Groß bist du einen Meter fünfzig, wenn's hochkommt. Und deiner Brille nach zu urteilen, bist du die reinste Blindschleiche! Vom letzten Punkt will ich erst gar nicht anfangen. Was, zum Teufel also, willst du hier?!«

»Ich wollte Ihnen mitteilen«, entgegnet Fridenthal mit leiser, aber fester Stimme, »daß Sie auf mich für diesen Posten nicht zählen können!«

Moischele spielt auf der Straße Drehorgel, vor sich einen zerbeulten Hut am Boden und daneben einen völlig ausgehungerten Hund.

»Nu, Moischele, wie laufen die Geschäfte?« fragt ihn ein jüdischer Passant.

»Gut, und wenn das blöde Staatsorchester mir nicht so viel Konkurrenz machen würde, liefen sie noch besser ...«

Ein Flughafen in New York. Mrs. Rubinstein, eine alte amerikanische Dame, checkt sich nach Tel Aviv ein. Nur mit sehr viel Überredungskunst kann die Stewardeß sie dazu bringen, daß sie den Hund, den sie in einer Tragetasche bei sich hat, dem Flughafenpersonal übergibt, damit er vorschriftsgemäß im Frachtraum der Maschine untergebracht werden kann. In Tel Aviv gelandet, beschließt die Stewardeß, den Hund noch an der Ladeluke in Empfang zu nehmen und persönlich zum Gepäckband zu bringen, doch zu ihrem großen Schrecken entdeckt sie, daß das Tier tot ist. Was tun? Sie berät sich mit der

Crew und dem Bodenpersonal der Fluggesellschaft. Keiner bringt es übers Herz, der alten Dame die schreckliche Nachricht mitzuteilen, und so beschließt man endlich, das Tier zu ersetzen. Ein Angestellter wird in aller Eile losgeschickt, um in der nächsten Zoohandlung einen braunen Cocker zu kaufen; er soll natürlich haargenau so aussehen wie der tote. Die Stewardeß lenkt unterdessen die alte Dame ab. Nach knapp einer Stunde kehrt ihr Kollege keuchend, aber mit einem braunen Cocker im Arm zurück. Man bringt ihn der alten Dame augenblicklich, doch die schreit entsetzt:

»Das ist nicht mein Hund!«

»Aber sicher ist das Ihr Hund, Mrs. Rubinstein«, versucht die Stewardeß, sie zu überreden.

»Nein, unmöglich, mein Hund war tot! Ich wollte ihn im Gelobten Land begraben ...«

So, nun wäre diese Anekdote auch erzählt. Daran lag mir viel, das möchte ich ausdrücklich betonen. Ich habe es einem Menschen geschuldet, ohne den dieses Buch nie zustande gekommen wäre und dem ich auf diese Weise noch einmal meine Dankbarkeit ausdrücken wollte. Den andern Lesern sei nur so viel über ihn verraten: er ist ein wahnsinnig netter Mensch.

Nach einem der unzähligen, geldraubenden Kleinkriege mit seinen arabischen Nachbarn herrscht in Israel mal wieder Wirtschaftskrise. Die Inflation ist katastrophal, die Exporte sinken von Tag zu Tag, die Arbeitslosenzahl steigt, Hunderttausende von neuen Immigranten stehen vor der Tür und wollen aufgenommen werden. Golda Meirs Regierungskabinett tagt seit Stunden. Die über riesigen Aktenbergen brütenden Minister schütteln resigniert die Häupter. Endlich unterbricht die eiserne Lady das bedrückende Schweigen:

»Jungs (womit sie den Ministerrat meint – für unnötige Titel und Floskeln hat man in Israel nichts übrig) – Jungs, ich habe eine tolle Idee! Wir erklären Amerika den Krieg, lassen uns besiegen und werden zur Kolonie. Damit lösen wir auf einen Schlag alle unsere Probleme!« *Eigentlich gar kein so schlechter Einfall, wenn man es recht bedenkt ...*

»Phantastisch, genial!« jubeln die Minister, klappen alle gleichzeitig ihre Aktendeckel zu und erheben sich mit knurrenden Magen.

Aber Golda Meir, deren angestrengt arbeitendes Gehirn keine Sekunde zur Ruhe kommt, kommen plötzlich Zweifel an ihrem eigenen Vorschlag. »Moment mal«, sagt sie. »Und was, wenn wir gewinnen?«

Ein Jude aus New York und einer aus Wilna treffen sich irgendwo auf der Welt. Es entspinnt sich eine angeregte Unterhaltung, in deren Verlauf man auf die eigenen Heimatgemeinden zu sprechen kommt.

»Wieviel Juden gibt es in Wilna?« fragt der New Yorker.

»Ungefähr achtzigtausend«, erwidert der Litauer. (Das war natürlich vor dem Holocaust.)

»Und wieviel *Gojim*?«

»Rund einhundert«, sagt der Litauer. »Gerade genug für die kleinen Sabbatverrichtungen – Ofen anzünden, Kerzen auswechseln, Sie wissen ja ... Und wieviel Juden hat New York?«

»Fast einhunderttausend«, entgegnet der andere.

»Schau mal an ... Und *Gojim*?«

»Zirka drei Millionen.«

»Ach, du lieber Schreck«, entfährt es dem Litauer. »Und was fangt ihr mit so vielen *Gojim* an?«

Diese Anekdote benötigt vielleicht eine kurze Erläuterung: Die wenigen, einigermaßen wohlhabenden Familien, die es in Osteuropa gab, hatten alle ihren *Schabbes-Goj*, sprich einen Christen, der am Sabbat – gegen dürftige Bezahlung – all jene Arbeiten für sie erledigte, die einem Juden an diesem Tag verboten sind, wie zum Beispiel den Kamin oder Ofen anzünden, Licht an- und ausmachen usw. In der soeben erzählten Geschichte wird dem Schabbes-Goj, der für gewöhnlich vom Land kam und oft bettelarm war, freilich eine eher »metaphysische« Rolle zuteil.

Auch die nächste Anekdote, die ich dem großen Leo Rosten verdanke, gehört noch in die Rubrik Chuzpe:

Die Häuserwände des kleinen Dorfplatzes sind mit riesigen Plakaten gepflastert: »Heute, 16. April, um Punkt vier Uhr wird der weltberühmte Seiltänzer und Akrobat Isidor Bloomgarten ein unerhörtes Kunststück vorführen: Er wird auf einem dünnen Seil und ohne Netz den Fluß überqueren! Eintritt: 25 Kopeken.« Nachmittags um vier hat sich das ganze Dorf am Fluß versammelt, keiner fehlt. Mit angehaltenem Atem starren die Leute hinauf zu dem Seil, das sich zwischen zwei hohen Bäumen von einem Ufer zum andern spannt. Der große Bloomgarten kommt absichtlich ein paar Minuten zu spät. Doch er sieht überhaupt nicht wie ein weltberühmter Akrobat aus: kein eng anliegendes Trikot, keine Pailletten, keine Brillantine im Haar. Ganz im Gegenteil: Er trägt uralte, breitgetretene Schuhe und eine halb verschlissene Jacke. Nichtsdestotrotz klettert er auf einen der beiden Bäume, prüft mit einem Fuß vorsichtig die Spannung des Seils und wendet sich dann aus der Höhe herab mit folgenden Worten an sein Publikum:

»Meine verehrten Damen und Herren, liebe Glaubensbrüder, ich muß Ihnen etwas gestehen. Ich bin kein weltberühmter Akrobat, sondern nur ein armer Schlukker, der sich ein paar Kröten verdienen muß, um nicht Hungers zu sterben. Wenn Sie wollen, kann ich versuchen, auf dem Seil hier den Fluß zu überqueren, aber höchstwahrscheinlich stürze ich schon nach ein, zwei Schritten ab und schlage mir an irgendeinem der Felsen dort unten im Wasser den Kopf ein. Und wenn ich nicht auf der Stelle mausetot bin, ersaufe ich wenig später, weil ich nämlich nicht schwimmen kann. Aber bitte: Wenn es Ihnen nichts ausmacht, einen armen Juden wegen fünfundzwanzig mieser Kopeken so erbärmlich krepieren zu sehen, dann brauchen Sie's mir nur zu sagen und ich gehe augenblicklich los ... Aber seien wir ehrlich, Herrschaften, wie viele von Ihnen möchten das wirklich?«

Ein aus Rußland stammender und seit kurzem in Amerika eingewanderter Jude sucht verzweifelt nach Arbeit, als er hört, daß eine Synagoge im Stadtzentrum einen *Schammes* sucht. Awroimele bewirbt sich und wird zu einem Vorstellungsgespräch eingeladen. Der Synagogenvorsteher erklärt ihm, worin seine Tätigkeit gegebenenfalls bestehen würde:

»Die Synagoge sauberhalten, zu den vorgeschriebenen Gebetsstunden auf- und danach wieder abschließen, Bücher und Gebetsschals verteilen und schließlich Spendenquittungen ausstellen.«

»Tut mir leid«, sagte Awroimele, »ich kann zwar einigermaßen lesen, aber schreiben habe ich nie gelernt.«

»Dann ist es uns leider nicht möglich, Sie einzustellen«, erwidert der Synagogenvorsteher. »Ein *Schammes* muß unbedingt schreiben können.«

Unser Awroimele zieht enttäuscht und niedergeschlagen von dannen. Kurz darauf leiht ihm ein Freund jedoch eine kleine Summe Geld, mit der er sich ein wenig Ware kauft, die er dann als ambulanter Händler auf dem Land vertreibt. Der Weg ist weit und unendlich beschwerlich, immer mit seinem Warenbündel auf dem Rücken, aber die Einkünfte können sich sehen lassen. Um es kurz zu machen: Ein paar Monate später eröffnet Awroimele einen Laden. Und um es noch kürzer zu machen: Innerhalb von wenigen Jahren ist Awroimele Besitzer einer ganzen Ladenkette.

Entschlossen, sein Unternehmen zum Konzern auszuweiten, begibt er sich eines Tages auf die Bank, um einen Kredit zu beantragen. Der Bankdirektor empfängt ihn in seinem luxuriösen Büro und Awroimele kommt ohne lange Umschweife zur Sache:

»Ich benötige sofort fünfzigtausend Dollar, Herr Direktor!«

»Kein Problem. Sie brauchen mir nur dieses Formular hier zu unterzeichnen«, erwidert der Direktor, ohne eine Sekunde zu zögern.

»Tut mir leid, aber ich kann nicht schreiben.«

»Was?! Sie können nicht schreiben und machen solche Umsätze? Donnerwetter! Was wäre dann erst aus Ihnen geworden, wenn Sie schreiben könnten?!«

»*Schammes*«, erwidert Awroimele seelenruhig.

Der israelische Geheimdienst ist weltberühmt. Spione aller Couleur, Geheimagenten, Schattenkabinette und dergleichen mehr betrachten den mythischen Mossad mit unverhohlenem Neid. Seine verwegenen Operationen, seine kühnen Überraschungsschläge, seine unerschrockenen Männer, die ihre Identität wechseln wie das Hemd, versetzen die Öffentlichkeit immer wieder in ehrfürchtiges Staunen. Kein Wunder also, daß der Mossad auch ins Who's Who des jüdischen Humors eingegangen ist:

Tel Aviv. Es ist spät in der Nacht, der Himmel sternenübersät. Dicht an die Häuserwände gedrängt, huscht der Agent 3,14 eine finstere Gasse entlang und verschwindet lautlos in einem Gebäude. Auf Sammetpfoten schleicht er die Treppe hinauf. Im zweiten Stock bleibt er stehen, umklammert mit einer Hand die Pistole in seiner Jackentasche und klopft mit der andern sacht an eine Wohnungstür. Keine Reaktion, alles bleibt totenstill. Unser Agent klopft noch einmal, diesmal etwas lauter. Schlurfende Schritte nähern sich der Tür, dann fragt eine alte, zittrige Stimme:
»Wer da?«
»Berkowitz?« fragt der Agent 3,14 leise zurück.
Die Tür öffnet sich und ein alter, gutmütig aussehender Mann steckt den Kopf heraus. »Guten Abend«, sagt er freundlich.
3,14 beugt sich etwas vor und zischt hinter vorgehaltener Hand: »In Jaffa sind die Pampelmusen reif.«
Herr Berkowitz hat verstanden:
»Ah, hier handelt es sich bestimmt um eine Verwechslung. Ich bin Berkowitz, der Uhrmacher. Der andere Berkowitz, der, den Sie suchen, der Spion, wohnt ein Stockwerk höher ... Gute Nacht!«

Berühmte Juden haben es nicht leicht: Man brüstet sich mit ihnen, aber man beneidet sie auch, und für gewöhnlich wird ihnen ebensoviel Bewunderung wie Mißgunst zuteil, denn sie sind wohl der Stolz der Familie, doch oft ziehen sie einfach zu viel Aufmerksamkeit auf sich, und das ist bekanntlich nie gut. Davon abgesehen: Wenn sie in positivem Sinne berühmt sind, schmücken sich sowieso die andern mit ihren Federn, dann ist der Jude plötzlich kein Jude mehr, sondern Franzose, Italiener, Deutscher, Amerikaner usw. Im gegenteiligen Falle sind und bleiben sie einfach nur Juden und dann wird es oft brenzlig – für sie selbst und für ihre Glaubensbrüder in Nah und Fern.

Im Zugabteil. Man plaudert miteinander und kommt am Ende unweigerlich auf Einstein und seine berühmte Theorie zu sprechen.

Sagt einer: »Also diese Relativitätstheorie, ich muß zugeben, daß ich die noch immer nicht richtig kapiert habe ...«

Erwidert ein anderer: »Ich schon, glaube ich. Einstein sagt ganz einfach folgendes: Zwei Dinge erscheinen einem gleich, obwohl sie einem nicht gleich erscheinen.«

»Also, jetzt verstehe ich noch weniger«, erwidert der erste verdattert. »Wenn mir zwei Dinge gleich erscheinen, wie können sie mir dann nicht gleich erscheinen? Und wenn sie mir nicht gleich erscheinen, wie können sie mir dann gleich erscheinen? Das ist doch Unsinn ...«

»Nein«, erwidert der zweite. »Passen Sie auf, ich gebe Ihnen ein Beispiel: Sie sitzen im Zug. Ihnen gegenüber läßt sich eine Art Genovefa nieder, die Sie mit den Augen verschlingt – in dieser Situation kommt Ihnen jede Minute wie eine Stunde vor. Irgendwann steigt das Scheusal aus und statt seiner kommt ein hübsches junges Mädchen ins Abteil. Nicht nur das, es setzt sich auch noch neben Sie und fängt an, Sie zu streicheln – wetten, daß Ihnen jetzt jede Stunde wie eine einzige Minute vorkommt?«

Schreit ein dritter: »Und das wäre Einsteins großartige Entdeckung? Ich denk, ich krieg die Motten ...«

Zwei Freunde diskutieren über Einstein.
»Irrsinnig kompliziert, seine Theorie. Ich hab sie nie ganz verstanden ...«
»Ich auch nicht, aber eins weiß ich sicher: Wenn sie sich als richtig herausstellt, werden die Deutschen sagen, daß Einstein Deutscher war, und die Franzosen, um sie zu ärgern, daß er Jude war. Wenn sie sich aber als falsch herausstellt, werden die Deutschen sagen, daß er Jude war, und die Franzosen, um sie zu ärgern, daß er Deutscher war ...«

Frage: Was ist ein Zionist?
Antwort: Ein Zionist ist ein Jude, der von einem andern Juden Geld verlangt, um einen dritten Juden ins Gelobte Land zu schicken ...

Es versteht sich von selbst, daß diese Definition in die Gründerjahre des Staates Israel zurückgeht, die Jahre der Begeisterung, der Stechmücken, der Kühe, die gemelkt sein wollten ... man weiß gar nicht, womit anfangen – nun eben in die Zeit der ersten jüdischen Ansiedlungen im zweitausend Jahre lang ersehnten Land, das mit seinen Sümpfen und Wüsten, mit seiner mörderischen Hitze und der schweren Plackerei nicht entfernt so paradiesisch war, wie man es sich erwartet hatte. Dazu folgende Anekdote:

Ein polnischer Jude zieht ins Gelobte Land. Er bleibt drei Monate in Tel Aviv und kehrt dann nach Polen zurück.

Ein Jahr später bricht er erneut auf; diesmal verbringt er sechs Monate in Jerusalem, bevor er wieder nach Polen zurückkehrt. Und so ein drittes Mal: acht Monate Haifa, dann wieder Polen.

Eines Tages wird er gefragt: »Sag mal, auf wessen Seite stehst du eigentlich? Polen oder Israel? Entscheide dich endlich!«

»Ich kann nicht«, erwidert er. »Auf der ganzen Welt gibt es nur einen Ort, an dem ich Ruhe finde: unterwegs zwischen Polen und Israel ...«

Die Seelenlandschaften überlagern sich, gehen ineinander auf und verschmelzen zu einem völlig neuen, facettenreichen Mosaik. Wie ein laienhafter und zugleich unerhört geübter Seiltänzer balanciert der Jude auf den Längen- und Breitengraden des Globus umher, und zwar nicht nur im Geiste und mit den Füßen, sondern vor allem mit dem Herzen.

Einige Jahre nach der Gründung Israels organisiert die jüdische Gemeinde von Chicago eine große Lotterie zur Unterstützung des jungen Staates. Erster Preis: Reise und einwöchiger Aufenthalt in Israel, dem Land, wo Milch und Honig fließen. Zweiter Preis: Reise und zweiwöchiger Aufenthalt ... Dritter Preis: Reise und dreiwöchiger Aufenthalt ...

Ein Vertreter des National Jewish Fund wirbt in einer jüdischen Schule in Polen für Israel. Um den Schülern das Gelobte Land schmackhaft zu machen, erzählt er ihnen von Tel Aviv, einer neu gegründeten Stadt, in der alle Juden sind.

»Auch die Lehrer?« will ein Junge wissen.

»Natürlich, auch die Lehrer«, erwidert der Vertreter des National Jewish Fund.
»Und die Polizisten?« fragt ein anderer.
»Die auch.«
»Und der Bürgermeister? Ist der auch Jude?«
»Selbstverständlich«, erwidert der Vertreter des National Jewish Fund voller Stolz. »Tel Aviv hat einen jüdischen Bürgermeister.«
An diesem Punkt faßt die ganze Klasse den Redner scharf ins Auge und fragt wie aus einem Munde:
»Und die *Gojim*, sind die auch Juden?«

Von dem Wort Goj, Plural Gojim, und seinen zahlreichen Bedeutungen wird in Kürze noch einmal die Rede sein. Klar, daß die Gojim für einen in der *Diaspora* lebenden Juden nicht aus der Landschaft wegzudenken sind – auch wenn die zweitausend Jahre währende »Gastfreundschaft« oft mehr eine »Gastfeindschaft« war ...

Auszug aus dem Brief eines deutschen Juden, der ins Gelobte Land »hochgezogen« ist und seiner in Berlin verbliebenen Tochter schreibt:
»Israel ist ein seltsames Land, in dem alles anders ist. Beispielsweise sind hier sogar die *Gojim* beschnitten, kannst du dir das vorstellen?«

Geben wir's ruhig zu, auch die Juden haben ihre Fehler, das wird der Leser inzwischen gemerkt haben. Der Rumäne gilt als diebisch, der Pole als besserwisserisch, der Galizier als langweilig und der deutsche Jude, nun, so unglaublich es klingt, der ist eben ein richtiger Deutscher – genau wie sein Landsmann, der Goj. Die Welt ist halt doch nur ein Dorf:

Ein russischer Jude fragt einen deutschen:
»Wie viele Eier kannst du auf leeren Magen essen?«
»Vier«, erwidert der deutsche Jude.
Der Russe grinst hämisch und sagt:
»Unmöglich! Nachdem du das erste gegessen hast, ist dein Magen nicht mehr leer! Haha!«
Der Deutsche ist entzückt von dieser Spitzfindigkeit und rennt augenblicklich zu einem jüdischen Landsmann, um ihm dieselbe Fangfrage zu stellen:
»Hör mal, Adolf, ich will dich was fragen. Wie viele Eier kannst du auf leeren Magen essen?«
»Drei«, erwidert der andere.
Der deutsche Jude schaut ihn enttäuscht an, zögert einen Moment und sagt dann:
»Schade. Wenn du vier gesagt hättest, hätte ich einen sehr geistreichen Witz machen können ...«

Ein polnischer Jude sagt zu einem deutschen Freund (selbstverständlich ebenfalls Jude):
»Die deutschen Juden sind alle strohdumm.«
»Na, hör mal! Wie kannst du einen solchen Unsinn behaupten?« fragte der Deutsche beleidigt.
»Von wegen Unsinn! Das kann ich dir beweisen. Wetten?« erwidert der Pole. Darauf führt er seinen Freund in einen deutschen Laden und verlangt vom Ladenbesitzer eine Schachtel Streichhölzer, die er auch augenblicklich hingelegt bekommt.
Der Pole schaut die Schachtel an, macht sie kurz auf und schüttelt den Kopf:
»Nein«, sagt er, »ich habe Streichhölzer gesucht, bei denen der Schwefel am andern Ende ist.«
»Tut mir leid, solche haben wir nicht.«

Die beiden Freunde grüßen und verlassen das Geschäft. Sagt der Pole:

»Siehst du, daß ich recht hatte? Ihr deutschen Juden seid alle strohdumm.«

Doch der Deutsche kapiert immer noch nicht:

»Warum? Dieser Mann hatte eben nicht, was du wolltest. Deshalb ist er doch nicht dumm ...«

Der Pole bricht in schallendes Gelächter aus und erklärt seinem deutschen Freund, weshalb er genauso dumm ist. Endlich fällt bei dem Deutschen der Groschen und er sagt zu dem Polen:

»Jetzt gehen wir aber in den Laden eines polnischen Juden! Du wirst sehen, er gibt die gleiche Antwort ...«

Der Pole ist einverstanden. Bald ist ein Geschäft gefunden, man geht hinein und die Szene wiederholt sich: Der Pole verlangt Streichhölzer, dann schüttelt er den Kopf und sagt, er will solche, bei denen der Schwefel am andern Ende ist. An diesem Punkt schnalzt der polnische Ladenbesitzer mit der Zunge, hebt bedauernd die Schultern und sagt:

»Solche hätte ich schon auch da, aber die kosten das Doppelte ...«

Ungeachtet der Mikwe, dem rituellen Tauchbad, dem sich die Juden zu besonderen Anlässen und möglichst oft unterziehen, hat sich das abstruse Vorurteil von der angeblichen Unreinlichkeit der Juden hartnäckig gehalten. So gibt es neben dem Bild des frommen Juden, der am Freitagabend mit Einbruch der Dämmerung, frisch geschniegelt und gebügelt, mit noch feuchtem Haar nach Hause kommt und sich – rein an Körper und Geist – anschickt, feierlich und voller Freude den Sabbat zu empfangen, so gibt es neben diesem

Bild also auch noch ein anderes. Der nächste Witz bringt es knapp auf den Punkt:

»Ich bade einmal im Jahr«, erzählt Treitel seinem Freund Godel. »Ob ich's nötig habe oder nicht.«

Ein Jude hat sich auf dem Markt eine Ziege gekauft.
»Was willst du denn mit einer Ziege?« fragt ihn ein Bekannter.
»Meine Frau hat Asthma und der Arzt hat ihr Ziegenmilch verschrieben.« (Sic! Aber früher schwörte man nun mal auf andere Heilmittel als heutzutage ...)
»Habt ihr denn einen Stall?«
»Nein, haben wir nicht. Die Ziege kommt zu uns in die Wohnung.«
»Und der Gestank?«
»Nu, sie wird sich wohl oder übel daran gewöhnen müssen ...«

Frumkin und Bunam sitzen nebeneinander auf einer Parkbank. Irgendwann beginnt Frumkin, sich fürchterlich auf der Brust zu kratzen.
»Was ist los?« grinst Bunam. »Hast du Flöhe?«
»Für was hältst du mich?« erwidert Frumkin gekränkt. »Ich bin doch kein Hund! Das sind Läuse ...«

Ein Paradebeispiel für talmudisches Denken:

»Warum schneiden die Söhne Israels sich am Vorabend des Sabbats die Nägel?«
Zalman, der brillanteste Schüler des Rabbi, beantwortet die Frage:
»Wozu sind dem Mensch Nägel gegeben? Damit er

sich kratzen kann. Da nun aber die Söhne Israels am Vorabend des Sabbats baden, sich gründlich abschrubben und frische Unterwäsche anziehen, haben sie keinen Grund mehr, sich zu kratzen. Sie brauchen ihre Nägel also nicht mehr und können sie deshalb ruhig abschneiden.«

Feinberg, Ostropowitz und Levinson unterhalten sich darüber, wer von ihnen »der Härteste« ist, sprich am unnachgiebigsten auf seinem Willen beharrt.

»Das bin mit Sicherheit ich«, sagt Feinberg. »Hört zu, was ich euch erzähle. Eines Abends komme ich ziemlich spät nach Hause. Meine Frau liegt bereits im Bett und hat die Haustür von innen abgeschlossen. Ich läute also, meine Frau wacht auf und schreit: ›Wer da?‹ Ich antworte ihr nicht. Ich denke mir, eine Frau muß ihren Mann daran erkennen, wie er läutet. Ich läute also noch einmal und sie schreit wieder: ›Wer da?‹, aber ich bleibe hart und sage nichts. Um es kurz zu machen: Ich hab die ganze Nacht auf dem Schuhabstreifer vor der Haustür verbracht, es war verdammt kalt, aber ich hab nicht nachgegeben. Nu, was sagt ihr? Bin ich ein harter Knochen oder nicht?«

»Pah«, erwidert Ostropowitz geringschätzig, »das ist ja noch gar nichts. Hört erst mal meine Geschichte an. Ich bin, wie ihr wißt, einigermaßen vermögend und habe nur eine einzige Tochter. Das Mädchen wird zur Frau und es kommt der Moment, sie zu verheiraten. An Bewerbern fehlt es ihr nicht, aber ich stelle eine Bedingung: Sie müssen sie so nehmen, wie sie ist, ohne Aussteuer, Mitgift oder anderweitige ›Gefallen‹. Man soll sie ihretwegen heiraten und nicht ihres Geldes wegen. Meine Frau gebärdet sich natürlich fürchterlich, sie schreit herum und heult, und meine Tochter heult auch, aber ich lasse mich nicht erweichen. Inzwischen kommen dem Mädchen bereits die ersten weißen Haare und sie ist noch immer Jungfer. Also, ich denke, härter kann man kaum noch sein.«

Levinson grinst nur mitleidig.

»Ihr reicht mir beide gerade bis zu den Knien«, sagt er und begleitet seine Worte mit der entsprechenden Geste. »In Sachen ›Härte‹ seid ihr Zwerge. Hört zu: Vor ein paar Tagen hatte ich Zahnweh und bin zum Zahnarzt gegangen. ›Welcher Zahn tut Ihnen weh?‹ fragt er mich und ich: ›Nu, als Zahnarzt müssen Sie das schon selbst rausfinden!‹ Er schaut mir also in den Mund und zieht mir einen Zahn. ›Falsch‹, sage ich, ›der war's nicht‹, worauf er mir einen zweiten zieht. ›Noch mal falsch‹, sage ich, ›der war's auch nicht!‹ Und so ging's gerade weiter. Acht Zähne hat er mir gezogen, bis er endlich den richtigen erwischt hat. Aber eins sage ich euch: Ich hätte mir lieber alle ziehen lassen, als diesem Kurpfuscher zu verraten, welcher mir weh tut.«

Haß kann sich, wie man weiß, überall einnisten ...

Im Zug, aber diesmal im Schlafwagen! (Das hätten Sie nicht erwartet, was?) In dem Zweibett-Abteil kommen »zufällig« ein Russe und ein Jude zusammen. (Das war dagegen klar, stimmt's?)

Nach einer Weile holt der Russe ein lecker aussehendes, üppig belegtes Brötchen aus dem Koffer. Der Jude schielt ihn schüchtern von der Seite an und sagt dann:

»Verflixt! Nu hab ich in der Eile ganz vergessen, mir was zu essen mitzunehmen ...«

Der andere bietet ihm augenblicklich die Hälfte seines

Brötchens an. Der Jude greift zu und bedankt sich überschwenglich.

Nach dem Essen zündet der Russe sich eine Zigarette an. Der Jude schielt bereits etwas frecher zu ihm hinüber und atmet begehrlich ihren Rauch ein:

»So was Dummes, vor lauter Eile hab ich ganz vergessen ...«

Der andere bietet ihm anstandslos eine von seinen Zigaretten an.

Um es kurz zu machen, die Szene wiederholt sich mit: Zeitung, Brille, Kopfkissen, Schlafanzug, Handtuch, Seife. Der arme Russe ist ziemlich genervt. Am Ende fragt er den Juden – wer weiß, ob aus einer bösen Vorahnung heraus oder einfach nur, um einen Scherz zu machen –:

»Nicht daß Sie vor lauter Eile noch vergessen habe, Ihre Zahnbürste einzupacken ...«

»Doch! Wie haben Sie das bloß erraten?« gibt der Jude zurück.

»Na ja, das war nicht besonders schwer. Aber eins sage ich Ihnen gleich: Meine Zahnbürste kann ich Ihnen leider nicht leihen ...«

»Dachte ich mir's doch gleich! Diese Antisemiten trifft man wirklich überall an ...«

Die nächste Anekdote spielt, sagen wir mal, im Hafen von Haifa – oder in neurer Zeit auch auf dem Flughafen Ben Gurion von Tel Aviv. Die Ankunft von Einwanderern sämtlicher Hautfarben, die mit ihrem Hausrat bepackt aus allen Ecken der Welt herbeiströmten, gab und gibt natürlich Anlaß zu vielen, auch lustigen Begebenheiten und Geschichten. Um die nächste zu verstehen, muß man wissen, daß den Neuankömmlingen eine – wenn auch eingeschränkte – Zollfreiheit gewährt wird, was viele dazu ausnützen, im Gelobten Land sogleich einen blühenden Handel aufzumachen:

Beim Zollamt. Ein soeben aus Minsk eingetroffener, magerer und etwas verwahrlost wirkender, alter Mann meldet fünf Kühlschränke an. Der Zollbeamte zeigt sich zu Recht verwundert:

»Fünf Kühlschränke? Wozu brauchen Sie bitte schön fünf Kühlschränke?«

»Nu, einen fürs Fleisch und einen für die Milch. Wissen Sie, ich bin sehr fromm und lege größten Wert auf koschere Küche.«

»Gut, das sind zwei Kühlschränke«, erwidert der Zollbeamte. »Und die anderen?«

»Also, zwei brauche ich für *Pessach*. Sie wissen ja, daß an diesen Tagen besonders strenge Vorschriften gelten, wir dürfen nichts Gesäuertes im Haus haben, weder Brot noch sonstwas, und wir müssen besonderes Geschirr und Küchengerät verwenden. Deshalb brauche ich eigens für *Pessach* zwei Kühlschränke, einen fürs Fleisch und einen für Milch und Milchprodukte.«

»Damit wären wir bei vier«, sagt der Zollbeamte. »Und nun verraten Sie mir noch, wozu Sie den fünften Kühlschrank brauchen ...«

Der Alte schielt ihn von unten herauf an und erwidert mit gesenkter Stimme:

»Nu, wär doch möglich, daß ich eines Tages Lust auf eine Scheibe Schinken kriege, und die muß ich doch auch irgendwo aufbewahren, oder?«

Interkonfessioneller Dialog

Der nächste Witz ist wieder ein Klassiker (so ungern wir es zugeben):

Ein alter Jude mit weißem Bart und schwarzem Hut betritt einen Juwelierladen. Er möchte seiner Frau zum fünfzigsten Hochzeitstag ein Geschenk machen und so läßt er sich ein silbernes Kreuz zeigen, das er im Schaufenster gesehen hat.
»Was kostet das?« fragt er bange.
»Zweihundert Dollar.«
»Und ohne den Turner?«

Und zum Ausgleich:

Frage: Woraus kann man schließen, daß Jesus zur Gemeinde gehört (sprich, Jude war)?
Antwort:
1. Er war mit dreißig ledig und hat immer noch bei seiner Mutter gewohnt.
2. Er arbeitete im Betrieb seines Vaters.
3. Er war felsenfest überzeugt, seine Mutter sei Jungfrau.
4. Seine Mutter vergötterte ihn.

Maria und Josef sind unterwegs nach Jerusalem. Die schwangere Maria reitet auf einem Esel, Josef geht zu

Fuß nebenher. Plötzlich stolpert er, stürzt und verstaucht sich den Knöchel. »Jesus noch mal! Mußte mir das ausgerechnet jetzt passieren?!« Maria schaut ihn an und sagt: »Jesus? Hübscher Name. Wenn's ein Junge wird, wollen wir ihn so nennen.«

Der Papst ist auf Besuch in New York. Ein langer, blitzender Wagenkonvoi eskortiert ihn durch Brooklyn. Reb Garelik, der vom Fenster seiner ärmlichen Wohnung aus zuschaut, schüttelt den Kopf und seufzt: »Man sollte nicht glauben, daß die mal mit einem Esel angefangen haben ...«

Ein katholischer Priester fragt einen Rabbiner, warum die jüdischen Mädchen so früh verheiratet werden. »Lieber Kollege, in der Vergangenheit hat eins von unsern Mädchen – sie hieß Maria – mal zu spät geheiratet und an den Folgen knabbern wir heute noch!«

Der alte Awigdor ist drauf und dran, den Löffel abzugeben. Es ist tiefe Nacht, draußen stürmt's und schneit's wie im sibirischen Winter. Awigdor ruft mit zittriger Stimme nach seiner Frau:
»Rachel, laß einen Pfarrer holen, ich sterbe ...«
»Einen Pfarrer?« fragt seine Frau entsetzt. »Phantasierst du, Awigdor, oder bist zu übergeschnappt? Einen Rabbiner wolltest du wahrscheinlich sagen!«
»Nein, Rachel, ich wollte wirklich einen Pfarrer sagen.«
»Gott steh mir bei, was ist los mit dir, Awigdor, was fällt dir ein? Du wirst doch nicht in letzter Minute übergetreten sein?«
»Nein, keine Angst, Rachel. Es täte mir bloß leid, unseren Rabbiner bei dem Sauwetter stören zu müssen.«

Auch Jankele liegt im Sterben. Auch er verlangt nach einem Pfarrer. Auch seine Frau ist völlig von den Socken:
»Jankele! Was, zum Teufel, fällt dir ein? Dein Leben lang warst du ein frommer Jude. Willst du dich ausgerechnet jetzt noch taufen lassen?«
»Ja, Esther. Besser, es stirbt einer von denen als einer von uns.«

Goj ist ein sehr altes Wort, das schon in der Bibel vorkommt und früher einmal schlicht »Volk« bedeutete. Davon abgesehen meint Goj aber auch (und zwar ebenfalls seit Urzeiten) den »Anderen« schlechthin, also jedermann, der nicht Jude ist. Und da dieser »Andere« uns Juden für gewöhnlich nicht gerade freundlich gesinnt war, ja im Gegenteil eine feindselig eingestellte und obendrein erdrückende Mehrheit darstellte, hat das Wort Goj viele Unter- und Nebenbedeutungen gewonnen, die etwas schwer zu erklären sind, da in ihnen alles mögliche, auch Widersprüchliches zusammenkommt: krankhaftes Mißtrauen und gesunde Vorsicht, Verachtung und Ehrfurcht, Verschlossenheit, aber auch Vertraulichkeit – vor allem sogar Vertraulichkeit; Vertraulichkeit diesem »Anderen« gegenüber, mit dem man wohl oder übel doch fast zwei Jahrtausende gemeinsamer Geschichte teilt. Zugegeben: wenn wir jemanden einen Goj nennen, so halten wir ihn für ein bißchen dumm, aber es ist kein böses Schimpfwort, denn irgendwie liegt uns dieser Goj ja auch am Herzen – was eigentlich nur eine Folge der langen, gegenseitigen Gewöhnung sein kann.

Ein Jude, der sich vor kurzem hat taufen lassen, wird gebeten, in der Sonntagsmesse eine kurze Ansprache zu halten. Stolz erklimmt er die Kanzel und beginnt:
»Meine lieben *Gojim* ...«

Ähnliches gibt es von einem anderen Juden zu berichten, der sich allerdings nicht nur taufen läßt, sondern sogar Priester wird. Bei seiner ersten Predigt ist der Erzbischof in Person zugegen. Nach der Messe geht unser junger Pfarrer zu dem hohen Prälaten, gespannt darauf zu erfahren, wie seine Predigt angekommen ist.

»Ausgezeichnete Ansprache«, lobt ihn der Bischof. »Du hast den Bibeltext fabelhaft ausgelegt und außerdem großes Redetalent und geistige Tiefe bewiesen. Nur wär's vielleicht besser, wenn du in Zukunft nicht jeden zweiten Satz mit ›wir *Gojim*‹ beginnen würdest.«

Das Lob des Rabbiners, oder besser das übertriebene Lob des Rabbiners ist ein beliebter Gegenstand des jüdischen Witzes:

Ein *Chassid* lobt seinen Rabbi in den höchsten Tönen: »Reb Zeinvel, mein Rabbi, ist ein Weiser und ein Gelehrter, wie es keinen Zweiten auf der Welt gibt. Das reinste Genie. Selbst der Papst sucht bei ihm Rat, wenn er wichtige Entscheidungen zu fällen hat. Unlängst sind die beiden in den vatikanischen Gärten zusammen spazierengegangen, zwei Touristen haben ihnen von einem Fenster des Museums aus zugeschaut, und wissen Sie, was sie gesagt haben? ›Wer ist denn der *Goj*, der da neben Rabbi Zeinvel geht?‹ Das habe ich mit eigenen Ohren gehört ...«

Hier dagegen die weniger klerikale Version von Marc Hillel:

Drei Juden unterschiedlicher Strömungen streiten wie gewöhnlich darüber, wer den besten Rabbi hat, und diesmal werden wirklich große Geschütze aufgefahren:

»Mein Rabbi«, sagt der erste, »war neulich in Paris. Ohne jede Voranmeldung ist er vom französischen

Staatspräsidenten höchstpersönlich empfangen und zu einer langen Privataudienz eingeladen worden. Danach hat er an einem Galadiner teilgenommen und zum Abschluß des Tages hat ihn der Präsident in die Oper eingeladen – Ehrenloge, versteht sich.«

»Bagatellen«, erwidert der zweite abfällig. »Unser Rabbi hat die ganze letzte Woche im Buckingham Palast verbracht – als Gast der königlichen Familie! Die Queen hat zu seinen Ehren jeden Abend einen Empfang gegeben. Und am Ende wollten sie ihn gar nicht wieder gehen lassen.«

»Daß ich nicht lache«, erwidert der dritte. »Mein Rabbi war vor kurzem zu Gast bei Mussolini. Der *Duce* hat auf dem Quirinal ein großes Essen für ihn gegeben. Am nächsten Tag hat er ihn in einem offenen Sportwagen durch die Ewige Stadt chauffiert, während die Menschenmassen ihnen zujubelten. Auf dem Petersplatz angekommen, lehnte wie üblich der Papst an seinem Fenster, und als er die beiden sah, beugte er sich zu einem seiner Kardinäle hinüber und flüsterte ihm ins Ohr: ›Haben Sie eine Ahnung, wer der *Goj* ist, der da neben dem Rabbiner Rosenbaum sitzt?‹«

Und das wäre die moderne mediengerechte, beinahe schon prophetische Version:

Der Papst ist auf Staatsbesuch nach Israel gekommen. Das denkwürdige Ereignis wird auf einem Foto festgehalten, auf dem der Heilige Vater und der israelische Premierminister lächelnd nebeneinanderstehen. Es erscheint auf den Titelblättern sämtlicher Tageszeitungen mit der Bildunterschrift:
»Der Papst ist der mit dem Käppchen.«

Itzhak Goldstein, ein neureicher amerikanischer Jude, möchte sich unbedingt in einen exklusiven Club einschreiben, zu dem Juden normalerweise keinen Zutritt haben. Es liegt ihm so viel daran, daß er sogar bereit ist, den Namen zu wechseln. Und schwuppdiwupp ist aus Itzhak Goldstein ein vornehmer Philippe de la Closerie geworden – zumindest in der Version von Marc Alain Ouaknin und Dory Rotnemer. Henry Eilbirt erzählt uns, wie es weitergeht:

Der Kandidat bereitet sich gründlich auf seine Aufnahme in den Club vor. Er besucht eine Rezitationsschule, um sich den jiddischen Akzent abzugewöhnen und das perfekte Boston-Englisch zu erlernen, kauft sich im Nobelgeschäft Brooks Brothers eine komplette neue Garderobe, läßt sich von einem Schönheitschirurgen die Nase korrigieren, schneidet sich die Haare und tauscht seine Goldrandbrille gegen Kontaktlinsen. Endlich ist es soweit: Um reguläres Clubmitglied zu werden, braucht Philippe de la Closerie nur noch ein paar Fragen zu beantworten.

»Wie heißen Sie?«

»Philippe de la Closerie«, erwidert unser Bewerber stolz.

»Und welchen Beruf üben Sie aus, wenn ich fragen darf?«

»Ich besitze ein Handelsunternehmen.«

»Sehr schön. Und Sie wohnen ...?«

»In Long Beach, Yard Lane 8.«

»Ausgezeichnet. Nun schreibt mir unsere Satzung noch eine letzte Frage vor. Ich möchte ja nicht indiskret sein, aber wir sollten noch wissen, was Sie sind, ich meine, welcher Religion Sie angehören.«

»Kein Problem. *Goj*, natürlich!«

Brit Mila, Beschneidungszeremonie. Der Hausherr und Vater des Kindes ist ein ziemlich reicher Mann. Zur Feier des Tages macht er sowohl dem Beschneider als auch dem zukünftigen Hauslehrer seines Sohnes, der ebenfalls anwesend ist, ein Geldgeschenk. Der Beschneider erhält zehn Goldmünzen, der Hauslehrer zu seiner Enttäuschung nur zwei.

»Verzeihung, Herr Lewinsky«, wagt der Lehrer deshalb einzuwenden, »ist das nicht ein bißchen ungerecht? Immerhin werde ich mich tage-, monate-, ja jahrelang um den Jungen kümmern, während sich der Beschneider gerade mal eine Stunde mit ihm abgegeben hat.«

»Keine Sorge, Israel, ich weiß schon, was ich tue«, erwidert der Hausherr prompt. »Überleg doch mal: Zum Beschneider kommt mein Sohn als *Goj* und geht als Jude, zu dir dagegen kommt er als Jude und gehen tut er wahrscheinlich als *Goj* ...«

Der nächste ist kürzer, aber um so böser:

Der langjährige, treue Sekretär eines jüdischen Bankiers tritt zum Christentum über. Am Tag darauf geht er, als wäre nichts geschehen, zur Arbeit, schreibt wie üblich ein paar Briefe und legt sie dem Bankier zur Unterschrift vor.

Der Bankier liest die Briefe durch und entdeckt ein paar Fehler.

»Jetzt ist er gerade vierundzwanzig Stunden *Goj*«, knirscht er zornig und zerreißt die Blätter, »und schon sieht man die Folgen.«

Interkonfessioneller Kongreß. Nach Abschluß der Arbeiten gibt es ein Galadiner für alle Teilnehmer. Ein Bischof kommt neben einem Rabbiner zum Sitzen. Es wird Schweinebraten aufgetragen. Der Rabbiner lehnt höflich ab.

»Was ist, mögen Sie keinen Braten, lieber Kollege?« fragt der Bischof ihn boshaft.

»Braten schon, aber ich darf kein Schweinefleisch essen, verehrter Bischof. Das verbietet mir meine Religion«, erwidert der Rabbiner.

»O wie schade! Sie wissen ja nicht, was Ihnen da entgeht!«

Drei Stunden später ist das Abendessen zu Ende und die Kongreßteilnehmer verabschieden sich voneinander.

»Gute Nacht, Herr Bischof«, sagt der Rabbiner. »Und schöne Grüße an die Frau Gemahlin!«

»Auch Ihnen eine gute Nacht, Herr Rabbiner, aber ich bin nicht verheiratet.«

»Ach nein?« fragt der Rabbiner mit einem ironischen Lächeln. »Und weshalb nicht?«

»Weil meine Religion es mir verbietet.«

»O wie schade! Sie wissen ja nicht, was Ihnen da entgeht!«

Dieser Witz ist mehr als ein Klassiker, er gilt als regelrechtes Dogma des jüdischen Humors.

Vollständigkeitshalber will ich Ihnen auch noch die traditionellere Version von Drujanow vorstellen:

Bischof und Rabbiner sind zu einem Bankett beim König eingeladen, der die Höflichkeit besitzt, dem Rabbiner koschere Speisen in koscherem Geschirr vorsetzen zu lassen. Der Bischof studiert neugierig das Essen seines Kollegen und fragt ihn dann spöttisch: »Lieber Herr

Rabbiner, meinen Sie, es kommt einmal der Tag, an dem wir beide aus derselben Schüssel essen?«

Der Rabbiner wirft ihm einen langen, mitleidigen Blick zu und sagt:

»So Gott will, am Tag Ihrer Hochzeit, lieber Herr Bischof ...«

Und da aller guten Dinge drei sind, hier noch eine dritte, etwas pikantere Version:

»Seien Sie ehrlich, Rabbi, haben Sie noch nie in Ihrem Leben Schinken gegessen, nicht mal eine einzige Scheibe, ganz hauchdünn?« fragt der Bischof.

»Nun ja, doch, ich geb's zu, ein Mal, aus purer Neugier«, erwidert der Rabbiner. »Aber jetzt möchte ich Sie auch etwas fragen, Eminenz ... ich meine, wo wir schon dabei sind, uns gegenseitig unsere Sünden zu beichten. Haben Sie schon mal mit einer Frau geschlafen?«

Der Bischof senkt den Blick.

»Ein Mal«, gesteht er leise. Und dann etwas lauter: »Ein einziges Mal, nicht öfter! Meine Haushälterin war krank und ihre Nichte vom Land hat sie vertreten ...«

Der Rabbiner zwinkert ihm verschmitzt zu:

»Hundertmal besser als Schinken, was?«

Und was nun kommt, ist wirklich echter Dialog zwischen den Konfessionen:

Moischele geht Fritz besuchen (und mit diesem Namen kann man selbstverständlich nur Goj sein). Fritz sitzt beim Mittagessen. Als guter Freund bietet er Moischele an, sein Schweinekotelett mit ihm zu teilen.

»Das ist nett von dir, aber wir Juden dürfen kein Schweinefleisch essen«, sagt Moischele.

Fritz ißt sein Kotelett also alleine auf und schenkt dann zwei Gläser Rotwein ein, eins für sich und eins für den Freund. Doch Moischele lehnt wieder ab:

»Danke, Fritz, aber diesen Wein darf ich als Jude nicht trinken.«

Fritz ist verwundert.

»Verstehe ich nicht«, sagt er. »Nehmen wir mal an, du bist auf Reisen und hast deinen ganzen Proviant aufgebraucht, was würdest du machen? Lieber verhungern und verdursten, als von uns was anzunehmen?«

»Nein, Fritz. Wir haben nämlich ein Sondergesetz, das *Piquach nefesch*, das uns von allen anderen Gesetzen freispricht, wenn wir in Lebensgefahr sind.«

Gesagt, getan: Fritz steht auf, zieht seine Pistole aus der Tasche, setzt sie Moischele an die Schläfe und befiehlt:

»Trink den Wein aus! Sonst erschieße ich dich.«

Mit einem Seufzer greift Moischele nach dem Glas und leert es in einem Zug. Fritz wartet, bis er fertig ist, dann läßt er die Pistole sinken und meint grinsend: »Bist du jetzt böse auf mich?«

»Böse nicht«, erwidert Moischele nach kurzem Nachdenken. »Nur schade, daß du nicht früher auf diesen Einfall gekommen bist, als du noch dein Kotelett auf dem Teller hattest ...«

Doch nicht nur über Kulinarisches lohnt es sich zu »dialogisieren«:

Ein Bischof zu einem Rabbiner:

»Erklären Sie mir eins, Herr Rabbiner: Wenn Ihrem

Gott doch so viel an der Beschneidung liegt, warum läßt er die Juden dann nicht gleich beschnitten zur Welt kommen?«

»Erklären Sie mir eins, Herr Bischof: Wenn Ihrem Gott so viel am Zölibat liegt, warum läßt er die Bischöfe dann nicht gleich kastriert zur Welt kommen?«

Der arme Gotzel ist von einer Straßenbahn angefahren worden und alles deutet darauf hin, daß er seinen schweren Verletzungen erliegen wird. Der Gendarm ruft einen Pfarrer, damit er ihm die Letzte Ölung gibt. »Glaubst du an die Heilige Dreieinigkeit, Vater, Sohn und Heiliger Geist?« fragt der Pfarrer. Gotzel bringt kaum noch die Augen auf, aber er röchelt: »Da ist einer am Krepieren und dieser Idiot will Rätselraten spielen ...«

Heutzutage bringt man die Dinge gerne etwas durcheinander:

Ein vornehm gekleideter Herr betritt eine Buchhandlung in Brooklyn: »Ich hätte gerne eine schöne Talmudausgabe.«

»Tut mir leid«, erwidert der Buchhändler, »im Moment habe ich gar keinen Talmud da, aber ich könnte einen für Sie bestellen, der wäre in etwa drei Wochen hier.«

Der Kunde überlegt einen Moment und sagt dann:

»Nein, das ist zu spät. Wissen Sie, ich wollte ihn meinem Rabbiner zu Weihnachten schenken.«

Spanien zur Zeit der Inquisition. Die Juden, die sich unter Zwang oder um der Vertreibung im Jahr 1492 zu entgehen, haben taufen lassen, die sogenannten *Conver-*

sos, sind beständigen Verdächtigungen ausgesetzt und werden Tag und Nacht von den Schergen des berühmt-berüchtigten, geistlichen Gerichts bespitzelt. Könnte ja sein, daß sie nur zum Schein übergetreten sind und heimlich weiter ihren alten, ketzerischen Bräuchen frönen! An einem Freitag – der Tag, an dem die Katholiken bekanntlich kein Fleisch essen dürfen –, erscheint im Haus von Pablo de Vasco, ehemals Abraham de Leon, völlig unangemeldet ein Dominikanermönch zum Abendessen, und was muß er auf dem Tisch entdecken? Ein fettes, knusprig gebratenes Huhn!

»Was?!« schreit er indigniert. »Du wagst es, am heiligen Fasttag Huhn zu essen, verruchter Ketzer?!«

»Aber nein, Bruder Jakob, Ihr täuscht Euch, das ist kein Huhn, das ist Fisch!«

»Willst du mich obendrein veräppeln, elender Kerl?!«

»Nie im Leben, Bruder Jakob! Ich habe es genauso gemacht wie Ihr: Ich hab ein bißchen Wasser über das Vieh gespritzt, das Kreuzeszeichen gemacht und gesagt: ›Du warst Huhn, jetzt bist du Fisch, du warst Huhn, jetzt bist du Fisch.‹ Und schwuppdiwupp, hier liegt der Fisch!«

Moderne Version:

Ein katholischer Pfarrer tauft einen Juden und am nächsten Tag trifft er ihn zufällig im Restaurant. Obwohl Freitag, also Fastentag ist, verspeist unser ehemaliger Jude mit sichtlichem Genuß ein großes Stück Saftbraten. Als er die kritische Miene des Pfarrers bemerkt, wehrt er sofort ab:

»Keine Sorge, Pater, das ist Fisch.«

»Fisch? Nicht genug, daß du ein Ketzer bist, jetzt lügst du auch noch. Das ist ja wirklich die Höhe!«

»Aber wo denken Sie hin, Hochwürden? Ich bin weder ein Ketzer, noch lüge ich. Im Gegenteil, ich habe es genau so gemacht wie Sie. Erst haben Sie mich mit Wasser bespritzt und dann haben Sie gesagt: ›Du warst Jude, aber jetzt bist du Christ.‹ Ich habe meinen Braten auch mit Wasser bespritzt und dann zu ihm gesagt: ›Du warst ein Braten, ab jetzt bist du gekochter Fisch.‹«

Auch dieser Witz spielt in Spanien, aber in heutiger Zeit. Ein jüdischer Amerikaner besichtigt die Sehenswürdigkeiten Granadas. Unter anderem kommt er in eine prächtige Kirche, deren Küster sich gegen ein kleines Trinkgeld zu einer Führung bereit erklärt. »Sehen Sie, dort haben wir eine wundertätige Madonna«, sagt er, indem er auf eine kleine Marmorstatue deutet. »Wenn sie einen Juden sieht, fängt sie an zu weinen.«

»Falsch!« erwidert der Besucher triumphierend. »Falsch, denn ich bin Jude und die Madonna weint nicht ...«

»Pscht!« flüstert der Küster. »Ich auch ...«

Ein Pfarrer und ein Rabbiner, die sich seit langem kennen, plaudern miteinander. »Hör mal, Abraham«, sagt der Pfarrer, »ich möchte, daß du mir ein paar Dinge erklärst, die eure Religion und euer Volk betreffen. Mittlerweile sind wir ja alte Freunde, da bist du mir sicher nicht böse, wenn ich dir ein paar Fragen stelle. Also, erstens: Warum legt ihr Juden so viel Wert auf die Bildung eurer Kinder und laßt sie so lange lernen und studieren? Meinst du nicht, ein bißchen Baseball täte ihnen auch gut? Zweitens: Als ich mal eine eurer Synagogen besichtigte, habe ich mich gewundert, wieviel Lärm ihr beim Beten macht. Findest du das nicht unpassend für eine Kultstätte? Von euren Beerdigungen ganz zu schweigen – Gesänge, Klagen, Jammern! Deshalb meine dritte und letzte Frage: Weshalb geleitet ihr eure Toten mit einem solchen Trara zu Grabe? Ist das nicht pietätlos?«

Der Rabbiner denkt kurz nach, dann gibt er seinem Kollegen bereitwillig Antwort:

»Gute Fragen, aber ich merke, du weißt noch sehr wenig über uns Juden. Kommen wir zu deiner ersten Frage – also ob ein bißchen Baseball unsern Kindern nicht guttäte. Dazu will ich dir folgendes sagen, lieber Kollege: Knüppel und Schläger haben wir während der Pogrome mehr als genug gesehen – und zu spüren bekommen. Das war ja der Grund, weswegen wir nach Amerika gekommen sind: um nie wieder solche Greuel zu erleben oder auch nur daran erinnert zu werden. Was deine zweite Frage betrifft, lieber Kollege, so mußt du wissen, daß unser Gott um einiges älter ist als eurer. Wir nehmen an, daß er im Lauf der Zeit ein bißchen schwerhörig geworden ist. Deshalb sprechen wir in der Synagoge laut, damit er uns hören kann. Und wenn ich mir deine dritte Frage so überlege, muß ich dir eigentlich völlig recht geben: Mir sind zehn von euren Beerdigungen lieber als eine einzige von unseren.«

Ein Jude und ein Franzose unterhalten sich über die Dreyfus-Affaire.

»Wir haben Hauptmann Dreyfus schweres Unrecht angetan«, sagt der Franzose. »Er war kein Landesverräter, sondern ein ergebener Diener unseres Staates. Man sollte ihn als Schadensausgleich zum Oberst befördern.«

»Zum Oberst? Das ist viel zu wenig«, erwidert der Jude verächtlich.

»Du hast recht. Er hätte es verdient, General zu werden«, nickt der Franzose.
»General ist auch noch zu wenig!«
»Was willst du mehr? Zum Gott können wir ihn ja schlecht befördern.«
»Warum nicht?« erwidert der Jude lächelnd. »Das wäre nicht der erste Fall: Vor längerer Zeit ist schon mal einer von uns ungerecht verurteilt worden, und später haben sie ihn zum Gott ausgerufen ...«

Womit bewiesen wäre, daß die Geburt Jesu für seine ehemaligen Glaubensbrüder nicht nur Grund zu Trauer und Qual ist – viele bilden sich auch etwas darauf ein, geben wir's ruhig zu. Und Jesu brillante Karriere war nicht nur ein immens folgenreiches, historisches Ereignis – sie ist auch die heimlich gehegte Ambition so manches unserer Zeitgenossen.
Daß Jesus Christus de facto und trotz allem Jude war, ist fest im jüdischen Bewußtsein verankert. Keiner würde offen damit prahlen, aber ein bißchen stolz sind alle darauf. Und selbst wenn wir aus diesem Bewußtsein keine direkten Besitzansprüche ableiten, verbindet uns mit diesem Jesus doch eine respektvolle und auch respektgebietende Vertraulichkeit ...

Hans Schmid, ein protestantischer Pastor, klopft an die Paradiespforte. Der heilige Petrus empfängt ihn aufs freundlichste und ruft im Computerarchiv seine Personalakte auf. »Kompliment, Pastor Schmid! So viele gute Werke, so viel Nächstenliebe und Opferbereitschaft sind eine Seltenheit. Dafür bekommen Sie einen besonders schönen Platz im Himmel – oberste Luxuskategorie! Nur mit den Flügeln und dem Heiligenschein müssen Sie sich etwas gedulden. Wenn wir Ihnen inzwischen dieses Fahrzeug zur Verfügung stellen dürfen: ein Mercedes, er gehört Ihnen! Und hier ist die Adresse Ihrer himmlischen Wohnung, sie ist selbstverständlich mit allem Komfort ausgestattet.«

Pastor Schmid ist begeistert – zu Lebzeiten hat er nie einen Mercedes besessen. Er setzt sich also in den Wagen, läßt den Motor an und fährt los. Nach kaum fünfhundert Metern wird er von einem schnittigen Cadillac in rasantem Tempo überholt. Schmid hat gerade Zeit, einen katholischen Pfarrer im schwarzen Talar am Steuer zu erkennen. Die Sache gefällt ihm nicht. Er kehrt also zur Paradiespforte zurück.

»Verzeihung, eine Frage«, sagt er zum heiligen Petrus. »Ich bin gerade von einem katholischen Pfarrer mit Cadillac überholt worden. Wie kommt es, daß der einen Cadillac hat und ich nur einen Mercedes? War er vielleicht ein besserer Christ als ich?«

»Lassen Sie mich erklären, das ist ganz einfach. Wie Sie wissen, lieber Pastor, bleiben Sie hier oben nicht ewig alleine. Früher oder später bekommen Sie Gesellschaft von Ihrer Frau und Ihren Kindern. Das ist doch schön, nicht? Aber was ist mit dem katholischen Pfarrer? Er hat das Zölibat gewählt, auf Fleischeslust und Vaterfreuden verzichtet. Dafür mußten wir ihn doch irgendwie entschädigen, oder? Sehen Sie, und deshalb haben wir ihm einen Cadillac geschenkt.«

»Verstehe«, erwidert der Pastor halblaut und fährt mit seinem Mercedes wieder davon. Doch der Himmel birgt weitere Überraschungen für ihn: Als er wenig später vor einer roten Ampel steht, hält doch tatsächlich ein riesiger Rolls Royce neben ihm, und wer sitzt am Steuer? Ein Rabbiner – eindeutig an seinem Käppchen zu erkennen.

Das ist zuviel. Der Pastor ist außer sich. Mit quietschenden Reifen vollführt er einen U-Turn und rast zur Himmelspforte zurück. »Das mit dem Pfarrer kann ich ja noch verstehen«, schnauzt er den heiligen Petrus an. »Aber der Rabbiner mit dem Rolls Royce, was sagen Sie mir zu dem, hä?«

Petrus schaut ihn verwundert an und erwidert dann mit einem nachsichtigen Lächeln: »Hören Sie, Schmid, keiner will Sie benachteiligen, aber er – also der Rabbiner – gehört nun mal zur Familie, er ist ja ein Verwandter vom Chef.«

Der alte Frumkin ist wegen eines Beckenbruchs in ein katholisches Krankenhaus eingeliefert worden. Am Tag darauf erscheint eine mürrische Klosterschwester und fragt ihn, wem die Rechnung geschickt werden soll. »Ach, Schwester, mir ist nur noch eine einzige Verwandte geblieben«, jammert der alte Frumkin. »Eine alte Jungfer, die zum Christentum übergetreten und obendrein Nonne geworden ist.«

Keine sehr taktvolle Antwort, geben wir's zu. Die Schwester wirft ihm einen giftigen Blick zu und sagt: »Nehmen Sie bitte zur Kenntnis, daß wir Nonnen keine alten Jungfern sind. Wir sind mit Jesus Christus, unserm Herrn, verheiratet.«

»Nu, bestens!« erwidert Frumkin schlagfertig. »Dann schicken Sie die Rechnung bitte meinem Schwager!«

Zeitlin geht zum Pfarrer, um das Sakrament der Taufe zu empfangen und Katholik zu werden. »Ein weiser Entschluß«, sagt der Pfarrer. »Was hat dich denn dazu bewogen, mein Sohn?«

»Nu, wissen Sie, Hochwürden«, erwidert Zeitlin seelenruhig, »meine Familie hackt ständig auf mir herum. So hab ich mir gesagt, Zeitlin, hab ich mir gesagt, gib ihnen einen Grund, sich zu schämen.«

Epstein geht zu einem *Goj*, der eine Wohnung zu vermieten hat. Der *Goj* sieht ihn schräg an, grinst und sagt:
»Bedaure, aber an Juden vermiete ich nicht.«
Epstein denkt kurz nach und sagt dann:
»Ah, jetzt verstehe ich ...«
Seine Antwort bringt den *Goj* sichtlich aus dem Konzept.
»Was verstehen Sie?« fragt er gereizt.
»Warum Jesus in einem Stall zur Welt kam.«

Markus Levy sucht einen protestantischen Pastor auf, wild entschlossen, seiner Kirche beizutreten. »Wenn du deine Wahl wirklich aus Überzeugung getroffen hast«, sagt der Pastor in väterlichem Ton, »so wisse, daß du ab heute wie neu geboren sein wirst.« Markus Levy ist begeistert, aber er hat noch einen Wunsch: »Wo ich schon neu geboren werde, könnte ich da nicht auch einen neuen Namen bekommen?« Der Pastor hat nichts einzuwenden: »Aber sicher. Wie würdest du denn gerne heißen?« Markus denkt kurz nach. »Martin Luther möchte ich heißen«, sagt er dann. Der Pastor schaut ihn an, wie der Rabbiner ihn angeschaut hätte, wenn er ihn beim Verspeisen eines Schinkenbrötchens erwischt hätte. »Das geht nicht!« schreit er dann entsetzt. »Martin Luther gibt es nur einen!« – »Nu, wenn es so ist, konveniert mir die Sache nicht«, meint Markus Levy schulterzuckend und macht Anstalten zu gehen. Der Pastor traut seinen Ohren nicht: »Was heißt hier ›konveniert mir nicht‹? Willst du etwa sagen, daß für dich alles vom

Namen abhängt?« Markus Levy nickt: »Ja, Herr Pastor, so ist es. Wenn ich nicht Martin Luther heißen kann, müßte ich ja sämtliche Monogramme in meinen Hemden ändern lassen ...«

Der kleine John fragt seinen Vater: »Papa, mit wieviel Jahren wird man eigentlich Jude?« – »Dumme Frage! So etwas wird man doch nicht, so etwas ist man – oder eben nicht.«
Der Junge ist nicht überzeugt. Irgendwie geht seine Rechnung nicht auf! »Das stimmt nicht, Papa. Nimm zum Beispiel mich: Ich bin zehn Jahre alt und Katholik. Du bist vierzig und auch noch Katholik. Aber Opa, der ist schon Jude ...«

Der Bankier Moses Oppenheimer ist zum Christentum übergetreten. Am Tag darauf begibt er sich wie immer zur Arbeit. Und wie immer ruft er sogleich seinen altgedienten, treuen Sekretär zu sich, der – ist ja klar – Jude ist. Wie der frisch Konvertierte seinen Angestellten so mustert, glaubt er, den Anflug eines ironischen Lächelns auf seinen Lippen zu erkennen. Oppenheimer ist außer sich: »Ein bißchen mehr Respekt, wenn ich bitten darf! Schämen Sie sich ... Hab ich mich je über Ihre Religion lustig gemacht?«

Elkonon ist verzweifelt: Sein einziger Sohn hat sich taufen lassen. »Was sag ich bloß dem lieben Gott, wenn er mich zu sich ruft? Ach, ich will gar nicht daran denken, es ist entsetzlich«, klagt er einem Freund. Doch der hat ein gutes Argument parat, um ihn zu trösten:
»Ich wüßte schon, was du ihm sagen könntest. Paß auf: Du gibst ihm die Hand, schaust ihm tief in die

Augen und sagst: ›Dir ist mit deinem Sohn dasselbe passiert, stimmt's?‹«

Die gute alte Sarah ist ins Paradies gekommen und sie hat es sich wirklich verdient. Aber obwohl sie dort allen nur erdenklichen Komfort genießen könnte, weint sie sich von früh bis spät die Augen aus. Der Erzengel Gabriel, der tagelang versucht hat, sie zu trösten, ist am Ende mit seinem Latein. Er beschließt, Sarah dem lieben Gott höchstpersönlich vorzuführen.

»Sarah, was bedrückt dich denn so sehr hier oben, im Paradies?«

»Hier nichts, Herr. Aber drunten, auf der Erde, ist mir ein Unglück passiert, über das ich einfach nicht hinwegkomme.«

»Was für ein Unglück? Sprich nur, Sarah«, fordert der Allmächtige sie gütig auf.

»Ich hatte drunten einen einzigen Sohn, Herr, und der hat sich taufen lassen!«

»Nu, das ist doch kein Grund, sich so zu grämen, liebe Sarah. Nimm dir ein Beispiel an mir: Mein Sohn hat dasselbe getan, und hänge ich etwa den ganzen Tag rum und blase Trübsal?«

Stalin ist gestorben. Aus Furcht vor einer möglicherweise unkontrollierbaren Massenverehrung des Toten beschließt die sowjetische Regierung, ihn außer Landes zu beerdigen. Man sendet also in aller Eile eine heimliche Kabelnachricht an Churchill mit der Bitte, eine entsprechende Ruhestätte zu finden – wenn möglich in der Westminster-Abtei. Doch der englische Staatsmann kabelt trocken zurück, Westminster sei bereits komplett.

Nun versucht man es bei Roosevelt. Der amerikanische Präsident läßt mitteilen, daß auf dem Arlington Friedhof nur Amerikaner zugelassen sind. Nichts zu machen, sorry.

Letzte Hoffnung: Israel. Telegramm an Ben Gurion.

Antwort: »Platz hätten wir schon. Ich möchte Sie aber daran erinnern, daß es hier schon mal eine Auferstehung gegeben hat!«

Tiefer polnischer Winter. Klirrende Kälte. Zwei alte Juden, die in ihren dünnen Mänteln und den durchgewetzten Hosen fürchterlich frieren, beschließen, kurz in eine katholische Kirche zu gehen, um sich ein wenig aufzuwärmen. Der Zufall will, daß dort just in diesem Moment eine Schar von Novizinnen das Ordensgelübde ablegt. Die Zeremonie ist in vollem Gange. Die jungen Bräute Christi, ganz in Weiß gekleidet, sehen ihrem heiligen Gemahl mit verzückten Gesichtern entgegen. In den Bänken hinter ihnen drängen sich Freunde und Verwandte. Irgendwann wird man auf die beiden ärmlich wirkenden Juden aufmerksam, die in der letzten Bankreihe Platz genommen haben. Ein junger Priester nähert sich ihnen: »Verzeihen Sie, meine Herren«, sagt er. »Darf ich fragen, was Sie hierhergeführt hat?«

»Aber sicher dürfen Sie«, erwidert einer der beiden schlagfertig. »Wir sind von der Familie des Bräutigams.«

Paradoxe und Absurditäten

Die Juden hatten schon immer eine große Leidenschaft für Paradoxe – oder »Widersinnigkeiten«, wie das Wörterbuch sie definiert –, also Wahrheiten, die auf falschen, absurden oder eben »widersinnigen« Voraussetzungen basieren. So sehr der Syllogismus der jüdischen Denkweise zuwiderläuft, so sehr liegt ihr das Paradox. Viele unserer Rabbiner haben sogar das Kunststück fertiggebracht, den Syllogismus als Paradox erscheinen zu lassen und umgekehrt das Paradox als Syllogismus – doch ich fürchte, auch ich verrenne mich bereits im Paradoxen. In den jüdischen Witzen jedenfalls wimmelt es von Paradoxen – oder Syllogismen, je nachdem, wie Sie's lieber nennen. Etwas simpler ausgedrückt heißt das nichts anderes, als daß selbst der himmelschreiendste Blödsinn noch eine tiefe Wahrheit in sich bergen und die unsinnigste Begebenheit sich als göttliche Fügung erweisen kann. Im übrigen ist ja bekannt, daß der Dorftrottel uns allen noch etwas beizubringen hat ...

Moische versucht Schimele eine neue, revolutionäre Erfindung zu erklären: den Telegrafen. »Stell dir statt dem Kabel einfach mal einen Hund vor; einen Hund mit Kopf in Kowno und Schwanz in Wilna. Du trittst ihm in Wilna auf den Schwanz und hörst ihn in Kowno bellen!« – »Das ist ja schön und gut«, erwidert Schimele wenig überzeugt, »aber der Telegraf hat nun mal kein Kabel!«

Und Moische: »Klar, Mann! Ein Telegraf ist dasselbe bloß ohne Hund!«

Die Armut war für die Juden nie ein positiver Wert, eine Eintrittskarte ins Paradies, eine Sublimierung, auf die man stolz sein konnte. In den Gettos der Mittelmeerländer und in den schlammig-feuchten *Schtetlak* Nordeuropas war sie ein lästiger Dauergast. Ich könnte sie auch mit einem Gewürz vergleichen, das man überall herausschmeckte, selbst dort, wo es nicht vorherrschend war. Die meisten waren froh, wenn sie unter der Woche vier Groschen für ein Viertel Suppenhuhn zusammenbrachten, damit sie zu Ehren des Sabbats wenigstens ein Süppchen kochen konnten.

Nicht zufällig sagt ein bekanntes Sprichwort: Wenn ein Jude Huhn ißt, ist einer von beiden krank.

Für die Juden in Aschkenas war das Huhn und die dazugehörige Brühe ein Wunder- und Allheilmittel, eine Art Zaubertrank mit todsicherer Wirkung; irgend jemand hat es mal das »jüdische Penizillin« genannt. Es gab nichts, was man mit Hühnerbrühe nicht heilen konnte – vorausgesetzt natürlich, der Kranke war der Jude und nicht das Huhn.

Die vier Groschen zusammenzukratzen, die man für eine Schüssel Hühnerbrühe brauchte, war wie gesagt ein titanisches Unternehmen, eine Odyssee, in der die korpulente Penelope unter der Haustür stand und händeringend die Rückkehr ihres Odysseus erwartete. Oft ging sie auch selbst los, um anderer Leute Wäsche zu waschen, ein Kleid aus dritter Hand zu stopfen oder den Fischhändler um Kredit für einen Karpfen anzuflehen, der auch schon bessere Zeiten erlebt hatte. Und wo wir schon bei alten Karpfen sind, will ich Ihnen gleich noch eine kleine Anekdote dazu erzählen:

Ein Jude geht ins Restaurant und bestellt Fisch. Kaum steht das Gericht – das offen gestanden alles andere als einladend aussieht – vor ihm auf dem Tisch, als der Gast halblaut vor sich hin zu murmeln beginnt, den Blick starr auf seinen Teller gerichtet. Der Kellner beobachtet ihn eine Weile, dann geht er zu ihm und fragt höflich, ob etwas nicht in Ordnung sei.

»Doch, doch, keine Sorge«, erwidert der Gast. »Ich habe nur ein wenig mit dem Karpfen da geplaudert und mich nach seinen Freunden und Verwandten erkundigt, aber er sagt, frische Nachrichten hat er auch nicht, er hat sie seit über zwei Wochen nicht mehr gesehen ...«

Aber wo waren wir noch gleich stehengeblieben? Ach ja, beim Huhn, bei der traurigen, aber niemals beschämenden Armut und beim harten Kampf um das tägliche Brot – den manch einer auf höchst originelle Weise löst:

»Unser Rabbiner«, erzählen stolz die Bewohner eines *Schtetl*, dessen Name ebenso unaussprechlich wie unbekannt ist, »unser Rabbiner ist so arm, daß er längst verhungert wäre, wenn er nicht jeden Montag und Donnerstag fasten würde.«

»Mein Rabbiner ist so fromm, daß er jeden Tag fastet – Sabbat und Feiertage natürlich ausgenommen«, prahlt Gimpel.

»Ach ja?« erwidert Zorach höhnisch. »Also, ich hab ihn vor kaum einer Stunde bei Goldberg sitzen und sich den Bauch vollschlagen sehen!«

»Genau! Mein Rabbiner ist so fromm und zurückhaltend, daß er alles tut, um nicht aufzufallen. Wenn er ißt, dann nur, damit die andern nicht merken, daß er fastet.«

»Also, ich habe meinen Mann daran gewöhnt, daß er am Abend vor Sabbat grundsätzlich seine Lohntüte bei mir abliefert«, erzählt Rachele. »Meistens ist sie ja leer, aber egal, ich finde, hier geht's ums Prinzip.«

Schreck laß nach: Der *Schofar* ist aus der Synagoge verschwunden. Hier sollte vielleicht erklärt werden, daß der *Schofar* ein Widderhorn ist, das an hohen Feiertagen, insbesondere am Neujahrsfest und zum Abschluß von *Jom Kippur*, in der Synagoge geblasen wird. Laut Überlieferung soll es uns auch die Ankunft des Messias verkünden, wenn es endlich soweit ist. Der *Schofar* ist also aus der Synagoge verschwunden. Die Verantwortlichen der Gemeinde gehen zur Polizei, um das rätselhafte Verschwinden oder den Diebstahl anzuzeigen.

»Schofar? Was ist das denn?« fragt der Polizeibeamte mit großen Augen.

»Der Schofar ... nu, das ist eben ein Schofar«, erwidert der *Schammes*.

Nicht zufrieden mit der Antwort, wendet der Beamte sich an ein anderes Gemeindemitglied, ja er nimmt sie sich nacheinander alle vor, erhält aber immer dieselbe Antwort:

»Der Schofar ... nu, das ist eben ein Schofar.«

Am Rande eines Nervenzusammenbruchs beschließt der Polizist, den Rabbiner höchstpersönlich aufzusuchen, um sich von ihm erklären zu lassen, was dieser verflixte Schofar ist.

»Der Schofar?« meint der Rabbiner mit einem nachsichtigen Lächeln. »Nu, ganz einfach: Das ist eine Trompete.«

Der Beamte wischt sich den Schweiß von der Stirn.

»Aha, eine Trompete«, erwidert er sichtlich erleichtert, aber auch ein wenig gereizt. »Das hätte man mir aber auch früher sagen können!«

»Nein, mein Herr, denn der Schofar ist keine Trompete«, erwidert der Rabbiner seelenruhig.

Die nächste Anekdote verlangt wieder eine kurze Erläuterung – die diesmal selbst Drujanow für unentbehrlich hielt: In einigen osteuropäischen Gemeinden war es gang und gäbe, »per procura« zu fasten. Lassen Sie mich erklären, was damit gemeint ist: Das Gesetz schreibt vor, daß an bestimmten Tagen gefastet wird, um trauriger Begebenheiten zu gedenken – das kann ein Todestag sein oder der Jahrestag eines tragischen geschichtlichen Ereignisses. Nun gut, manche Juden zogen es vor, ihre Fastenpflicht dadurch zu erfüllen, daß sie andere gegen Bezahlung für sich fasten ließen, also quasi »per procura«.

Birkenheim betritt sein Stammrestaurant und entdeckt doch tatsächlich Paltiel, seinen »Faster«, gemütlich an einem Tisch sitzen und Mittag essen. »Gauner! Betrüger! Was hast du hier verloren? Das nennst du also Fasten!« Paltiel wischt sich mit der Serviette den Mund ab und erwidert gelassen: »Regen Sie sich nicht auf, Herr Birkenheim, das geht nicht auf Ihr (Sünden)Konto. Da ich heute nämlich auch für Wolff fasten müßte, machen wir's einfach so, daß ich für ihn esse ...«

Der Rabbiner Koppelbaum überrascht seine Frau mit einem anderen im Bett. »Liebe Frumele, das gefällt mir gar nicht. Du weißt ja: So fängt's meistens an und zum Schluß raucht man am Sabbat ...«

Ein hohes Gemeindemitglied wendet sich um Rat an den Rabbiner – eine praktische Frage in Sachen Arbeit.

»Tut mir leid«, erwidert der Rabbiner, »in Arbeitsfragen kenne ich mich leider gar nicht aus.«

Wenige Tage später kommt derselbe Mann wieder zum Rabbiner der Gemeinde. Diesmal geht es um die Verlobung seiner Tochter; er braucht Rat hinsichtlich der Formalitäten.

»Tut mir leid«, erwidert der Rabbiner, »aber von Verlobungen verstehe ich leider gar nichts.«

An diesem Punkt kommt der Mann, der als Gemeindemitglied auch zu den Unkosten der Gemeinde beiträgt, nicht umhin, seinen Unmut zu äußern: »Verraten Sie mir eins, lieber Rabbi: Wofür werden Sie eigentlich bezahlt? Für das, was Sie nicht wissen?«

»Mitnichten, Herr Spielberg. Mein Lohn mißt sich an dem, was ich weiß. Wenn man mich dafür bezahlen wollte, was ich nicht weiß, würden alle Geldschränke des Hauses Rothschild nicht ausreichen!«

»Papa, wie heißt der höchste Berg der Welt?« fragt der aufgeweckte, kleine Schmulik.

»Weiß ich nicht.«

Zwei Minuten später:

»Papa, wie heißt der König von Italien?«

»Weiß ich nicht«, erwidert der Vater und kratzt sich am Kopf.

»Papa, wieso kocht das Wasser bei hundert Grad?«

»Verflixt noch mal«, sagt der Vater, »das weiß ich auch nicht.«

Es vergehen einige Minuten, in denen keiner was sagt. Dann schaut der Vater seinen Sohn an und sagt mit einem gutmütigen Lächeln:

»Frag nur, frag, mein Sohn. Sonst lernst du ja nie was dazu ...«

Reb Hajim verheiratet seine Tochter. Für den Hochzeitstag hat er sich einen Anzug machen lassen, der vorn aus Seide und hinten aus normalem Tuch ist. Während des Festes wird er von allen hochgenommen:

»Hei, Reb Hajim, was bist du nun eigentlich? Vorn ein Herr und hinten ein armer Schlucker?!«

Doch Hajim hat sich bereits eine Antwort zurechtgelegt:

»Vorn, wo ich mich sehe, hab ich mir den Anzug aus Seide machen lassen. Hinten seht bloß ihr mich, und wenn ihr kein Tuch, sondern nur Seide mögt, dann ist das euer Problem, nicht meins!«

Viele sogenannte Wunder gehören mit Sicherheit auch in die Rubrik »Paradoxe« ...

Zwei chassidische Juden diskutieren über die mirakulösen Fähigkeiten ihrer »Wunderrabbis«.

»Mein Rabbi«, sagt der erste, »vollbringt wirklich große Wunder – nicht wie deiner ... Eines Freitagabends hat er beispielsweise unangemeldet einen Gast mit nach Hause gebracht. Seine Frau hat ihn entsetzt zur Seite gezogen und gesagt: ›Israel, was mache ich jetzt? Ich hab doch nur einen einzigen, winzigen Fisch, der kaum für uns beide reicht!‹ Da hat unser Rabbi ein Zeichen gemacht und gesagt: ›Geh nur in die Küche und schau nach ...‹ Und tatsächlich hatte sich der eine Fisch in zwei verwandelt!«

Der andere *Chassid* zeigt sich nicht sonderlich beeindruckt von der Geschichte.

»Das ist ja noch gar nichts«, sagt er. »Da macht mein Rabbi ganz andere Wunder. Paß auf: Eines Tages spielte mein Rabbi mit seiner Frau Karten. Irgendwann legte seine Frau vier Asse auf den Tisch und sagte: ›Ich fürchte, du hast verloren.‹ Aber mein Rabbi sagte: ›Moment mal‹ und blätterte ihr fünf Könige hin. Na, wenn das kein Wunder ist!«

»Da lachen ja die Hühner«, erwidert der erste. »Das Spiel kenne ich, es heißt Poker, und fünf Könige gibt's da gar nicht.«

»Ach, so kommst du mir?« erwidert der zweite. »Na gut, dann mach ich dir einen Vorschlag: Wenn du bereit bist, auf einen Fisch zu verzichten, bin ich bereit, einen König aufzugeben ...«

Ein israelischer Vater gibt seinem Sohn, der Soldat ist, praktische Ratschläge mit auf den Weg zur Front. »Verlaß dich nicht auf Wunder, mein Sohn. Bete vor jeder Schlacht ein paar Psalmen, das ist die einzige Rettung ...«

Und nun ein Stück echter, noch ganz frischer Geschichte, ein »Fetzen Chronik«, den Leo Rosten dem gefräßigen Schlund des Vergessens entrissen hat:

1948. Unabhängigkeitskrieg. Der junge israelische Staat wird von Feinden bedroht, die ihm an Größe und Macht um ein Vielfaches überlegen sind – David und Goliath. Der östliche Teil von Jerusalem ist unter Belagerung. Lebensmittel und Trinkwasser beginnen rar zu werden. Die Juden, die seit undenklichen Zeiten in dem kleinen Altstadtviertel wohnen, sind am Rande der Verzweiflung. Nur ein weiser alter Mann, bekannt für seine unzähligen Geschichten und Anekdoten, ist wie immer guter Laune. Auf die Frage, wie er das schafft, gibt er lächelnd folgende Antwort: »Fürchtet euch nicht, es wird alles gutgehen. Wir werden auch diese Krise gesund und wohlbehalten überstehen.«

»Wie kannst du dir da bloß so sicher sein? Wir sind am Ende unserer Kräfte, unsere Lebensmittelvorräte sind so gut wie erschöpft. Lange halten wir diese Belagerung nicht mehr aus und dann gute Nacht ...«

»Macht euch keine Sorgen, verlaßt euch auf mich, ihr werdet sehen, die Sache kommt zu einem guten Ende – wenn nicht auf natürliche Weise, dann durch ein Wunder.«

»Was soll das heißen?«

»Nu, auf natürliche Weise soll heißen, daß Gott eingreift und uns hilft – was bekanntlich nicht das erste Mal wäre. Und ein Wunder wäre es, wenn unsere Armee die Araber überrumpelt und uns befreit ...«

Ein *Chassid* schwärmt von seinem Rabbi: »Ihr habt ja keine Ahnung, wozu der alles in der Lage ist. Stellt euch vor: Jeden Freitagabend steigt er in den Himmel hinauf und spricht direkt mit dem lieben Gott!«

»So, und woher weißt du das, bitte?«

»Nu, er hat es mir selbst gesagt!«

»Das war wahrscheinlich ein Märchen ...«

»Ein Märchen? Glaubst du, jemand, der in den Himmel hinaufsteigt, erzählt Märchen?!«

Aus der Unterhaltung zwischen zwei *Chassidim*, die unterschiedlichen Schulen angehören:

»Was für Wunder hat euer Rabbi in der letzten Zeit vollbracht?«

»Kommt darauf an, was du unter Wunder verstehst – es gibt ja solche und solche ... Für euch ist es ein Wunder, wenn Gott genau das tut, was euer Rabbi von ihm verlangt, stimmt's?«

»Ja, so ist es.«

»Nun, für uns ist es ein Wunder, wenn unser Rabbi tut, was Gott von ihm verlangt!«

Es ist Frühling. Der Rabbiner beschließt, mit seinen Schülern einen Ausflug ins Grüne zu machen, um sie anschaulich in die Geheimnisse und Wunder der Schöpfung einzuführen.

»Nehmen wir mal den Spatz«, sagt er, nachdem sich alle auf einer Wiese niedergelassen haben. »Er ist so klein und braucht so wenig. Und doch hat ihm der liebe Gott Flügel gegeben, damit er sich in die höchsten Lüfte emporschwingen kann.«

Er legt eine kurze Pause ein, um seine Worte nachklingen zu lassen.

»Und nun betrachten wir mal eine Kuh«, fährt er dann fort. »Sie ist viel, viel größer als der Spatz und braucht dementsprechend mehr, um sich am Leben zu erhalten. Aber im Gegensatz zum Spatz hat Gott ihr keine Flügel zum Fliegen gegeben. Warum wohl? Was meint ihr, Kinder?«

Schweigen. Keiner sagt etwas. Unterdessen läßt ein vorüberfliegender Vogel sein »Geschäft« auf den Hut des Lehrers fallen.

»So, damit dürfte die Antwort wohl klar sein ...«

Und dann gibt es natürlich noch die Kategorie der daneben gegangenen Wunder. Auch dazu ein Beispiel:

Kapolsky geht zum Rabbiner und trägt ihm sein Problem vor.

»Rabbi, es geht um folgendes: Ich habe meine Tochter mit dem falschen Mann verheiratet und sehe daher keine andere Lösung als die Scheidung!«

Der Rabbiner denkt einen Augenblick nach und fragt dann:
»Was stimmt denn nicht mit dem jungen Mann?«
Kapolsky seufzt:
»Er kann nicht Karten spielen.«
Der Rabbiner traut kaum seinen Ohren.
»Nu, um so besser! Das ist doch kein Scheidungsgrund! Im Gegenteil: Seien Sie froh, daß er das nicht kann!«
Kapolsky seufzt erneut:
»Sie haben ja recht, Rabbi«, fügt er nach kurzem Zögern hinzu. »Die Sache ist nur die: Mein Schwiegersohn kann nicht Karten spielen, er spielt aber trotzdem!«

Shapiro und Smolenski spielen Karten und wie üblich bekommen sie sich dabei in die Haare. Smolenski ist stocksauer:
»Ich begreife wirklich nicht, wie ich mit einem wie dir Karten spielen kann, der mit einem wie mir Karten spielt, der so blöd ist, mit einem wie dir Karten zu spielen ...«

Shapiro und Smolenski streiten wieder mal aus irgendeinem Grund.
»Mein lieber Freund, du bist ein Esel, damit du's weißt!« sagt Shapiro.
»Ja, aber bin ich nun dein Freund, weil ich ein Esel bin, oder bin ich ein Esel, weil ich dein Freund bin?«

Und aus der Serie: Warum antworten Juden grundsätzlich mit Gegenfragen? Warum sollten sie nicht? Hier eine kurze Version aus der Welt der Hochfinanz:

Rothschild zitiert seinen Buchhalter zu sich: »Ich habe erfahren, daß Sie aus meiner Kasse gestohlen haben!« – »Nu, soll ich vielleicht aus anderer Leute Kassen stehlen, wo ich doch Ihr Buchhalter bin?«

»Mach das Fenster zu, verdammter Jud, draußen ist es kalt!« brüllt ein Kosak im Zugabteil. »Verzeihen Sie, mein Herr«, entgegnet der Jude schüchtern, »aber sind Sie sicher, daß es draußen wärmer wird, wenn ich das Fenster schließe?«

»O weh«, jammert Zalman, »*Pessach* steht vor der Tür und ich bin so abgebrannt, daß ich mir weder meine drei *Mazzot* kaufen kann noch Wein, noch einen Karpfen, noch ein kleines Huhn zum Braten. Ach, was für ein Leben!«
»Sag mal, Zalman, was würde das alles kosten, was du da aufgezählt hast?«
Zalmans Augen leuchten auf, wenn auch nur für einen kurzen Moment.
»Nu, so ungefähr ... ungefähr fünfundzwanzig Rubel!«
»Gut«, erwidert der reiche, aber knausrige Chaleb, »dann hör auf, darüber zu jammern, daß du dir alle diese guten Dinge nicht leisten kannst. Jetzt hast du nur noch einen Grund zur Klage: den, daß dir fünfundzwanzig Rubel fehlen – und das ist doch lange nicht so schlimm, oder?«

Was soll man über ein Volk sagen, dessen heiligster Ort und engstes Verbindungsglied zu Gott eine Mauer ist?

Eine amerikanische Touristin ist auf »Sightseeing« in Jerusalem, und da besichtigt sie natürlich auch die berühmte Klagemauer, die auf hebräisch »die Westwand« genannt wird, weil sie Teil der westlichen Wand des Tempels war. Wie jeden Tag rund um die Uhr beten auch heute viele Leute vor der imposanten Bastion und stekken zusammengefaltete Zettelchen mit persönlichen Bitten und Wünschen in die Ritzen des Mauerwerks, in der Hoffnung, Gott werde sie erhören. Da die amerikanische Lady diesen Brauch jedoch nicht kennt, kann sie sich keinen Reim auf die seltsame »Zettelwirtschaft« machen.

»Sorry, sprechen Sie Englisch?« fragt sie einen orthodoxen Juden mittleren Alters.

»Ein bißchen.«

»Ach, dann erklären Sie mir doch bitte, was die Leute mit diesen Zetteln machen?«

»Das sind Bittschriften an Gott, die wir hier in die Klagemauer stecken.«

»Oh, interessant«, erwidert die Amerikanerin staunend. »Tun Sie selbst das auch?«

»Ja, fast jede Woche.«

»Und, kommt etwas dabei heraus?« will die Dame wissen.

»Nu, was kann schon groß dabei herauskommen, wenn man gegen eine Mauer redet?«

»Wie bist du eigentlich im Irrenhaus gelandet?« wurde Fischke, der Übergeschnappte, eines Tages gefragt. »Nun, das war eine Frage der Demokratie«, erwiderte Fischke. »Schaut: In meinem Dorf behaupteten die Leute, ich sei verrückt und sie seien normal, ich behauptete das Gegenteil, nämlich, daß sie verrückt und ich normal sei. Da sie in der Mehrheit waren, bin ich im Irrenhaus gelandet!«

Treitel dreht durch und kommt in die Irrenanstalt. Die ganze Woche über verhält er sich ruhig und unauffällig, ißt, was alle anderen Patienten essen, aber am Freitagabend verlangt er für den nächsten Tag Bohnensuppe und *gefilte Fisch*, um den Sabbat vorschriftsgemäß begehen zu können. Ärzte und Krankenpfleger versuchen mit allen Mitteln, ihn von seinem Wunsch abzubringen, doch vergeblich: Treitel schreit und tobt, bis man ihm nachgibt. Am darauffolgenden Tag bekommt er also sein jüdisches Essen serviert. Er ißt gemächlich und mit sichtlichem Genuß und zündet sich zum Abschluß ein Zigarettchen an. Sein Arzt fällt aus allen Wolken: »Ah, so begehen die Juden also ihren Sabbat, hä, Treitel?« Treitel läßt sich nicht aus der Ruhe bringen: »Nu, Herr Doktor, ich bin ja nicht zufällig hier in der Irrenanstalt ...«

»Eines Tages bin ich zu Fuß in die Stadt gegangen«, erzählt Mordecai. »Und stell dir vor, im Wald haben mich neunundneunzig Wölfe angefallen ...« – »Neunundneunzig?« unterbricht ihn Jossel. »Bist du sicher, daß es nicht hundert waren?!« – »Nu, vielleicht waren's auch hundert«, erwidert Mordecai, »aber ich wollte nicht übertreiben ...«

Bunam: »Ja, die Wissenschaft, was für Fortschritte hat sie nicht gemacht! Dank ihrer haben wir tolle Dinge entdeckt, von denen wir vorher überhaupt nichts wußten. Zum Beispiel, daß Millionen Lebewesen von beträchtlicher Größe den Mond bevölkern!«

Jehuda Zwi seufzt und seufzt, sagt aber nichts.

Bunam: »Jehuda Zwi, warum seufzt du und sagst nichts?«

Jehuda Zwi: »Nu, ich stell mir gerade vor, wie eng es da oben zugehen muß, wenn der Mond nur eine Sichel ist ...«

»In Amerika sind die Häuser unvorstellbar hoch«, erzählt Herschel einer vor Staunen stummen Zuhörerschaft. »Als ich mal aufs Dach von einem hochgeklettert bin, stellt euch vor, da mußte ich mich bücken, um dem Mond Platz zu machen ...«

Schlemiel ist soeben aus Moskau in sein *Schtetl* zurückgekehrt. Er kann gar nicht mehr aufhören, von der Hauptstadt zu erzählen: »Und kalt ist es in Moskau – ihr habt keine Vorstellung! Als ich unterwegs mal auf den Gehweg spucken wollte, ist mir die Spucke vor dem Mund zu einem Eiszapfen gefroren!« Motke zuckt mit der Schulter und sagt: »In Sibirien ist es noch viel kälter. Das weiß ich, weil ich mal geschäftlich dort war. Denkt euch: Während ich auf dem Markt mit einem Kunden verhandelte, sind mir die Worte vor dem Mund gefroren und in der Luft stehengeblieben, so daß wir sie ganz bequem lesen konnten.«

Tel Aviv in den fünfziger Jahren – eine Stadt, die im Winter angenehm frühlingshaft ist und im Sommer unerträglich heiß.
»Wer weiß, was Schnee ist?« fragt Abigail.
»Der Schnee ist Zucker«, antwortet sein Freund Ariel.
Esther ist nicht einverstanden: »Blödmann! Hast du je erlebt, daß man Schnee in den Tee gibt?«
Abigail beharrt auf seiner Frage: »Also, was ist dann Schnee?«
»Schnee ist Eis«, meint Ariel diesmal.

»So ein Quatsch!« schreien Abigail und Esther im Chor. »Eis gibt's doch nur im Sommer und außerdem wird es in Tüten verkauft.«

»Warum werden die Kopfhaare eigentlich früher weiß als die Barthaare?« fragt ein junger Talmudschüler seinen Lehrer.
»Ist doch klar«, erwidert der Rabbi. »Die Kopfhaare sind zwanzig Jahre älter als die Barthaare!«

Die nächste Anekdote ist ein Paradebeispiel jüdischen Humors und kommt praktisch in allen Sammlungen vor. Ich zitiere sie hier, obwohl sie mehr oder weniger in jedes Kapitel gepaßt hätte:

Ein junger Mann ist soeben Vater eines prächtigen Jungen geworden. Er beschließt, seinen Eltern, die ziemlich weit weg wohnen, augenblicklich ein Telegramm zu schicken und begibt sich zu diesem Zweck auf die Post.
»Meine Frau Jungen geboren. Gimpel.«
Der Postbeamte nimmt das Formular entgegen, liest es und sagt:
»Da sieht man, junger Mann, daß Sie erst noch lernen müssen, wie man Telegramme aufsetzt. Oberste Regel: Nichts Überflüssiges schreiben, und sei es nur ein i-Tüpfelchen. Ihr Text hier enthält dagegen reichlich Überflüssiges. Da, zum Beispiel ›Gimpel‹. Warum schreiben Sie das rein? Ihre Eltern kommen schon von selbst auf die Idee, daß ihnen nicht ein wildfremder Mensch von der Geburt seines Kindes berichtet. Und dann: ›meine Frau‹. Kropfunnötig! Ist doch klar, daß Sie das Kind von Ihrer Frau und nicht von irgend jemandem haben, oder? So, es geht weiter: ›geboren‹. Aber guter Mann, das versteht

sich doch von selbst! Wer glaubt denn heute noch daran, daß der Storch die Kinder bringt? Und jetzt zum letzten Wort: ›Juden‹. Ich bitte Sie! Haben Sie je erlebt, daß jemand die Geburt einer Tochter als freudige Nachricht verkündet?!«

Die Juden lieben es, mit Widersprüchen zu spielen, wobei es letztendlich nur darum geht: das Simple komplizieren und das Komplizierte simplifizieren.

Zwei vielversprechende, junge *Jeschiwa*-Absolventen kandidieren für die Stelle des Rabbiners in einer der vielen Synagogen von Ternopol. Sie wissen, daß die örtliche Prüfungskommission sie aufgrund einer Predigt beurteilen wird, aber nur einer von den beiden bereitet sich entsprechend darauf vor, der andere möchte improvisieren. Der erste mit Namen Berlman verbringt die ganze Nacht damit, seinen Vortrag laut zu wiederholen, der andere – Abelson – muß ihm wohl oder übel zuhören – die beiden sind nämlich im selben Zimmer untergebracht.

Am nächsten Morgen tritt die Prüfungskommission zusammen. Die Kandidaten werden hereingebeten, und da man beschlossen hat, alphabetisch vorzugehen, beginnt Abelson mit seinem Vortrag, dabei macht er eigentlich nichts anderes, als die nächtliche Leier Berlmans Wort für Wort zu wiederholen. Die Prüfer tauschen anerkennende Blicke aus und nicken zufrieden. Dann ist Berlman an der Reihe.

Dem fällt nichts Besseres ein, als denselben Sermon – seinen Sermon, so wie er ihn vorbereitet und die ganze Nacht wiederholt hat – noch einmal herunterzusagen ...

Diesmal tauschen die Prüfer überraschte Blicke aus. Wer bekommt die Stelle des Rabbiners?

Berlman natürlich, denn jemand, der eine Predigt nach einmaligem Anhören auswendig weiß, kann nur ein Genie sein.

Rabbi Eliakum war ein berühmter Meister aus Volozhin. Eines Tages stellt sich ein Junge bei ihm vor und bittet, in seine Akademie aufgenommen zu werden. Der »Junge« ist hochgeschossen und hat bereits einen dichten Bart im Gesicht.
»Wie alt bist du, mein Sohn?«, will der Rabbiner wissen.
»Siebzehn«, antwortet der Studienanwärter.
»Ach, wie sich die Zeiten ändern! In deinem Alter, mein Sohn, war ich schon mindestens zwanzig!«

Oft haben die Rabbiner heikle Angelegenheiten zu entscheiden und salomonische Urteile zu fällen wie in der nächsten Geschichte:

Zwei Juden möchten denselben Platz auf dem Friedhof haben. »Gut«, sagt der Rabbiner, »dann soll ihn der von euch beiden bekommen, der bereit ist, als erster zu sterben!«

»Was hättest du lieber«, fragt Zelig seinen Freund Schmulik, »eine Million Dollar oder eine Lungenentzündung?«
»Blöde Frage, eine Million Dollar natürlich!«
»Also ich wär mir da mal nicht so sicher«, erwidert Zelig mit einem Anflug von Ironie. »Aus den neuesten Statistiken geht nämlich hervor, daß die Millionäre früher oder später alle sterben, Leute mit Lungenentzündung dagegen nur zu vierzig Prozent.«

Rabbi David aus Novoharodoq hat zu solchen Gesprächen einmal gesagt: »Warum hat der Mensch nicht, was er will? Weil er nicht will, was er hat. Wenn er wollte, was er hat, hätte er, was er will ...«

Brokh, ein unverbesserlicher Schnorrer mit viel Erfahrung, präsentiert sich eines Tages im Haus von Baron Rothschild.

»Herr Baron, für jämmerliche zehn Pfund – und was sind für Sie schon zehn Pfund, Herr Baron – für jämmerliche zehn Pfund also, verrate ich Ihnen das Rezept der Unsterblichkeit!«

Der Baron lächelt halb neugierig, halb ironisch und sagt: »So, das Rezept der Unsterblichkeit? Nu, dann laß mal hören, Brokh. Hier hast du zehn Pfund!«

»Danke, Herr Baron. Also ... Sie müssen folgendes machen: Ziehen Sie nach Ropschitz um, Exzellenz, das ist mein Heimatdorf. Dort hat noch keiner einen Reichen sterben sehen, darauf können Sie Gift nehmen.«

Alles ist relativ, wie Einstein sagt:

Rabbi Jerucham sitzt im Zug. Strecke Brisk–Warschau. Als der Schaffner ins Abteil kommt, fragt Rabbi Jerucham:

»Können Sie mir sagen, wie weit es von Brisk nach Warschau ist?«

»Von Brisk nach Warschau, das sind genau zweihundert Kilometer«, erwidert der Schaffner.

»Und von Warschau nach Brisk?« fragt Rabbi Jerucham.

»Hab schon intelligentere Fragen gehört«, grinst der Schaffner. »Wenn es von Brisk nach Warschau zweihundert Kilometer sind, dann sind es natürlich von Warschau nach Brisk auch zweihundert Kilometer. Das ist doch dieselbe Entfernung!«

Rabbi Jerucham krault sich den Bart, überlegt und lächelt vor sich hin.

»Unglaublich!« ruft er dann aus.

»Unglaublich? Warum?«

»Das will ich Ihnen sagen«, erwidert der Rabbi bereitwillig. »Wir und Sie haben offensichtlich unterschiedliche Rechensysteme. Passen Sie auf, bei uns funktioniert das so: Von *Purim* bis *Pessach* vergehen dreißig Tage, aber von *Pessach* bis *Purim* sind es volle elf Monate!«

»Du Glücklicher«, sagt Sussja zu Elimelech, der auf einem Auge blind ist, »du hast bestimmt mal einen leichten Tod.«

»Wie kommst du denn darauf?«

»Nu, du brauchst doch nur noch ein Auge zumachen ...«

Bernstein genießt das ruhige Landleben, die frische Luft, den Duft der Blüten und Gräser. Er, der sein Leben lang in der grauen Großstadt gelebt hat, kann sich jetzt als Pensionär endlich den Traum eines kleinen, einsam gelegenen Häuschens auf dem Lande leisten. Die hochsommerliche Stille wird nur vom Summen der Bienen unterbrochen, vom leisen Rauschen eines nahegelegenen Wäldchens und schließlich vom gleichförmigen Holpern eines Karrens.

»Nun, guter Mann, was haben wir heute geladen?« fragt er in jovialem Ton.

»Mist«, erwidert der schwitzende Bauer mürrisch.

»Ah, Mist ... und was machen Sie mit dem?«

»Den tu ich auf die Erdbeeren.«

»Soso ... Hören Sie, kommen Sie mich doch mal einen Nachmittag besuchen! Dann sollen Sie mal sehen, wie gut die erst mit Sahne schmecken.«

Chelm oder: Die Welt ist ein Dorf

Moischele hat gehört, daß Körper sich bei Hitze ausdehnen und bei Kälte schrumpfen. Natürlich geht er zu seinem Rabbiner, um sich die Sache bestätigen zu lassen.
»Stimmt«, sagt der Meister. »Das kannst du ja selbst beobachten: Im Sommer, wenn es heiß ist, werden die Tage länger, und im Winter, wenn es kalt ist, werden sie kürzer.«

Diesmal erfährt Moischele, daß Wasser bei hundert Grad kocht. »Wunder der Schöpfung«, ruft er aus, »woher weiß das Wasser, daß es bei hundert Grad angekommen ist?!«

Moischele wendet sich an den lieben Gott, denn er hätte da eine Kleinigkeit an seiner Schöpfung auszusetzen: »Also, wenn du mich fragst: Die Erschaffung der Sonne war kropfunnötig. Den Mond kann ich ja noch verstehen, der leuchtet uns nachts, wenn es dunkel ist, aber was brauchen wir am hellichten Tag Sonnenschein?«

Fischke ist von seiner Frau zur Nachbarin geschickt worden, zwei Eidotter holen.
»Hast du ein Gefäß dabei?« fragt die Nachbarin.
Fischke nickt, zieht das Käppchen aus, das er unter seinem Hut auf dem Kopf trägt, und läßt sich einen der beiden Eidotter dort hineingeben.

»Gut«, sagt die Nachbarin, »und was machen wir mit dem anderen?«

Fischke stülpt kurzerhand sein Käppchen um und nimmt den zweiten Eidotter entgegen.

Nach Hause zurückgekehrt, wird er fürchterlich von seiner Frau geschimpft: »Du Esel! Hab ich dir nicht gesagt, du sollst zwei Dotter holen?«

»Nu, schrei nicht gleich«, brummt Fischke. »Hier hast du den zweiten ...« Und mit diesen Worten stülpt er sein Käppchen um.

»Wer behauptet da, das Brot fällt immer mit der gebutterten Seite nach unten auf den Boden?! Schau her, Moischele: Meins liegt auf dem Boden, aber mit der gebutterten Seite nach oben!«

»Trottel – dann hast du's eben auf der falschen Seite geschmiert!«

Mordecai prahlt damit, Französisch zu können. Joschele beschließt, ihn auf die Probe zu stellen.
»*Parlez vous français?*«
»*Yes!*« sagt Mordecai stolz.
»*Yes* ist Englisch und nicht Französisch!« erwidert Joschele mit einem höhnischen Grinsen.
»Na, so was!« ruft Mordecai aus. »Ich wußte gar nicht, daß ich auch Englisch kann!«

Vater und Sohn gehen zusammen spazieren. Der Vater ist zu weisen Sprüchen aufgelegt:

»Wisse eins, mein Sohn: Hunde, die bellen, beißen nicht.«

Kaum eine Minute später kommt mit lautem Gebelle ein riesiger Dobermann an den Gartenzaun gerannt, an

dem die beiden gerade vorübergehen. Entsetzt nimmt der Vater die Beine untern Arm und rennt davon, sein Sohn ihm hinterher. Hundert Meter weiter bleiben sie keuchend stehen. Lange sagt keiner was, dann fragt der Sohn plötzlich:
»Sag mal, Papa, warum bist du eigentlich weggelaufen? Ich dachte, Hunde die bellen, beißen nicht ...«
»Ich weiß«, erwidert der Vater. »Und du weißt es jetzt auch. Aber ob der Hund es gewußt hat?«

Musterung beim Militär. Ein junger Jude ist an der Reihe. Der Arzt klopft ihm den Rücken ab, prüft seine Reflexe, schaut ihm in den Hals und verkündet dann:
»Tauglich! – Der nächste!«
»Einen Augenblick, Herr Doktor. Nicht, daß ich mich drücken möchte, aber ... Ich bin sehr kurzsichtig, Herr Doktor, sozusagen halbblind!«
Der Arzt stutzt und schielt ihn mißtrauisch an. Er weiß, daß die Juden nicht gerade begeistert im Heer des Zaren dienen, zumal sie auf fünfundzwanzig Jahre verpflichtet sind.
»Soso«, erwidert er dann. »Und das ist nicht zufällig geschwindelt, mein lieber Abraham?«
»Aber nein, Herr Doktor, das würde ich mir nie erlauben. Ich bin wirklich kurzsichtig. Sehen Sie zum Beispiel die Fliege dort oben an der Decke?« fragt er und deutet mit dem Finger auf einen winzigen schwarzen Punkt.
»Ja«, erwidert der Arzt.
»Da haben Sie's! Ich sehe sie nicht ...«

Die Passagiere eines Zuges erleben während eines Bahnhofsaufenthalts folgende seltsame Szene mit: Auf dem

Bahnsteig läuft aufgeregt ein Mann hin und her, späht in die Abteilfenster, als suche er jemanden, und schreit:

»Rubinstein! Rubinstein!« Plötzlich wird eins der Fenster aufgekurbelt, ein Fahrgast streckt den Kopf heraus und eh er sich's versieht, hat ihm der Mann auf dem Bahnsteig rechts und links eine schallende Ohrfeige verpaßt. Die Mitreisenden brechen in dröhnendes Gelächter aus, doch der Geohrfeigte selbst lacht auch!

»Ich verstehe Sie nicht«, sagt sein Sitznachbar zu ihm. »Wir lachen, weil dieser Mensch Sie geohrfeigt hat. Aber Sie? Warum lachen Sie, können Sie mir das verraten?«

»Warum?« echot der Geohrfeigte und hält sich vor lauter Lachen den Bauch. »Haha! Weil ich gar nicht Rubinstein heiße!«

Ein junger Talmudstudent und sein Meister, Rabbi Herschel, sind auf Reisen und steigen zur Nacht in einem Landgasthof ab. Da der junge Mann am nächsten Tag mit der Bahn einen Abstecher in sein *Schtetl* machen und die Eltern besuchen möchte und deshalb sehr früh aufstehen muß, bittet er den Wirt, ihn um Viertel nach vier zu wecken. Tatsächlich klopft es am darauffolgenden Morgen pünktlich an die Tür. Um seinen Zimmergefährten nicht zu stören, zieht der junge Mann sich im Dunkeln an, dabei erwischt er aus Versehen die Jacke des Rabbiners, aber er ist so in Eile, daß er es gar nicht merkt. Atemlos rennt er zum Bahnhof und bekommt den Zug in allerletzter Minute. Im Abteil kann er endlich verschnaufen. Während er sich umschaut, fällt sein Blick auf den kleinen Spiegel unter der Hutablage und da geht ihm schlagartig auf, daß er die falsche Jacke angezogen hat. »Dieser dumme Wirt!« ruft er aus. »Jetzt hat er anstatt mich den Rabbiner geweckt!«

Und die nächste Geschichte ist gewissermaßen das Spiegelbild dazu:

Der berühmte Talmudist Rabbi Hirsch kann seine Brille nicht finden. Er sucht überall, stellt die ganze Wohnung auf den Kopf, doch vergeblich.

»So hat das keinen Sinn. Ich muß logisch vorgehen«, sagt er sich. »Hypothese Nummer eins: Nehmen wir mal an, jemand hat sich in meiner Abwesenheit in mein Arbeitszimmer eingeschlichen und die Brille gestohlen. Tja ... wenn der Dieb aber jemand ist, der eine Brille zum Lesen braucht, dann hat er bestimmt schon eine. Warum also meine stehlen?

Hypothese Nummer zwei: Besagter Dieb hat meine Brille nicht zu seinem eigenen Gebrauch gestohlen, sondern um sie zu verkaufen. Nur: an wen? Jemand, der zum Lesen eine Brille braucht, hat normalerweise schon eine, und wer sonst könnte meine Brille kaufen wollen? Nein, so komme ich auch nicht weiter.

Hypothese Nummer drei: Die Brille ist mir von jemandem gestohlen worden, der sie zum Lesen braucht und seine eigene nicht mehr findet. Tja, aber warum findet er seine eigene nicht mehr? Wahrscheinlich, weil er so ins Studium des Talmud vertieft war, daß er gar nicht gemerkt hat, wie er sie sich auf die Stirn hochgeschoben hat. Nicht wissend, daß er sie auf dem Kopf trägt, hat er sie dann überall gesucht und in seiner Verzweiflung schließlich meine Brille gestohlen!

Hypothese Nummer vier: Und wenn dieser Jemand ich

bin? Nu, dann müßte ich meine Brille eigentlich auf dem Kopf haben ...«

Mit diesen Worten greift Rabbi Hirsch sich an die Stirn, setzt sich die Brille wieder auf die Nase und kehrt glücklich zu seinen Büchern zurück.

Chelm: ein abgelegener, zwischen Mythos und Realität angesiedelter Ort, dessen Bewohner dafür bekannt sind, daß sie die tollsten Sprüche von sich geben, egal, ob es sich dabei um platte Banalitäten handelt oder um unergründbare, weltbewegende Mysterien. Was uns an den Chelm-Witzen zum Lachen bringt, ist nicht das Unlogische, scheinbar Sinnlose, sondern das Gegenteil davon, nämlich ein Übermaß an Sinn und Logik, wie William Novak und Moshe Waldoks völlig zu Recht feststellen. Isaac Singer ist es zu verdanken, daß Chelm in die Weltliteratur eingegangen ist. Viele der wunderschönen, jiddisch verfaßten Geschichten des Literatur-Nobelpreisträgers handeln von dem Ort, der beim Leser durchaus gemischte Gefühle weckt: Sympathie und Empörung, Mitleid und Spott.

Chelm. Ein Passant fragt einen anderen nach der Uhrzeit. »Drei Viertel vor.« – »Drei Viertel vor was?« – »Keine Ahnung. Mein kleiner Zeiger ist kaputt.«

Der Fuhrmann von Chelm, ein würdiger Vertreter seiner Sippe, hat beschlossen, seinen Klepper daran zu gewöhnen, ohne Futter zu leben. Er geht schrittweise vor: Von einem Sack Hafer am Tag geht er allmählich zu einem halben über, dann zu einem viertel und so weiter, bis die gesamte Tagesration des armen Gauls auf eine Handvoll Heu geschrumpft ist. Als nächstes zwingt er ihn zu einem Fasttag pro Woche, danach zu zwei, drei, vier, kurz:

irgendwann gibt es nicht mal mehr am heiligen Sabbat etwas zu fressen. Am darauffolgenden Sonntag klatscht er dem Pferd zufrieden auf die Hinterbacke und sagt: »Ich bin stolz auf dich!« Er hat seinen lapidaren Satz noch nicht zu Ende gesprochen, als das total geschwächte Tier zusammenbricht und unwiderruflich den Geist aufgibt. Der Fuhrmann will es zunächst nicht glauben, mehrmals tastet er seinen toten Gaul ab, der nur noch Haut und Knochen ist. »So ein Mist!« schreit er dann.

»Ausgerechnet jetzt, wo das Vieh gelernt hat, ohne Futter zu leben, muß es mir wegsterben!«

Chemie und Physik sind in Chelm normale Alltagsthemen:

Zwei Studenten der Chelmer *Jeschiwa* führen eine komplizierte Diskussion.

»Hör mal, Akiba, was macht deiner Meinung nach den Tee süß, der Zuckerwürfel, den wir reingeben, oder der Löffel, mit dem wir umrühren?«

»Dumme Frage – der Löffel natürlich! Das siehst du allein schon daran, daß der Tee ohne Umrühren nicht süß wird!«

»Und wozu dient dann der Zuckerwürfel?«

»Ist doch klar, Eisik: Der Zuckerwürfel gibt dem Löffel das Zeichen zum Umrühren!«

... genau wie die Mathematik (siehe dazu auch die Geschichte vom Minjan-Mann):

Ein Fremder ißt im einzigen Gasthof von Chelm zu Mittag, und zwar reichlich und gut. Als er fertig ist, ruft er den Wirt, damit er ihm die Rechnung bringt.

»So, das war einmal Leberpastete, danach gebratene

Gans und zum Nachtisch Pflaumenkompott ... macht sieben Kopeken. Dazu kommen Wein, Brot und Gedeck – noch mal sieben Kopeken ... alles zusammen elf Kopeken!« verkündet der Wirt.

Der Fremde macht ihn netterweise darauf aufmerksam, daß er sich verrechnet hat:

»Nein, sieben und sieben ist vierzehn, nicht elf. Ich schulde Ihnen also vierzehn Kopeken!«

»Sie täuschen sich, mein Herr. Sieben und sieben ist elf. Das kann ich Ihnen beweisen«, erwidert der Wirt höflich, aber bestimmt. »Schauen Sie: Als Witwer mit vier Kindern habe ich eine Witwe geheiratet, die ebenfalls vier Kinder hatte. Zusammen haben wir dann noch mal drei Kinder bekommen. Jetzt hat jeder von uns sieben Kinder und insgesamt haben wir elf. Nu, habe ich recht?«

An diesem Punkt bleibt dem Fremden nichts übrig, als seine Rechnung über elf Kopeken zu begleichen.

Im Dorf ist ein Brand ausgebrochen. Die Nacht ist rabenschwarz. Alles stürzt aus dem Bett und rennt hin, um sich das Feuer aus der Nähe anzusehen. Auch Shemajah, der Nichtsnutz (eine weitere klassische Figur des jüdischen Witzes) ist unter den Schaulustigen. Er steht etwas abseits und macht ein nachdenkliches Gesicht.

»Was denkst du?« fragt ihn endlich jemand.

»Ich denke«, erwidert Shemajah gleichgültig und überheblich zugleich, »ich denke, daß dieser Brand eigentlich ein Wunder ist. Denn schau: Wenn die Flammen nicht wären, wüßten die Leute bei dieser Finsternis ja gar nicht, wo sie löschen müssen.«

Shemajah geht zum Rabbiner und trägt ihm ein »schwieriges« Problem vor:

»Lieber Rabbi, in einem Punkt verstehe ich die Schöpfung nicht: Warum hat Gott die Nase des Menschen so geschaffen, daß ihre Löcher nach unten zeigen und beim Tabakschnupfen immer ein wenig rausbröselt? Hätte er die Löcher nach oben gerichtet, würde kein Gramm verlorengehen!«

Der Rabbiner krault seinen Bart, überlegt sich die Sache eine Weile und erwidert dann:

»Der Herr im Himmel hat gut daran getan, nicht auf einen Schafskopf wie dich zu hören! Wenn er die Nasenlöcher des Menschen nämlich nach oben ausgerichtet hätte, würde es in sie reinregnen und dann würde der ganze Tabak verfaulen.«

Slonim geht auf den Markt, um sich ein Pferd zu kaufen, denn er muß nach Zitomir. Der Pferdehändler preist seine »Ware« in den höchsten Tönen an: »Hör auf mich und nimm den Gaul hier, der geht dir zwanzig Meilen, ohne einmal stehenzubleiben!«

»Dann kann ich ihn unmöglich nehmen«, erwidert Slonim. »Von hier bis Zitomir sind es nämlich nur dreizehn Meilen ...«

»Chelmischer« als die nächste Anekdote geht es kaum noch:

Der *Melamed* (eine Art Grundschullehrer, der in vielen jüdischen Witzen zu ungewollten Würden emporsteigt, indem er als »Trottel vom Dienst« herhalten muß), der *Melamed* von Chelm also geht pünktlich jeden Freitagnachmittag ins Ritualbad. Seine Frau gibt ihm jede Woche ein sauberes Hemd für nach dem Bad mit, das sie zu wenden pflegt, damit es unterwegs nicht schmutzig wird. »Herschl, denk dran, daß du das Hemd wenden mußt, bevor du es anziehst!« ermahnt sie ihn jedesmal, bevor er aus dem Haus geht, aber Herschl vergißt es natürlich immer. Irgendwann wird es der Frau zu dumm und sie gibt ihm das Hemd ungewendet mit. Der Zufall will, daß Herschl ausgerechnet an diesem Freitag daran denkt, das Hemd zu wenden. So hat er es wie üblich linksherum an, als er nach Hause kommt, und wie üblich wird er von seiner Frau dafür ausgeschimpft. »Also, ich versteh das nicht, Sarele«, sagt er. »Du hast es gewendet, ich hab es gewendet, und es ist immer noch falsch herum.«

Aber auch diese Geschichte ist typisch »chelmisch«:

Die Weisen von Chelm kommen zu dem Schluß, daß es unsinnig ist, sich mit Kummer, Sorgen und Problemen das Leben zu versauern. »Anstatt, daß wir uns immer alle Sorgen machen, wollen wir Jankele zum Treuhänder unserer Sorgen ernennen. Er soll sich im Auftrag aller Mitbürger sorgen und dafür drei Rubel die Woche bekommen, das ist ein angemessener Lohn.«

Jankele wird also einbestellt. Das Angebot erscheint ihm verlockend, aber es hat einen Haken:

»Mit einem Wochenlohn von drei Rubel läßt es sich anständig leben«, stellt er weise fest. »Was für einen Grund hätte ich da, mir Sorgen zu machen?«

Und dazu gibt es auch noch einen nachträglichen Zusatz:

Rabbi Baruch hat eine blendende Idee, wie man Jankeles Problem lösen könnte: »Nu, wir brauchen seinen Lohn nur bei mir zu deponieren und ich verspreche euch, daß ihm das genügend Grund zur Sorge geben wird!«

Ein Jude aus Warschau und einer aus Chelm gehen miteinander spazieren. Der Chelmer Jude hat einen Regenschirm dabei. Irgendwann beginnt es zu regnen, und der Warschauer Jude sagt zu seinem Freund:
»Los, spann schon deinen Regenschirm auf!«
»Das hätte wenig Sinn, er ist total durchlöchert.«
»Warum hast du ihn dann mitgenommen?«
»Nu, ich dachte, es kommt nicht zum Regnen ...«

Zeidel reitet auf seinem Esel und hat einen prallen Sack unterm Arm.
»Was ist denn in dem Sack, Zeidel?«
»Hafer«, erwidert Zeidel so leise, daß man ihn kaum verstehen kann.
»Was ist? Warum sprichst du so leise?«
»Ich will nicht, daß der Esel mich hört ... Er hat nämlich einen Riesenhunger.«

Auch die nächste Anekdote ist ein echter Klassiker:

Ein Bauer fährt mit seinem Fuhrwerk über eine Landstraße in der Nähe von Chelm. Am Straßenrand schleppt sich mühsam ein reisender jüdischer Händler dahin, der ein riesiges Bündel auf dem Rücken trägt – die Ware, die er auf Märkten und Jahrmärkten verkauft. Der Bauer hat Mitleid mit dem Mann und bietet ihm an, ihn ein Stück mitzunehmen. Der Jude steigt dankbar auf, behält jedoch sein Bündel auf dem Rücken. Nach einer Weile fragt ihn der Bauer:
»Warum nimmst du deinen Sack nicht ab und legst ihn nach hinten, Jude?«
»Oh, das ist nicht nötig. Das Pferd hat schon genug zu ziehen. Da will ich ihm nicht noch mehr aufbürden.«

Jankele, der offizielle Gemeindeschreiber von Chelm, sitzt wie üblich auf dem Dorfplatz und schreibt einen Brief – seltsamerweise jedoch in riesigen Buchstaben, wie einem Passanten auffällt, der in diesem Moment über den Platz kommt. »Warum so groß?« fragt er ihn. »Ich schreibe an meinen Onkel«, erwidert Jankele. »Der Ärmste ist stocktaub ...«

Awrom dagegen braucht keinen Schreiber zu bezahlen. Er kann selber schreiben! Als er mal wieder auf Geschäftsreise ist, merkt er, daß er seinen Mantel zu Hause liegengelassen hat und schreibt seiner Frau:
»Liebe Surele,
schick mir bitte Deinen Mantel, den ich daheim vergessen habe. Ich sage *Deinen*, weil wenn ich *meinen* schreiben würde, würdest Du *meinen* lesen und mir Deinen schicken. Und was fang ich mit Deinem Mantel an?
Gruß und Kuß, Dein Awrom.«

Chelm war eine Stadt mit vielen Wissenschaftlern und Gelehrten. Eines Tages saß eine Gruppe von Weisen beisammen und klärte, also durchdachte und besprach, ein schwieriges Problem. Dabei kraulten sie sich die Bärte, kratzten sich am Kopf und der eine oder andere bohrte auch in der Nase. »Warum ist es im Sommer heiß?« – »Ist doch klar«, antwortete der Älteste und Weiseste unter ihnen. »Im Sommer ist es heiß, weil im Winter geheizt wird. Und da im Sommer nicht geheizt wird, ist es im Winter kalt.«

Fischke trifft Scholem auf der Straße. Scholem hat es offensichtlich sehr eilig. »Wohin rennst du so schnell?«

fragt Fischke. »Zum Bahnhof, meinen Vater abholen. Er kommt morgen an.« – »Na, entschuldige mal«, sagt Fischke, »wenn dein Vater erst morgen ankommt, warum gehst du dann heute schon zum Bahnhof?« – »Weil morgen Markt ist und ich den ganzen Tag beschäftigt bin!«

Zalman erhält einen Brief, in dem geschrieben steht, daß sein Vater gestorben ist. Zalman liest ihn, dann faltet er das Blatt zusammen und schüttelt den Kopf: »Ich glaub das nicht.« – »Was gibt es da nicht zu glauben?« fragt seine Frau. »Hier steht es doch schwarz auf weiß!« Aber Zalman schüttelt den Kopf und bleibt bei seiner Meinung: »Ich glaub es trotzdem nicht. Das ist gar nicht Papas Handschrift.«

Einige Chelmer diskutieren über eine brandaktuelle Frage: Haben die Ärzte recht, wenn sie behaupten, Rauchen schade der Gesundheit?
»Nein, das sind Märchen«, sagt einer von ihnen. »Rauchen ist weder gut noch schlecht für die Gesundheit. Nehmt meinen Vater: Er war Kettenraucher und ist trotzdem steinalt geworden.«
»Stimmt, der Ansicht bin ich auch«, erwidert ein anderer.
»Rauchen ist weder gesundheitsschädlich noch -förderlich. Ich hatte einen Bruder, der nicht einmal wußte, wie eine Zigarette aussieht, und schon mit neun Monaten gestorben ist!«

Feigele, die Frau des Volksschullehrers von Chelm, sagt eines Abends während des Abendbrots zu ihrem Mann: »Hör mal, Frumkin: Denkst du dran, daß du übermorgen zu Hause bleiben mußt? Ich fahre doch nach Minsk, ein paar Einkäufe erledigen.« – »Unmöglich! Ich habe Unterricht«, erwidert der Mann erschrocken. »Dann erfindest du eben eine Ausrede und schickst die Kinder heim.« – »Was für eine Ausrede?« – »Nu, beispielsweise, du hättest Kopfweh!« Frumkin findet die Idee prächtig und ist augenblicklich einverstanden. Am nächsten Tag betritt er die Klasse und verkündet seinen Schülern:

»Kinder, morgen braucht ihr nicht zu kommen. Ich werde Kopfweh haben!«

Reb Liebe, der Flickschuster von Chelm, ertappt seine Frau in flagranti mit einem Liebhaber. Er ist natürlich außer sich, derart außer sich, daß er etwas tut, was in jüdischen Witzen äußerst selten vorkommt: er packt ein Küchenmesser und bringt die beiden um – obendrein vor Augenzeugen. Das Dorf ist in höchstem Aufruhr, man spricht über nichts anderes. Der Rabbiner beruft den Gemeinderat ein, der nach langer und gründlicher Diskussion die Todesstrafe über den Schuster verhängt (fragen Sie mich nicht, wie ein Gemeinderat dazu kommt, Todesstrafen zu verhängen). Der Rabbiner geht zu dem Angeklagten und teilt ihm mit trauriger Stimme sein Urteil mit: »Reb Liebe, wir haben keine andere Wahl. Du hast die Tat vor Augenzeugen begangen und streitest sie nicht mal ab. Morgen früh wirst du gehängt.« Murmeln im Saal (Saal ... nu ja – übertreiben wir mal nicht). Noch bevor sich das Murmeln ganz gelegt hat, steht Reb Josef auf und sagt: »Verzeihen Sie, Rabbi, aber Sie haben was vergessen. Reb Liebe ist der einzige Flickschuster im ganzen Dorf. Wer soll unsere Schuhe reparieren, wenn wir ihn aufhängen?« Erneutes Murmeln im Saal ...

Der Rabbiner denkt nach und beratschlagt sich mit

den anderen Gemeinderäten. Im Saal herrscht lautes Stimmengewirr. Irgendwann ruft der Rabbi die Versammelten energisch zur Ruhe und richtet folgende Worte an sie:

»Liebe Freunde und Mitbrüder, wir sind zu einer Lösung gelangt, die dem Fall angemessener ist. Es stimmt, wir haben tatsächlich nur einen einzigen Flickschuster in der Stadt, dafür aber zwei Schneider. Laßt uns also einen von ihnen aufhängen!«

»Wie gut der liebe Gott doch ist!« pflegte der berühmte Chelmer Talmudist Baruch zu sagen. »Selbst seine Güter verteilt er stets gerecht. So hat er den Reichen beispielsweise die Nahrung und den Armen den Hunger gegeben!«

Der Chelmer Weinhändler Reb Josef zieht mit einem Karren durch den Ort und verkauft Wein. Eines Tages entdeckt er zu seinem großen Entsetzen, daß sein Faß zur Hälfte ausgelaufen ist. »*Oj waj*«, jammert er. »Wie mag das bloß passiert sein?«

Seine Frau macht sich augenblicklich daran, das Faß aufs gründlichste zu untersuchen. »Ich hab's!« schreit sie auf einmal. »Hier unten im Boden ist ein Loch!«

»Dummes Weib«, erwidert Reb Josef mit einem mitleidigen Grinsen. »Wie kann denn unten ein Loch sein? Siehst du nicht, daß der Wein oben fehlt?«

Eines Tages war man mit dem Bau der Eisenbahn bis fast nach Chelm gekommen. Der alte Arieh Leib weigerte sich hartnäckig zu glauben, daß die Züge ohne Pferde von der Stelle kommen. Da brachte sein Enkel Gimpel ihn einmal zur Eisenbahnlinie. Die beiden mußten lange warten, aber endlich schnaufte doch eine Lok mit mehreren Waggons vorbei. »Siehst du? Wie ich dir gesagt habe!« meinte der Enkel mit triumphierender Miene.

»Nein, nein«, brummte sein Großvater, »ich bleibe bei meiner Meinung; nur daß die Pferde hier statt draußen wahrscheinlich drin sind.«

Ein Jude begibt sich zum Rabbiner von Chelm, um sich einen Rat bei ihm zu holen:

»Rabbi, ich habe ein Problem: Darf ich, um den Sabbat zu ehren, eine Henne schlachten, die vor kurzem Küken bekommen hat?«

Der Rabbiner zögert keinen Augenblick, ja er streicht sich nicht einmal über den Bart, bevor er im Brustton der Überzeugung sagt: »Natürlich darfst du!«

Aber unser Mann ist noch nicht zufrieden. Anstatt aufzustehen und sich mit einem höflichen Dankeschön zu verabschieden, bleibt er auf seinem Stuhl sitzen, überlegt kurz und fragt dann:

»Verzeihung, Rabbi: Wenn die Küken aber noch sehr klein sind und ihre Mama brauchen?«

Diesmal hat der Rabbiner nicht so schnell eine passende Antwort parat.

»Du hast recht, mein Sohn, die Sache ist komplizierter als gedacht«, erwidert er mit nachdenklicher Miene. »Das muß ich gründlich klären. Komm morgen wieder, bis dahin wird Gott mir helfen, eine Lösung zu finden.«

Am nächsten Tag kehrt der Jude mit hängendem Kopf zum Rabbiner zurück.

»Ach, Rabbi, heute nacht ist ein Marder in meinen Hühnerstall eingebrochen und hat die Henne mitsamt den Küken gefressen!«

»Siehst du? Wußte ich doch, daß Gott mir helfen wird!«

Die beliebte jüdische Witzfigur des Schnorrers ist ein Mischwesen aus Bettler, armem Teufel und Magnaten, der aus purem Zufall sein Leben lang keinen roten Heller in der Tasche hat. Er ist weder bescheiden noch unterwürfig, fühlt sich zu seiner »Arbeit« regelrecht berufen und erwartet sich von den andern Respekt, wenn nicht gar Ehrfurcht. Ein Proletarier ist er also gewiß nicht, im Gegenteil, man möchte fast sagen, er ist das Gegenteil eines Proletariers. Er bittet in den seltensten Fällen, meistens verlangt er, aber unfreundlich oder aufsässig ist er nie.

In vielen Witzen ist der Gesprächspartner des Schnorrers Rothschild in Person: Paradebeispiel und Archetypus des jüdischen Reichtums, berühmt von Istanbul bis Amsterdam, von Paris bis New York, von Odessa bis Livorno – wahrscheinlich weil reiche Juden zu allen Zeiten ziemlich rar waren.

Ein Schnorrer schafft es, nach unzähligen Anträgen eine Privataudienz bei Rothschild zu bekommen und in dessen Arbeitszimmer vorgelassen zu werden. In den vier Minuten, die ihm zur Verfügung stehen, haspelt er eine herzzerreißende Geschichte herunter, die von seiner zahlreichen Nachkommenschaft, seiner angeblich kranken Frau und ähnlichen Unglücksfällen handelt. Am Ende öffnet Rothschild seine Schreibtischschublade, zieht ein ziemlich dickes Bündel Geldnoten heraus und überreicht es dem armen Teufel mit den väterlich herablassenden Worten: »Und wenn du dir das ganze Theater gespart hättest, hätte ich dir wahrscheinlich das Doppelte gegeben.« – »Hören Sie, Herr Baron«, erwidert der Schnorrer gereizt, »daß Sie ein guter Bankier sind, ziehe ich nicht in Zweifel. Aber vom Schnorren verstehe ich garantiert mehr als Sie!«

Ein armer Schlucker läßt sich von einem berühmten Herzspezialisten untersuchen, dessen Rechnungen bekanntermaßen sehr gesalzen sind. Nach der Untersuchung gesteht er dem Arzt, daß er ihn nicht bezahlen kann. Der Star-Kardiologe will seinen Ohren nicht trauen. »Warum sind Sie dann zu mir gekommen?« fragt er gereizt. »Hier wissen doch alle, daß ich der teuerste Arzt der Stadt bin!« – »Werter Herr Professor, wenn es um meine Gesundheit geht, scheue ich keine Kosten.«

Und dasselbe gilt für ...

... einen Schnorrer, der – zur Abwechslung mal wieder – Baron Rothschild aufsucht. »Herr Baron, ich brauche dringend zweitausend Franken für eine Thermalkur in Vittel, die mir der Arzt verschrieben hat.« – »Nu, muß es denn unbedingt Vittel sein?« fragt der Baron. »Es gibt doch auch billigere Kurorte ...« – »Schon, aber wenn es um die Gesundheit geht, soll man bekanntlich keine Kosten scheuen!«

Und hier die leicht abgewandelte Version eines Schnorrer-Witzes von Doktor Freud:

Ein Schnorrer hat von dem reichen Bankier Oppenheimer unter vielen Beteuerungen seiner Notlage 30 Mark erschnorrt. Am selben Tag noch trifft ihn der Gönner im Restaurant vor einer Schüssel Lachs mit Mayonnaise. Er macht ihm Vorwürfe:

»Wie, Sie lassen sich von mir Geld schenken und dann bestellen Sie sich Lachs mit Mayonnaise? Dazu haben Sie mein Geld gebraucht?«

»Ich verstehe Sie nicht«, antwortet der Beschuldigte,

»wenn ich kein Geld habe, *kann* ich nicht essen Lachs mit Mayonnaise, wenn ich Geld habe, *darf* ich nicht essen Lachs mit Mayonnaise. *Also wann soll ich eigentlich essen Lachs mit Mayonnaise?*«

Polen. Rothschild fährt mit seiner prächtigen Kutsche übers Land. Zum Frühstück steigt er in einem kleinen Landgasthof entlang der Straße ab und bestellt sich einen Kaffee mit zwei Rühreiern. Als er fertig ist, präsentiert ihm der Wirt eine horrend hohe Rechnung:
»Zwanzig Rubel für zwei Rühreier? Das scheint mir ein bißchen übertrieben«, protestiert der Magnat. »Sind die Eier hierzulande denn so rar?«
»Die Eier nicht«, erwidert der Wirt, »aber die Rothschilds!«

Wie »nobel« der Schnorrer ist, mag dieser kurze Wortwechsel vor dem Eingang zur New Yorker U-Bahn beweisen:

Ein Schnorrer wendet sich an eine betucht wirkende Dame:
»Verzeihung, Madam, ich muß nach Hause und habe kein Geld für den Fahrschein ...« – »Tut mir leid, aber ich habe kein Kleingeld bei mir, nur Scheine.« – »Kein Problem, Madam. Dann nehme ich ein Taxi.«

Für den Schnorrer Barne ist es längst zur Tradition geworden, daß er am Abend vor Neujahr an Baron Rothschilds Schloßtor einen Geldumschlag überreicht bekommt. Doch dieses Jahr verläuft die Sache nicht so reibungslos wie sonst:
»Der Herr Baron ist nicht in der Stadt«, teilt ihm der

Butler über die neu eingerichtete Sprechanlage in eisigem Ton mit.

»Gut, nichts zu machen, dann übergeben eben Sie mir den Umschlag. Ich warte hier draußen vor dem Tor«, erwidert Barne etwas pikiert.

»Der Herr Baron hat keinerlei Umschlag für Sie hinterlassen. Er war in letzter Zeit sehr beschäftigt, seine Tochter heiratet in einem Monat.«

»Ah, jetzt verstehe ich«, knurrt der Schnorrer. »Der Herr Baron verheiratet seine Tochter, und das Ganze auf meine Kosten.«

Und so geht's gerade weiter:

Diesmal fällt der Stichtag auf *Pessach*. Der Schnorrer präsentiert sich wie üblich bei seinem reichen Gönner, der ihm dieses Jahr aber nur die Hälfte der gewohnten Summe überreicht. Er fragt wütend nach dem Grund.

»Tja, nun, das ist so, mein Sohn hat sich über beide Ohren in eine Varieté-Tänzerin verliebt, und ich sage Ihnen, das kostet mich ein Vermögen ...«, murmelt der »Wohltäter« zerknirscht.

»Was geht mich das an? Wenn Ihr Sohn ein Flittchen aushalten möchte, dann soll er es tun. Aber bitte mit seinem Geld, nicht mit meinem!«

»Großväterchen«, murmelt ein Schnorrer mit weinerlicher Stimme, indem er die Hand nach einem vorübergehenden Passanten ausstreckt, »Großväterchen, geben Sie einem armen Blinden eine milde Gabe und der Herr wird es Ihnen danken.«

»Woher wissen Sie, daß ich ein alter Mann bin, wenn Sie blind sind?« fragte der Greis.

»Oh, Verzeihung, Großväterchen, ich habe mich versprochen. Ich wollte sagen: geben Sie einem armen Taubstummen eine milde Gabe.«

Zwei Schnorrer finden auf der Straße einen schönen Brotlaib. Anstatt ihn zu teilen, machen sie ab, daß derjenige von ihnen beiden, der in dieser Nacht den schönsten Traum hat, den Brotlaib ganz für sich bekommen soll. Als sie am nächsten Morgen unter der Brücke aufwachen, erzählt der erste begeistert:
»Ich hatte einen phantastischen Traum von einem prächtigen Königsadler, der mich auf seine breiten Schwingen genommen und direkt zum Paradies hinaufgetragen hat, stell dir das vor!«
»Na, so ein Zufall!« entgegnet der zweite. »Ich hab genau dasselbe geträumt. Bloß daß ich mir, bevor ich auf den Adler stieg, gedacht habe: Was fang ich im Paradies mit einem Brotlaib an? Und deshalb bin ich aufgestanden und hab ihn gegessen!«

»Gnädige Frau, haben Sie Erbarmen, ich habe seit drei Tagen nichts mehr gegessen«, jammert ein am Straßeneck kauernder Bettler.
»Oh, armer Junge«, ruft die Dame erschrocken aus, »das ist gar nicht gesund! Sie müssen sich unbedingt einen Ruck geben!«

Die Armut ist aber kein Monopol der Schnorrer, die sich – wie Sie gesehen haben – wohl zu arrangieren wissen. Eigentlich trifft man sie fast überall an: im *Schtetl*, im Dorf, in der Familie. Die Kunst besteht darin, nicht darüber zu verzweifeln, sondern sie mit Philosophie zu nehmen:

»Liebe Riwkele, könntest du mir nicht mal eins von diesen Omeletts machen, von denen die Reichen so schwärmen? Wenigstens ein Mal in meinem Leben möchte ich eins versuchen.«

»Wir haben aber keine Eier, Herschel.«

»Na und? Wer sagt, daß man ein Omelett nicht auch ohne Eier machen kann?«

»Und Butter haben wir auch keine.«

»Das ist auch gar nicht nötig.«

»Wir haben nicht mal eine Pfanne!«

»Aber einen warmen Ofen!«

Die gute Riwkele vermengt also etwas Mehl mit Wasser, schöpft den Teig direkt auf die Ofenplatte und bäckt so einen Fladen, der unten schwarz verbrannt und oben roh ist. Der Mann bricht sich ein Stück davon ab, setzt sich an den Tisch, probiert, überlegt eine Weile und sagt dann: »Ich weiß wirklich nicht, was die Reichen an diesem Rezept so köstlich finden!«

Die nächste Geschichte basiert auf dem berühmten jüdischen Spruch, demzufolge es besser ist, das Glas als halb voll denn als halb leer zu betrachten:

Ein armer Mann mit vielen Kindern geht sich beim Rabbiner einen Rat holen: »Rabbi, bitte helfen Sie mir! Wir sind zu Hause so viele und haben so wenig Platz. Was kann ich machen?«

Der Rabbiner überlegt, klärt, murmelt vor sich hin und verkündet dann:

»Hol dir deine Ziege ins Haus!«

Da der arme Teufel ein frommer, gottergebener Mann ist, tut er, wie ihm geheißen, wenngleich ihm der Ratschlag des Rabbiners etwas seltsam vorkommt.

Kaum eine Woche später steht er wieder vor der Tür des Rabbiners.

»Rabbi, bei mir daheim geht es so eng zu, daß wir wirklich bald ersticken!«

Diesmal denkt der Rabbiner nicht lange nach:

»Hol dir deine Hühner ins Haus!«

Der arme Mann nimmt den weisen Rat des Meisters auch diesmal widerspruchslos hin und trollt sich mit gesenktem Kopf. Aber drei Tage später erscheint er erneut beim Rabbiner:

»Rabbi, ich weiß nicht mehr ein noch aus. Wir haben keine freie Ecke mehr daheim, keine zehn Quadratzentimeter, auf die ich meinen Hintern setzen könnte.«

Auch diesmal hat der Rabbiner die Antwort schon parat:

»Schaff die Ziege aus dem Haus!«

Am nächsten Tag kommt unser armer Mann voller Dankbarkeit zurück:

»Danke, Rabbi, tausend Dank für Ihren Rat! Sie ahnen ja nicht, wieviel Platz wir jetzt haben!«

Und noch ein Witz zum Thema »Nimm's mit Philosophie, ändern kannst du sowieso nichts!«:

Ein armer, aber frommer Mann betet: »Lieber Gott, wenn du die Güte hättest, mir zehntausend Rubel zu schenken, würde ich tausend davon gleich den Armen spenden. Und wenn du mir das nicht glaubst, kannst du die tausend Rubel ruhig vorher schon abziehen und mir nur neuntausend überweisen!«

In der Diaspora war die Mildtätigkeit oder Solidarität, wie man heute dazu sagt, einer der tragenden Pfeiler der jüdischen Gemeinschaften, egal, ob diese groß oder nur sehr klein waren. Armen, Witwen und Waisen zu helfen galt nicht nur als gute Tat, es war regelrecht Pflicht, weshalb die – zugegeben wenigen – Reichen sich mitunter höchstpersönlich zu den – zugegeben vielen – Armen hinbegaben, wenn es nicht umgekehrt geschah. Der Protagonist der nächsten Geschichte hatte seinen Teil anscheinend schon getan:

In einer finsteren, stürmischen Winternacht klopft es bei einem reichen Kaufmann an die Tür. »Gute Leute, öffnet mir bitte, ich bin am Erfrieren!«

Der Hausherr bringt mit Mühe die Augen auf, räkelt sich in seinem warmen Bett, dreht sich dann nach seiner Frau um und seufzt:

»Armer Teufel, wie leid er mir tut!«

»Nu, wenn er dir so leid tut, dann steh eben auf und laß ihn rein, damit er sich wärmen kann!«

»Sehr schlau«, erwidert der Mann höhnisch. »Wenn ich aufstehe und ihn reinlasse, tut er mir ja nicht mehr leid!«

Wie hat Sigmund Freud einmal gesagt? »Für einen Juden lohnt es sich nicht, reich zu sein. Das Elend der anderen würde ihn daran hindern, an seinen Schätzen froh zu werden.«

Ein Reicher, wie der aus dem vorigen Witz, bekommt Besuch von einer Delegation Gemeindemitgliedern, die ihn um einen Beitrag zur Errichtung einer Friedhofsmauer bitten.

»Wozu braucht der Friedhof eine Mauer?« fragt er. »Das ist doch völlig überflüssig: Die Toten sind tot und können nicht raus, und die Lebenden, die wollen von sich aus nicht rein ...«

Ein Bettler kauert mit ausgestreckter Hand am Boden. Ein Passant, dem das nicht gefällt, sagt: »Schämen Sie sich nicht, um Almosen zu betteln, gesund, wie Sie sind?«

»Nu, was glauben Sie denn? Werd ich mir für einen miesen Groschen von Ihnen das Bein, den Arm oder das Ohr abschneiden?!«

Ein Geizhals heult wie ein Schloßhund, weil ihm ein Stuhl kaputtgegangen ist, er kann gar nicht mehr aufhören. Irgendwann wird es seiner Frau zu dumm: »Jetzt reicht es aber! Ich verstehe wirklich nicht, was du wegen einer Kleinigkeit ein solches Theater machst.« – »Kleinigkeit? Du hast leicht reden, das sind drei Unglücke auf einen Schlag! Erstens: der Stuhl ist kaputt. Zweitens: er hat fünf Rubel gekostet. Und drittens: jetzt muß ich einen neuen kaufen!«

Geben wir's zu, auch die jüdischen Witze haben ihren Dieb – sympathisch und frech, schlau und verschlagen, hinterlistig, aber manchmal auch ehrlich. Er ist kein Schnorrer, denn der Schnorrer stiehlt für gewöhnlich nicht, er läßt sich geben. Unser Meir Jossi dagegen stiehlt richtig, wenn auch wenig. Und oft genug läßt er sich dabei ertappen:

Meir Jossi wird in flagranti beim Stehlen erwischt und dem Richter vorgeführt, der zu ihm sagt: »Ich sehe, du bist wirklich nicht zu belehren, Meir Jossi. Wie oft habe ich dir schon gesagt, du sollst nicht nehmen, was den anderen gehört.« – »Nu, Herr Richter, kann ich was dafür, daß alles, was ich unterwegs finde, den anderen und nicht mir gehört?«

Meir Jossi und Gunkel Liebe werden beim Stehlen in einer Gemüseplantage ertappt. Der Wächter führt sie zum Plantagenbesitzer, der augenblicklich sieht, daß Meirs Taschen vor weißen Bohnen förmlich überquellen. »Gut«, sagt er und reibt sich die Hände, »wo du mir die Bohnen gestohlen hast, ißt du sie jetzt auch auf bis zur letzten ... und zwar von unten nach oben, mein Lieber!« Meir bricht in schallendes Gelächter aus. »Was gibt es da zu lachen?« fragt der Plantagenwächter verwirrt. »Ich lache über meinen Freund, nicht über mich«, erwidert der Dieb mit tränenden Augen. »Der hat nämlich Zucchinis geklaut ...«

Hirschel wird mitten in der Nacht von einem Geräusch geweckt. Er schaut vorsichtig nach und entdeckt tatsächlich einen Einbrecher. Mutig, wie er ist, stürzt er sich sogleich auf ihn, doch der Dieb entwindet sich und kann im Schutz der Dunkelheit entkommen.
»Esel, was läufst du davon?« schreit Hirschel ihm nach. »Komm zurück und laß uns zusammen suchen! Mit deiner Hilfe schaffe ich es vielleicht, in diesem verflixten Haus endlich mal was zu finden ...«

Jankel und Mendel sitzen im Zug. Mendel stößt alle zwei Minuten ein herzzerreißendes »*Oj*« aus, gefolgt von einem langen Seufzer.
Jankel: »Was hast du denn, Mendel?«
Mendel: »Ach, mir tun meine Füße so weh! Das kommt von den Schuhen, die sind viel zu eng, es ist kaum auszuhalten ...«
Jankel: »Nu, warum ziehst du sie dann überhaupt an, Mendel?«
Mendel: »Das will ich dir erklären. Vor einer Woche ist

mein Geschäftspartner durchgebrannt – natürlich mit der Kasse. Meine ältere Tochter ist dabei, einen *Goj* zu heiraten. Die jüngere ist potthäßlich, die bleibt mir bis ans Ende meiner Tage auf der Tasche liegen. Mein Sohn ist ein Nichtsnutz, meine Frau die reinste Nervensäge, und in meinem Büro liegen so viele Rechnungen herum, daß ich gar nicht weiß, wo ich mit dem Bezahlen anfangen soll. Jetzt stell dir vor, was für ein Gefühl, wenn ich abends nach Hause komme und mir die Schuhe ausziehe – phantastisch, Jankel, geradezu himmlisch!«

Zitierenswerte Zitate

»Bevor ich zu sprechen beginne, möchte ich was sagen.«
Sam Goldwyn

»Ich möchte Ihnen einen schmachvollen Fall von oraler Empfängnisverhütung berichten. Ich habe ein Mädchen gefragt, ob sie mit mir schlafen will, und sie hat ›nein‹ gesagt!«
Woody Allen

Dein Buch hat mich zum Lachen gebracht, kaum daß ich es in der Hand hatte, und ich konnte nicht wieder damit aufhören, bis ich es zurückgelegt habe. Hoffen wir, daß ich irgendwann schaffe, es zu lesen.
Groucho Marx in einem Brief an den jiddisch-amerikanischen Humoristen Leo Rosten

Harold Rosenberg wurde anläßlich seines siebzigsten Geburtstags von Saul Bellow gefragt, wie er sich fühle.
»Nun, ich habe von Alter, Tod und dergleichen reden hören, aber für mich handelt es sich um falsche Gerüchte«, gab er zur Antwort.

Groucho Marx fragte eines Tages, ob sein Sohn als Halbjude wohl ausnahmsweise jenem exklusiven Club beitreten könne, der eigentlich keine Juden aufnimmt, unter der Voraussetzung, daß er nur bis zur Gürtellinie in den

Swimmingpool eintauche. Und das bringt mich auf eine andere, wenn auch anonyme und deshalb nicht ganz hierher passende Geschichte, die ich dem Leser unmöglich vorenthalten kann:

Ein amerikanischer Jude war mit einer sehr religiösen Frau verheiratet, die großen Wert darauf legte, alle Speisevorschriften hundertprozentig einzuhalten, so auch die Vorschrift, daß zwischen dem Verzehr eines Fleischgerichts und dem Verzehr einer Milchspeise mindestens sechs Stunden liegen müssen. Er selbst nahm es da nicht so genau. Eines Tages sagt er zu seiner Frau: »Bringst du mir bitte ein Glas Milch, Liebling?« – »Schatz«, erwidert seine Frau freundlich, aber bestimmt, »denk dran, daß du vor kurzem Fleisch gegessen hast!« – »Wieviel Uhr war es da genau, Liebling?« fragt er. – »Zwölf Uhr.« – »Und wie lange muß ich warten, bis ich Milch trinken darf?« – »Sechs Stunden.« – »Und wie spät ist es jetzt?« – »Drei Uhr.« – »Okay, Liebling, dann bring mir eben nur ein halbes Glas Milch.«

Auch der folgende Spruch stammt von Groucho Marx: »Ich würde niemals einem Club beitreten, der mich als Mitglied zuließe.«

Zu seinem fünfzigsten Geburtstag gab Kaiser Franz Josef einen Empfang, zu dem alles eingeladen war, was in Wien damals Rang und Namen hatte – so auch der Rabbiner Adolph Jellinek, ein feinfühliger, hochgelehrter Mann. Das Fest fand an einem Sabbat statt. Nach dem Essen bot der Kaiser seinen männlichen Gästen Zigarren an. Höchst geschmeichelt, begannen alle auf der Stelle zu rauchen, alle bis auf Rabbi Jellinek, der seine Zigarre in die Brusttasche seines Rocks steckte. Es sei daran erinnert, daß Juden am Sabbat nicht rauchen dürfen.

Das wußte der Kaiser aber nicht, und deshalb fragte er den Rabbiner, warum er nicht rauche.

»Majestät«, erwiderte der große Gelehrte, dessen Steckenpferd das Sammeln und Studieren antiker Texte war, »ein Geschenk von Ihrer Hoheit ist so wertvoll, daß ich mir nicht vorstellen könnte, es einfach verrauchen zu lassen. Ich möchte die Zigarre deshalb beiseite legen, irgendwann einmal einen einzigen Zug davon tun und sie dann als Familienerbstück an meine Enkel und Urenkel weiterreichen.«

Der berühmte Wiener Humorist Moritz Shapiro wurde während der Unruhen des Jahres 1848 festgenommen, weil er öffentlich proklamiert hatte: »Wir brauchen keinen Kaiser!« Beim anschließenden Verhör auf dem Polizeirevier konnte er sich jedoch geschickt herausreden:

»Herr Shapiro, Sie haben in aller Öffentlichkeit zur Revolution aufgerufen. Ist Ihnen klar, daß darauf die Todesstrafe steht?«

»Der Herr Gendarm irren«, erwiderte Shapiro. »Er hat mich meinen Satz nicht zu Ende sagen lassen: ›Wir brauchen keinen Kaiser, weil wir schon einen haben!‹«

Louis Marshall war ein sehr berühmter amerikanischer Rechtsanwalt, der sich eines Tages vor die Aufgabe gestellt sah, den noch berühmteren jiddischen Schriftsteller Shalom Aleikhem der Öffentlichkeit zu präsentieren. Marshall hatte einen kleinen Trick und der bestand darin, daß er nie die Hände aus den Taschen nahm. Aber wie auch immer ... An jenem Tag ging er jedenfalls ans Rednerpult und sagte: »Ladies and Gentlemen, *Shalom,*

I Like Him« (versuchen Sie mal, das mit amerikanischem Tonfall auszusprechen, und Sie werden sehen, daß es ziemlich nahe an Aleikhem herankommt).

Der Schriftsteller, der sehr schlagfertig war, begann seine Rede mit folgendem Satz: *I like him* ebenfalls, und zwar weil Marshall meines Wissens der einzige Rechtsanwalt ist, der die Hand ausschließlich in den eigenen Taschen hat.

»Früher war ich nur der Sohn meines Vaters, jetzt bin ich nur der Vater meines Sohnes ...«

Avraham Mendelssohn,
Sohn von Moses ben Menachem (berühmter Philosoph)
und Vater von Felix Mendelssohn Bartholdy
(berühmter Komponist)

»Es gibt auf der Welt zwei Sorten von Menschen, die ich nicht ausstehen kann: Schriftsteller und Juden. Leider bin ich sowohl das eine wie das andere ...«

Ferdinand Lassalle

»Ach, Professor, wenn Sie wüßten: Jahrelang war ich überzeugt, einen echten van Gogh über dem Bett hängen zu haben, und jetzt muß ich entdecken, daß er gefälscht ist!« sagte eines Tages eine attraktive junge Frau zu dem berühmten Berliner Kunsthistoriker und Universitätsprofessor Max Liebermann.

»Gnädige Frau, als ich in Ihrem Alter war, kam es mir darauf an, was ich in, nicht über dem Bett hatte!«

In Berlin wird eine Oper von Richard Strauss aufgeführt, und zwar unter der Leitung von Leo Bloch, der sich die Freiheit herausnimmt, die Partitur an einigen Stellen geringfügig abzuändern. Strauss ist beleidigt: »Erklären Sie mir bitte eins, Herr Bloch: Wer hat diese Oper komponiert, Sie oder ich?«

»Sie, Gott sei Dank ...«, erwidert Leo Bloch.

Albert Einstein kam anläßlich eines offiziellen Abendessens einmal neben einer Dame zu sitzen, die ebenso ungebildet wie zeremoniös war. »Erklären Sie mir bitte eins, Professor«, sagte sie. »Was ist der Unterschied zwischen Zeit und Ewigkeit?«

»Gnädige Frau«, erwiderte der Erfinder der Relativitätstheorie, »glauben Sie mir: Ich müßte meine ganze Zeit darauf verwenden, Ihnen das zu erklären, und Sie würden eine Ewigkeit brauchen, es zu verstehen ...«

»Es wird der Tag kommen, an dem das Tragen eines Gebetsschals und eines Käppchens für niemanden mehr ein Hinderungsgrund sein wird, ins Weiße Haus einzuziehen. Vorausgesetzt natürlich, dieser Niemand ist kein Jude.« Jules Farber

Tewje, der Milchjunge, war und ist sozusagen die Seele Shalom Aleikhems. Und es kommt uns vor, als habe er selbst diesen Satz gesagt:

»Lieber Gott, wär's nicht möglich, daß du mir hin und wieder ein bißchen unter die Arme greifst – ich meine, wo du doch so vielen Fremden hilfst ...«

Lachen, um nicht weinen zu müssen

»Bernstein, ich hab zwei Nachrichten für dich, eine gute und eine schlechte.«
»Zuerst die gute, Spitz!«
»Hitler ist tot.«
»Wundervoll! Phantastisch! Und die schlechte?«
»Die erste Nachricht ist falsch.«

Wie Sie sehen, können die Juden auch über Hitler lachen. Trotz aller Schrecklichkeiten, die ihnen widerfahren sind, gibt es über den Führer und seine Bande ein großes Repertoire an erheiternden Anekdoten, die sich durch beißenden Humor und überraschende Pointen auszeichnen. Natürlich schneidet der Gründer des Dritten Reichs in allen als Idiot ab, aber das ist wohl das Geringste, was ihm passieren konnte.

Hitler befindet sich in Calais. Der Krieg läuft nicht besonders gut. Ratlos starrt er in Richtung des uneinnehmbaren England auf den Ärmelkanal hinaus. »Wie kommen wir da bloß rüber?« fragt er sich und eine Schar von treuen Anhängern, die ihn umringen.

»Wir müßten es machen wie die Juden mit dem Roten Meer«, sagt einer.

»Ausgezeichnete Idee!« ruft der Führer aus. »Schafft mir sofort einen Moses zur Stelle!«

Gesagt, getan: Eine SS-Schwadron macht sich umgehend auf den Weg ins nächste KZ, schnappt sich dort den ersten Moses, der in Schußweite kommt, und schleppt ihn vor den Führer.

»Bist du in der Lage, das Meer hier zu teilen?« fragt Hitler ihn ohne große Umschweife.

»Klar, Herr Führer, kein Problem«, erwidert der Jude, »ich brauche bloß den Stab, dann ist alles ein Kinderspiel.«

»Aha, den Stab ... Und wo ist dieser Stab?« will Hitler wissen.

»Im British Museum«, erwidert Moses seelenruhig.

Hitler erfährt, daß die Juden sich Witze über ihn erzählen. Rasend vor Wut, läßt er den ersten Juden festnehmen, der ihm in die Quere kommt. »Ich hab gehört, ihr Juden macht Witze über mich!« herrscht er ihn an. »Wie könnt ihr das wagen?! Witze über mich, den Führer des deutschen Volkes, den Gründer des Dritten Reichs, das tausend Jahre währen wird!« – »Bei meiner Seel, Herr Führer, den hab ich nicht erfunden ...«

Auch dieser Witz spielt in Nazi-Deutschland. Koppelstein durchquert den Stadtpark und stößt dabei auf Friedenthal, der gemütlich auf einer Bank sitzt und in einem bekannten antisemitischen Hetzblatt blättert. »Friedenthal!« schreit er entsetzt. »Wie kommst du dazu, diesen judenfeindlichen Schund zu lesen?!« – »Ich will dir was sagen«, erwidert Friedenthal. »Wenn ich eine von unsren Zeitungen lese, bin ich hinterher immer total deprimiert – nichts als Katastrophenmeldungen: Juden aus Berlin verbannt, Juden ist der Arztberuf verboten, Juden dürfen nicht mehr Straßenbahn fahren, und so geht es in einem fort. Hier dagegen steht: daß die Juden die ganze Welt kontrollieren, daß sie die Zügel der internationalen Finanz in der Hand halten, daß sie die Politik sämtlicher Länder beeinflussen und so weiter. Ich kann dir sagen, Koppelstein: die reinste Seelenmassage!«

Neben vielen anderen Geschichten aus dem Dritten Reich erzählt man sich auch die eines Schnorrers, den wir Brokh, Awrom, Moses oder auch Berl nennen könnten – der Name spielt keine Rolle. Dieser Schnorrer hat den Nazi-Terror unbehelligt überstanden und konnte selbst in den schlimmsten Momenten auf der Straße betteln, indem er einfach ein Pappschild mit folgender Aufschrift neben sich stellte: »Almosen von Juden werden nicht angenommen.«

Zwei mutige, junge Juden haben ein Attentat auf Hitler vorbereitet. Der Plan ist perfekt. Mit gezückten Pistolen liegen sie im ersten Stockwerk eines Gebäudes auf Lauer, vor dem Hitler zu einer öffentlichen Kundgebung erwartet wird. Aber die Zeit vergeht und der Führer läßt sich nicht blicken. Die Spannung steigt von Sekunde zu Sekunde und wird unerträglich. Irgendwann nimmt einer von den beiden den Finger vom Abzug und sagt zu seinem Freund: »Was meinst du, warum der nicht kommt? Hoffentlich ist ihm nichts passiert!«

»Was für ein schönes Fest gestern abend«, sagt Moritz Schmidt, vormals Abraham Hayum Levy. »Wir waren über fünfzig Gäste, alles reinrassige Arier bis auf Papa ...«

Hitler war sehr abergläubisch. Eines Tages erfährt er, daß irgend jemand behauptet hat, er werde einmal an einem jüdischen Festtag sterben. Von ängstlicher Neugier befallen, läßt er einen Rabbiner zu sich rufen. »Mir wurde prophezeit, ich werde an einem jüdischen Festtag sterben. Ich will wissen, an welchem!« – »Mit Verlaub, Herr Führer: Das genaue Datum kann ich Ihnen nicht sagen, aber es wird in jedem Fall ein Festtag für die Juden sein!«

Im Dritten Reich. Eine alte Jüdin geht aufs Postamt, um einen Brief abzusenden. Sie hantiert eine Weile damit herum, dann geht sie zum Schalter zurück und protestiert, weil die Briefmarke, auf der der Kopf des Führers abgebildet ist, nicht auf dem Umschlag klebenbleibt. »Sie müssen draufspucken!« sagt ihr der Schalterbeamte. »Wenn Sie wüßten, wie oft ich das schon getan habe!« – »Und auf welche Seite?« – »Nu, auf die mit dem Bild natürlich!«

Der nächste Witz gehört strenggenommen nicht hierher, aber irgendwie schon. Ich stelle mir jedenfalls gerne vor, daß seine Protagonistin die Frau aus der vorigen Geschichte ist:

Auf dem Postamt. Frau Perlemutter reicht dem Beamten einen Brief. »Der ist zu schwer. Da müssen Sie noch eine Briefmarke draufkleben!«
»Und Sie meinen, dadurch wird er leichter?!«

Berlin. In der Straßenbahn. Eine ältliche, dicke Teutonin fragt ihren dürren Sitznachbarn:
»Hei, Jud, wie spät ist es?«
Der schmächtige Mann zieht seine Taschenuhr aus dem Westentäschchen und hält sie ihr aus einiger Entfernung hin – aber ohne den Deckel aufzumachen.

»Also, bei geschlossenem Deckel kann ich die Uhrzeit schlecht ablesen, Jud!«

»Nu, gnädige Frau, für jemanden, der wie Sie in der Lage ist, durch meinen Hosenlatz durchzusehen und zu erkennen, daß ich Jude bin, sollte ein Uhrendeckel eigentlich kein Problem darstellen.«

Daß Lachen besser ist als Weinen, weiß jedes Kind. Nicht ganz so bekannt ist die Tatsache, daß die Juden oft gelacht haben, damit sie nicht weinen müssen oder um vorübergehend damit aufhören zu können. Sie haben im Lauf ihrer Exilgeschichte gelernt, den Unbilden, die sie immer wieder und meistens überraschend ereilten, durch Lachen vorzubeugen – im Rahmen des Möglichen, versteht sich. In dieser Hinsicht, wie in vielen anderen, hat das auserwählte Volk große Anpassungsfähigkeit bewiesen, genau wie der dürre Kapernstrauch, der sich auf den Boden duckt, um den Mittelmeerwinden zu trotzen, oder die tapferen Astronauten, die sich mit geschmacklosen Pillen anstatt mit Spaghetti, Brathähnchen und Coca-Cola begnügen. Wie meine Großmutter zu sagen pflegte: »O mangi la minestra o salti dalla finestra ...« Zu deutsch: In der Not frißt der Teufel Fliegen ...

Die Weltraumforscher aller wichtigen Forschungszentren sind sich einig: Ein riesiger Meteor nähert sich mit höllischer Geschwindigkeit der Erdumlaufbahn, in der er binnen dreißig Tagen eintauchen wird. Der Zusammenprall mit unserem Planeten wird ein Meerbeben biblischen Ausmaßes zur Folge haben, sämtliche Kontinente werden untergehen. Und da die Katastrophe natürlich nicht abzuwenden ist, wenden sich alle großen Religionsführer mit einer letzten Botschaft an ihre Gläubigen:

Der Papst: »Liebe Christen, wir wollen dem Weltuntergang in gemeinsamem Gebet vereint entgegenblicken!«

Der Imam: »Muslimische Brüder und Schwestern, der Wille Allahs geschehe!«

Der Chefrabbiner von Israel: »Jungs, ihr habt neunundzwanzig Tage Zeit, um zu lernen, wie man unter Wasser lebt.«

»Was für ein trauriges Schicksal wir Juden doch haben«, klagt Bunim vor einer Tasse Tee. »Massaker, Pogrome, Rassengesetze, Hitler, Stalin, Ku-Klux-Klan und so geht's immer weiter ... Weißt du, Simke, manchmal denke ich, es wäre besser gewesen, gar nicht zur Welt zu kommen.«

»Sicher«, erwidert Simke seufzend, »aber wer hat das Glück schon? Einer von hunderttausend, wenn's hochkommt ...«

Demnach wäre das Überleben des jüdischen Volkes, das für manche einen Mythos darstellt, für andere eine Kunst und für nicht wenige ein regelrechtes Schrecknis (wenngleich es immer mit dem Nimbus des Mysteriösen umgeben ist – nach dem Motto: »Wie zum Teufel schaffen die das bloß, sich immer wieder aufzurappeln?«), also nur eine Sache des Trainings.

»Ah, diese Juden, was die nicht schon angerichtet haben! In allem haben sie ihre Nase drin. Überleg mal: Lenin, Rothschild, Eisenberg, Einstein ... Kommunismus, Kapitalismus, Weltwirtschaftskrise, Erfindung der Atombomben, Untergang der Titanic ...«

»Untergang der Titanic? Was hat der denn damit zu tun?«

»Was der damit zu tun hat? Blöde Frage! Sagt dir der Name Eisberg nichts?«

Diesen Witz verdanke ich übrigens einem freundlichen und in Wirklichkeit sehr berühmten Menschen, der mein Nachbar ist, an den Gestaden eines Meers, auf das man stundenlang hinausblicken möchte, inmitten von Kapernsträuchern und schwarzem Urzeitgestein. Auch er ist gezwungenermaßen auf den Geschmack des Exils gekommen, wenngleich es sich bei ihm mehr um eine innere als um eine äußere Emigration gehandelt hat. Mehr will ich nicht sagen, denn ich bin mir sicher, daß er sich längst wiedererkannt hat.

Kalman ist ein armer Händler, der mit seinem Warenbündel auf dem Rücken übers Land zieht. Er ist schon stundenlang unterwegs, als er von einem prächtigen Vierspänner eingeholt wird. Auf dem samtbezogenen Kutschbock sitzen – *wie es in den jüdischen Geschichten heißt* – ein Fritz und eine Fritza.
»Hei, Jud, wohin des Wegs?«
»Nach Tarnopol«, erwidert Kalman, der todmüde und ziemlich niedergeschlagen ist.
Dem Fritz stößt auf, daß »der Jud« nicht den Hut abnimmt, um ihn zu grüßen.
»Und was ist mit dem Hut?« keift er ihn an.
»Der kommt mit nach Tarnopol«, murmelt Kalman und schlurft weiter.

Jankele hat sich endlich ein Pferd kaufen können und so legt er die staubige Landstraße heute zum erstenmal nicht zu Fuß, sondern hoch zu Roß zurück. Er hat es nicht eilig; er will den Gaul erst einreiten, obwohl der offen gestanden nicht mehr der Jüngste ist. Schon gut eine Stunde läßt Jankele das Tier gemächlich vor sich hin trotten, als er hinter sich plötzlich eine Art Rasseln vernimmt, das schnell näher kommt und sich als polnischer Soldat mit Schwert und Helm entpuppt, der wie ein Besessener hinter ihm herrennt. Als er Jankele eingeholt hat, reißt er ihn vom Sattel, versetzt ihm einen Faustschlag ins Gesicht, schwingt sich selbst auf den Gaul und reitet wie der Blitz davon.

Jankele kommt sich vor wie in einem Alptraum. Sein Kopf brummt fürchterlich und die Beine spürt er kaum noch vor Schmerz. Mühsam rappelt er sich auf und schleppt sich ins nächste Dorf. Dort geht er auf die Polizeiwache und zeigt den Diebstahl an.

Der Fall löst sich schneller als gedacht. Der Dieb sitzt nämlich seelenruhig im Dorfgasthof; das Pferd hat er davor angebunden.

Die beiden Kontrahenten werden vors örtliche Gericht geladen.

»Du, Jude, was hast du vorzubringen?« fragt der Richter.

»Ich habe vorzubringen, Euer Ehren, daß dieser Mann mich von meinem neuen Pferd geworfen, mir darauf einen Faustschlag versetzt hat und sodann mit demselben weggeritten ist.«

»Und du, Soldat?«

»Euer Ehren, ich war furchtbar in Eile. Unterwegs bin ich auf den Juden und sein Pferd gestoßen. Mit dem Juden hab ich nichts anfangen können, also hab ich nur das Pferd genommen ...«

In einem kleinen russischen Städtchen. Ein Jude mit dickem, schwarzem Kaftan, *Peies* und *Streimel* rutscht aus und fällt in den Fluß. Ganz in der Nähe steht ein Polizist. »Hilfe, Hilfe, ich kann nicht schwimmen!« schreit der Jude verzweifelt, doch der Polizist rührt sich nicht vom Fleck und schaut ihm vom Ufer aus grinsend zu. »Hilfe, Hilfe, bitte retten Sie mich!« Nichts. Am Ende seiner Kräfte angelangt, schreit der Jude mit gellender Stimme: »Tod dem Zaren, Tod dem Zaren!«, worauf der Polizist augenblicklich ins Wasser springt und ihn herausfischt: »Dreckiger Jude! Was fällt dir ein, den Zaren zu beleidigen? Marsch ins Kittchen mit dir!«

Ein Zug verläßt den Bahnhof von Moskau. Unter den Passagieren befindet sich ein Jude, der wie alle Juden auf Erlaß des Zaren aus der Hauptstadt verbannt worden ist. Irgendwann betritt der Schaffner das Abteil und herrscht den Juden an:
    »Raus hier! Dieses Abteil ist für einen General reserviert, der im Auftrag Seiner Majestät reist.«
    Doch der Jude läßt sich nicht aus der Ruhe bringen:
    »Richten Sie Ihrem General bitte aus, daß ich ebenfalls im Auftrag Seiner Majestät reise.«

Der nächste Witz spielt wieder in Nazi-Deutschland mit seinen Rassengesetzen:

Schauplatz ist eine kleine katholische Kirche in einem malerischen Dörfchen im Schwarzwald. Während der Sonntagsmesse stürmen plötzlich drei bis an die Zähne bewaffnete SS-Männer herein. Einer von ihnen brüllt:
    »Alle, die einen christlichen Vater und eine jüdische Mutter haben, verlassen sofort den Raum!«
    Eine Gruppe von Männern und Frauen geht mit gesenkten Köpfen zur Tür.

»Und jetzt alle, die einen jüdischen Vater und eine christliche Mutter haben ... Los, raus!«

Die Szene von vorher wiederholt sich und die Kirche leert sich.

Aber nicht ganz! In der ersten Reihe sitzt ein winziges, altes Männchen, das sich verwirrt umschaut. Plötzlich spürt es, wie ihm jemand leicht an die Schulter faßt:

»Komm, Alterchen, ich glaube, wir beide können gehen ...« Es ist Jesus, der vom Kreuz gestiegen ist.

Sowjetrußland: Revolution hin oder her, für die Juden scheint sich nicht viel geändert zu haben. In der Stadt verbreitet sich die Nachricht, daß eine Ladung Fleisch ankommen soll. Vor der gähnend leeren Metzgerei bildet sich augenblicklich eine lange Menschenschlange. Man wartet und wartet, ohne daß etwas geschieht. Nach rund zwei Stunden taucht ein Polizist mit einem Megaphon auf: »Wie soeben mitgeteilt wurde, ist die angesagte Fleischlieferung kleiner als vorhergesehen. Alle Juden in der Schlange sind deshalb aufgefordert, heimzugehen.«

Rund zwei Dutzend Männer und Frauen räumen resigniert das Feld.

Eine Stunde später taucht der Polizist erneut auf:

»Schlechte Nachrichten. Es hat ein Transportproblem gegeben. Für heute kommt kein Fleisch an. Alles nach Hause!«

Die Leute zerstreuen sich schweigend, keiner protestiert. Nur ein Mann murmelt leise: »So ein Pech! Drei Stunden Schlange stehen für nichts und wieder nichts.« – »Stimmt. Aber die Juden haben eine Stunde weniger gewartet, die haben eben immer Glück!« – »Glück? Was die haben, ist einen heißen Draht zur Regierung, das hab ich ja schon immer gesagt!«

Rußland in der Stalin-Ära. Die Zugfahrkarten nach Sibirien gehen weg wie warme Semmeln – als wäre die Taiga plötzlich zu einem begehrten Urlaubsziel geworden ... Das Gegenteil war bekanntlich der Fall. Auch Itzhak Poliakow muß scheiden. Wenn alles »gutgeht, erwarten ihn drei Jahre Lager.
»Ich schreibe dir, Papa ... aber sicher werden meine Briefe zensiert. Warum machen wir nicht einen Geheimcode aus?!«
»Nein, das wäre viel zu riskant. Machen wir's so: Wenn das, was du schreibst, wahr ist, benützt du blaue Tinte, wenn es falsch ist, rote.«
»Abgemacht.«
Die beiden nehmen traurig Abschied. Einen Monat später flattert dem alten Poliakow eine Karte folgenden Inhalts ins Haus:
»Lieber Vater,
hier geht es mir sehr gut. Ich habe ein kleines Häuschen ganz für mich und bekomme jeden Tag Fleisch zu essen. Ich kann mich wirklich nicht beklagen.
Dein Sohn Itzhak
P S: Das einzige, was mir hier fehlt, ist rote Tinte.«

Der König von Portugal hat ein Gesetz erlassen, das die Juden des Landes zwingt, immer eine bestimmte Kopfbedeckung zu tragen, um sie von den Christen unterscheiden zu können. Alle hohen Würdenträger des Staates und der Kirche finden sich bei Hofe ein, um den königlichen Erlaß gegenzuzeichnen. Als man versammelt um den langen Konferenztisch sitzt, fällt auf, daß der Kämmerer des Königs noch fehlt – ausgerechnet er, dabei ist Seine Majestät selbst bereits anwesend! Doch da öffnet sich die Tür und herein kommt der Kämmerer mit drei »Judenhüten«.

»Was wollt Ihr mit diesen Hüten?« fragt ihn der König.

»Majestät, einer ist für mich. Ich habe meine Herkunft noch einmal genau überprüft und muß leider eingestehen, daß ich jüdischer Abstammung bin.«

»Und der andere?«

»Den anderen habe ich für Seine Hoheit, den Herzog von Oporto, den Thronfolger, mitgebracht. Die Überprüfung seines Stammbaums hat leider ebenfalls ergeben ...«

»Und der dritte Hut?«

Der Kämmerer zögert, schlägt die Augen nieder, räuspert sich:

»Der dritte, Majestät«, murmelt er dann, »der dritte ist für Euch. Im Laufe meiner Nachforschungen bin ich nämlich drauf gestoßen ...«

Und die nächste Episode ist eine der bittersten und traurigsten »Witzgeschichten«, die je erzählt worden sind:

Während der *Pessach*-Woche ist in der Nähe der Synagoge ein ermordetes Kind aufgefunden worden. Die örtlichen Juden sind verzweifelt:

»Jetzt behaupten die *Gojim* bestimmt, wir Juden hätten das Kind umgebracht. Das wird fürchterliche Repressalien gegen uns geben!« Der Verdacht des Ritualmords an christlichen Kindern, mit deren Blut die Juden angeblich den Teig ihrer ungesäuerten Brote, der *Mazzot*, anrühren, war im Mittelalter weit verbreitet und hat – auch in neuerer Zeit noch – zu Pogromen, Hetzjagden und gewalttätigen Ausschreitungen aller Art gegen die Juden geführt.

Am Abend versammeln sich die Vorsitzenden der Gemeinde im Gebetshaus und beratschlagen, was zu tun wäre, aber im Grunde weiß keiner, wie man die Bedrohung noch einmal abwenden könnte.

Plötzlich platzt völlig außer Atem doch freudestrahlend der Synagogendiener zur Tür herein.

»Hurra! Hurra! Die Gefahr ist vorbei!« schreit er begeistert.

»Was ist geschehen?« fragen ihn die Ratsmitglieder gespannt. Der *Schammes* holt tief Luft und erwidert dann:

»Lob sei dem Herr! Wißt Ihr, was rausgekommen ist? Das ermordete Kind war ein jüdisches Kind!«

Rußland. Ein Offizier mit Franz-Josef-Bart und Hund nimmt in einem Bahnabteil Platz. Ihm gegenüber sitzt ein alter Jude mit weißem Vollbart, langem Kaftan und lebhaften Äuglein. Der Offizier macht ständig an seinem Hund herum: »Moische, sitz! Moische, Platz! Moische, brav!« etc.

»Na, Jud, was sagst du zu meinem Hund?« fragt er schließlich in arrogantem Ton.

»Sehr aufgeweckt, Herr General. Wenn er kein Jude wäre, hätte er's bestimmt schon längst zum Offizier gebracht!«

»Die Juden und die Radfahrer sind an allem Unheil in der Welt schuld ...«
»Warum die Radfahrer?«

»Ich komme gerade von einer phantastischen Afrikareise zurück! Unberührte Natur, herrliches Klima und das Schönste: in Afrika gibt es weder Juden noch Schweine ...«

Eisiges Schweigen senkt sich über die Tafelrunde.

Unter den vornehmen Herren, die an dem Busineßlunch teilnehmen, befindet sich auch der vornehme Herr Rubinstein – der nach der langen, peinlichen Stille gelassen das Wort ergreift:
»Schade. Wenn ich das früher gewußt hätte, hätten wir das Problem lösen können.«
»Lösen? Wie?«
»Nun, indem wir zusammen nach Afrika geflogen wären, Sie und ich.«

Den Schauplatz der nächsten Geschichte kann sich der Leser nach Belieben aussuchen: Berlin im Dritten Reich, Moskau zu Zeiten des Zaren oder auch Stalins, Budapest, Warschau usw.

Hirsch und Buman machen einen Spaziergang durch Berlin (Moskau, Budapest, Wien ...), als sie merken, daß ihnen ein Schutzmann entgegenkommt. Das Problem ist, daß von ihnen beiden nur Buman eine befristete Aufenthaltsgenehmigung für die Stadt hat, Hirsch dagegen nicht, weshalb es besser wäre, das Auge des Gesetzes fiele erst gar nicht auf ihn.
»Schnell, lauf weg!« zischt er deshalb Buman zu. »So rennt der Polizist dir hinterher und läßt mich in Ruhe.«
Buman zögert nicht lange und nimmt die Beine unter den Arm. Als der Schutzmann ihn weglaufen sieht, gebietet er ihm natürlich augenblicklich halt, und da Buman nicht stehenbleibt, nimmt er die Verfolgung auf. Als er ihn endlich einholt, sind beide völlig außer Atem.
»Los, deine Papiere, Jud!«
Buman überreicht dem Schutzmann seine Aufenthaltsgenehmigung, der Schutzmann liest sie mehrmals durch, dreht sie hin und her und fragt schließlich:

»Deine Papiere sind doch in Ordnung, Jud! Warum bist du gerannt?!«

»Das hat mir der Doktor verschrieben – mindestens zwei Kilometer am Tag!«

»Du hast aber doch gemerkt, daß ich nach dir schreie und dir hinterherlaufe! Warum bist du nicht stehengeblieben, hä?«

»Nu, ich hab mir gedacht, Sie gehen wahrscheinlich zum selben Arzt ...«

Sowjetrußland. Ein alter Jude mit schwarzem Kaftan, *Peies*, Käppchen und weißem Bart sitzt in einem Moskauer Park auf einer Bank und liest – ein hebräisch geschriebenes Buch! Irgendwann kommt ein Agent des KGB vorbei, erkenntlich an seiner »Berufstracht«, sprich Trenchcoat, breitkrempiger Hut, Lederhandschuhe usw.

»Was liest du da? Was ist das für eine komische Schrift?« schnauzt er und tippt mit dem Finger auf das Buch.

»Das ist Hebräisch. Die Sprache des Staates Israel.«

»Mach dir keine Hoffnungen, Opa. Da kommst du nicht mehr hin.«

»Sie haben wahrscheinlich recht«, erwidert der Jude gelassen. »Aber im Paradies wird auch hebräisch gesprochen!«

»So? Und wer garantiert dir, daß du ins Paradies kommst?«

»Niemand«, entgegnet der alte Mann seelenruhig. »Aber Russisch kann ich ja schon.«

Auch die nächste Anekdote ist ein Klassiker, den ich auf keinen Fall unterschlagen möchte:

In den USA Anfang der fünfziger Jahre. Auch hier ist man den Juden nicht immer freundlich gesinnt. Die Baronesse Collins beschließt, zu ihrer nächsten Party ein paar Offiziere und Kadetten des Regiments einzuladen, das in der Nähe ihres prächtigen Anwesens stationiert ist. Sie ruft also beim Kommando an und läßt sich mit dem Oberst verbinden.

»Hier spricht die Baronesse Collins. Oberst, ich würde zu meinem nächsten Empfang gerne ein paar Offiziere und Kadetten Ihres Regiments einladen. Hinsichtlich der Auswahl verlasse ich mich ganz auf Sie, Oberst. Nur eine Bitte: Schicken Sie mir gutaussehende, stattliche Mannsbilder und bitte ... keine Juden! Sie wissen ja, wie das ist ...«

»Kein Problem, Baronesse, wird gemacht.«

Am Abend der Party läutet es an der Tür der schloßähnlichen Residenz. Ein Dienstmädchen in weißer Schürze und Spitzenhäubchen geht öffnen und führt zehn große, breitschultrige Soldaten ins Wohnzimmer – alle pechschwarz ...

»*Oh, my god!*« schreit die Baronesse am Rande eines Nervenzusammenbruchs und sinkt in einen Sessel. »Hier muß ein Irrtum vorliegen! Ein entsetzlicher Irrtum!« stößt sie hervor.

»Irrtum?« erwidert schüchtern einer von den zehn. »Das glaube ich kaum, Madame. Oberst Cohen irrt nie!«

Kriegsmystik:

»Gefreiter Ginsburg, warum muß ein Soldat für seinen Zaren sterben?«

»Tja, das hab ich mich auch schon gefragt ...«

Die nächste Geschichte ist wieder entsetzlich traurig:

Paris zur Zeit der deutschen Besatzung. Ein alter Jude betritt mit gesenktem Kopf eine Reiseagentur. Er möchte eine Fahrkarte für eins der großen Schiffe, die von Le Havre auslaufen.
»Kein Problem, Monsieur«, erwidert die Angestellte höflich.
»Und wohin soll die Reise gehen?«
»Wohin? Hm ... Hätten Sie vielleicht eine Weltkarte, Mademoiselle?«
»Aber sicher. Hier, bitte.«
Der alte Mann faltet die Karte auseinander, dreht sie hin und her, studiert sämtliche Länder und Kontinente, denkt lange nach. Am Ende hebt er den Kopf und fragt mit einem tiefen Seufzer:
»Und Sie hätten nicht zufällig noch eine andere da, Mademoiselle?«

Sibirien. Man hat fast den Eindruck, in Wilna zu sein: Es wimmelt von Juden.
»Was, du auch hier, Glatstein? Wie viele Jahre haben sie dir aufgebrummt?«
»Fünfzehn.«
»Fünfzehn?! Was hast du denn ausgefressen?«
»Nichts. Absolut gar nichts!«
»Erzähl keine Märchen, Glatstein! Für nichts gibt's nur zehn Jahre.«

Auch diese Geschichte ist in ihrer Art ein Klassiker:

Auf dem Ben-Gurion-Flughafen von Tel Aviv ist gerade mal wieder eine total überfüllte Maschine mit Flüchtlingen aus der Sowjetunion gelandet. Ein dreister Lokalreporter bahnt sich mit den Ellbogen einen Weg durch die Menge der Wartenden und hält einem der Neuankömmlinge sein Mikrophon unter die Nase.

»Wie war das Leben in Moskau?«
»Ich konnte mich nicht beklagen«, erwidert der frisch Eingewanderte.
»Und was Wohnen und Arbeiten betrifft?«
»Ich konnte mich nicht beklagen.«
»Und zu essen gab's immer alles?«
»Ich konnte mich nicht beklagen.«
Angesichts dieser enttäuschenden Antworten kann sich der Reporter eine spitze Bemerkung nicht verkneifen:
»Dann frage ich mich allerdings, warum Sie überhaupt nach Israel gekommen sind?«
»Eben deshalb: Um mich endlich beklagen zu können ...«

Die nächste, kurze Anekdote kann der Leser beliebig in Raum und Zeit ansiedeln. Auch Namen, Nachnamen und Spitznamen darf er sich ganz nach Lust und Laune aussuchen – Hauptsache, jüdisch (ist ja klar).

Judkin, der notgedrungen mit gefälschten Papieren herumläuft – notgedrungen, weil er sonst überhaupt nicht herumlaufen könnte –, gerät in eine Polizeikontrolle.

»Vor- und Nachname!« herrscht der Polizist ihn an und reißt ihm seinen Personalausweis aus der Hand.

Au weh! Der Name ... Judkin kann sich nicht mehr erinnern.

»Name, Name, Name ... sofort ... na, verflixt noch mal ... wie war der noch gleich? ... Also, Judkin bestimmt nicht, Herr Gendarm!«

Zu den dreizehn Glaubensartikeln der Juden könnte ruhig noch ein vierzehnter hinzugefügt werden, einer, der uns jede Sekunde unseres Alltagslebens begleitet, uns aufrichtet und tröstet, hilft und rettet:

»Es könnte dir noch dreckiger gehen!«

1914, kurz vor Ausbruch des Ersten Weltkriegs. Zwei brillante *Jeschiwa*-Studenten und Experten in haarspalterischer Gedankenakrobatik diskutierten über die politische Lage. Wie so oft ist der eine Pessimist und der andere Optimist. Letzterer versucht seinen Mitstudenten von der Fundiertheit der eigenen Ansicht zu überzeugen:

»Ich finde, es gibt überhaupt keinen Grund zur Sorge. Die internationale Krise kann zu einem Krieg führen oder auch nicht. Im Falle eines Krieges gibt es zwei Möglichkeiten: zum Kriegsdienst gerufen zu werden oder nicht. Wirst du nicht gerufen, besteht kein Grund zur Sorge, wirst du gerufen, so gibt es zwei Möglichkeiten: entweder du wirst an die Front geschickt oder nicht. Wirst du's nicht, besteht kein Grund zur Sorge, wirst du's aber, so gibt es zwei Möglichkeiten: entweder du wirst verletzt oder nicht. Wenn nicht, besteht kein Grund zur Sorge, wenn doch, so gibt es zwei Möglichkeiten: schwer oder leicht verletzt. Im Falle einer leichten Verletzung besteht kein Grund zur Sorge, im Falle einer schweren gibt es zwei Möglichkeiten: sterben oder nicht. Stirbst du nicht, besteht kein Grund zur Sorge, stirbst du, so gibt es zwei Möglichkeiten: ins Paradies oder in die Hölle kommen. Kommst du ins Paradies, besteht kein Grund zur Sorge, kommst du aber in die Hölle, so hast du immer noch eine Möglichkeit: daß der Krieg nämlich gar nicht ausbricht. Du siehst: es gibt keinerlei Grund zur Sorge!«

Diese berühmte Anekdote ist ein Paradebeispiel für talmudische Dialektik, ja für Dialektik schlechthin – jenes Prinzip, das nach Meinung der Wissenschaftler auch den Kosmos und das Gedächtnis unseres Computers lenkt, so unglaublich es erscheint. Nun zeigt uns diese Geschichte zwar, daß man mit der Vernunft sehr weit kommen kann, sie führt uns aber auch vor Augen, daß wir bei aller Kopfarbeit und allem Studium erst ganz am Anfang sind. Ja mehr noch: Wir sind noch nicht einmal auf Seite 1 angelangt. Genau diese Antwort hat einmal ein gelehrter Rabbiner auf die Frage gegeben, weshalb die talmudischen Abhandlungen immer mit Seite 2 beginnen (davor kommt bekanntlich die Titelseite, aber diese Erklärung hatte keinen zufrieden gestellt ...).

Der Erste Weltkrieg ist gerade zu Ende gegangen. Es finden Friedenskonferenzen statt, die Ländergrenzen werden neu gezogen. Der polnische Gesandte diktiert seine Bedingungen.

»Wenn die Konferenz der Nationen den Willen meines Volkes nicht respektiert«, verkündet er halb schmeichelnd und halb drohend, »dann werden die Polen ihre Wut an den Juden auslassen, und Sie wissen, meine Herren, was das bedeutet: Pogrom über Pogrom.«

»Und wenn der Wille Ihres Volkes respektiert wird?« fragt der Präsident der Vereinigten Staaten vorsichtig. »Wie wird sich die politische Lage in Polen dann entwickeln?«

»Nun, in diesem Fall wird mein Volk sich freuen und vor Freude Feste feiern und sich betrinken und dann, aber erst dann, wird es Juden massakrieren gehen.«

Die nächste Episode ist wirklich entsetzlich traurig. Wenn ich sie lese, kommen mir jedesmal die Tränen. Die Tatsache, daß der Name ihres Protagonisten dem meinen sehr ähnelt, ist Zufall oder besser Tradition und möge vom Leser bitte nicht als Indiz für Narzißmus, Selbstliebe oder ähnliche Perversionen des Intellekts gewertet werden.

Casablanca während des Zweiten Weltkriegs. Der arme Lüwenthal versucht seit Monaten, ein Visum für die Vereinigten Staaten zu bekommen. Die deutschen Truppen stehen so gut wie vor der Haustür, aber die Einwanderungsquoten sind bereits erschöpft. Unter größten Bemühungen schafft Lüwenthal es, einen Termin beim amerikanischen Konsul zu bekommen.

»Gibt es für mich irgendeine Möglichkeit, in Ihr Land auszureisen, Herr Konsul?« fragt unser Flüchtling bange.

»Ich fürchte, nein«, erwidert ziemlich undiplomatisch der Diplomat. »Wir können keine neuen Einwanderer mehr aufnehmen. Ich rate Ihnen, in zehn Jahren noch einmal vorzusprechen.«

»In Ordnung«, entgegnet Lüwenthal tapfer, »vormittags oder nachmittags?«

Der Hering

✡

Der Hering ist ein wenig wie die *jiddische Mame*. Er verdient ein Kapitel für sich.

Rätselraten:
»Es hängt an der Wand und gibt jedem die Hand. Was ist das?«
»Das Handtuch.«
»Falsch! Ein Hering.«
»Bist du verrückt? Ein Hering hängt doch nicht an der Wand!«
»Aber man kann ihn dort hinhängen, wenn man will.«
»Und die Hände trocknet man sich auch nicht an ihm ab!«
»Nu, zwingen tut einen keiner, aber verboten ist es auch nicht ...«

Und dieser Witz spielt zur Abwechslung mal wieder in einem Zugabteil. Es ist nur von einem Passagier belegt, einem Juden. Nach mehreren Halts kommt ein schnurrbärtiger Kosak herein und läßt sich ihm gegenüber nieder. Eine Weile herrscht angespanntes Schweigen, dann spricht der Kosak sein Gegenüber an:
»Hör mal, Jud, wie kommt es eigentlich, daß ihr Juden so schlau seid?« Die höhnisch gestellte Frage des

Kosaken spiegelt ein Vorurteil wider, das ebenso unvergänglich wie gefährlich ist, eine Art tickende Zeitbombe mit meist fatalen Folgen.

Der Jude verzieht keine Miene:

»Weil wir so viel Hering essen«, erwidert er gelassen und zieht aus seiner zerschlissenen Reisetasche auch schon eine Tüte voller Heringe heraus, die er in aller Ruhe zu verspeisen beginnt.

Und tatsächlich: Der Kosak fühlt sich allein vom Geruch der Fische augenblicklich schlauer. »Wieviel Heringe hast du da?« fragt er.

»Na, mindestens ein Dutzend.«

»Ich kauf sie dir ab. Wieviel willst du dafür?«

»Fünfundzwanzig Rubel«, erwidert der Jude, ohne zu zögern.

»Halsabschneider!« knurrt der Kosak, gibt ihm aber die fünfundzwanzig Rubel und macht sich heißhungrig über die Tüte mit Heringen her. Nach einer Weile hält er plötzlich inne und schreit mit vollem Mund: »Ich Idiot! In Moskau hätte ich mir für das Geld ein ganzes Faß Heringe kaufen können!«

»Siehst du«, erwidert der Jude, »es beginnt schon zu wirken ...«

Mendele will sich auf dem Markt einen Hering kaufen. Da es Winter ist und bitterkalt, trägt er einen Mantel. Am Fischstand herrscht großes Gedränge; Mendele benützt die Gelegenheit, um rasch nach einem schönen Hering zu greifen und denselben »unauffällig« unter seinem Mantel verschwinden zu lassen. Doch der Fisch ist so lang, daß er unten rausschaut. Der Fischhändler merkt es zwar, ist aber sehr diplomatisch. »Reb Mendele«, sagt er höflich, »sehen Sie zu, daß Sie nächstens einen längeren Mantel tragen, wenn Sie zu mir kommen ... oder aber einen kürzeren Hering klauen!«

Und hier noch eine Anekdote aus dem reichhaltigen Repertoire der Chelm-Witze:

»Wieso ist das Meer eigentlich salzig«, wird der Rabbiner von Chelm eines Tages gefragt.
»Dumme Frage! Wie könnte es anders sein, bei all den Salzheringen, die darin herumschwimmen?!«

Woraus klar und eindeutig hervorgeht, daß der Hering kein Tier und auch kein Fisch im engeren Sinne ist, sondern ein »salziges Etwas«, von dem es sich nicht zu fragen lohnt, woher es kommt, noch wie es war, bevor es ein für allemal gesalzen wurde und solchermaßen »gewürzt« nicht nur auf jedem Tische anzutreffen ist, sondern auch, ja vor allem auf der Straße, in einer Tüte oder zwischen Daumen und Zeigefinger – gerade mal so zwischendurch, zur Kaffeepause, als Aperitif (häufig ohne ein Danach) oder als Rucksackmahlzeit (ohne Rucksack).

Jom Kippur, hochheiliger Buß- und Fastentag. Frumkin geht zum Rabbiner und sagt: »Ich halte es nicht mehr aus, Rabbi: Ich sterbe vor Durst!« Der Rabbiner ist nachsichtig und befiehlt dem *Schammes*, Frumkin trotz des absoluten Speise- und Trinkverbots einen Kaffeelöffel Wasser zu reichen. Der Dürstende verschlingt ihn gierig, dann sagt er mit schwacher Stimme: »Rabbi, ich sterbe immer noch vor Durst.« Der Rabbiner beschließt, noch einmal ein Auge zuzudrücken – immerhin ist *Jom Kippur* auch der Versöhnungstag –, und läßt ihm noch einen schönen Kaffeelöffel voller Wasser geben. Aber nicht einmal der vermag es, Frumkins Durst zu stillen. Erst nach dem fünften Löffel geht es ihm eine Spur besser und er sagt: »Danke, Rabbi, tausend Dank. Und ich verspreche Ihnen auch, daß ich an *Jom Kippur* nie mehr Hering zum Frühstück essen werde ...«

Ich weiß, bei der Vorstellung, früh am Morgen einen Hering zum Kaffee verdrücken zu müssen, dreht es manchem meiner Leser den Magen um, aber wie heißt es so schön: Andere Länder, andere Sitten ...

Austerlitz. Napoleon hat Kaiser Franz II. von Österreich und Zar Alexander I. von Rußland soeben haushoch besiegt. *Was hat Napoleon mit Heringen zu tun, werden Sie mich fragen. Aber gedulden Sie sich nur einen Moment, Sie werden es gleich erfahren.* Der Zar beschließt, sich den tapfersten seiner Männer trotz der Niederlage erkenntlich zu zeigen, indem er ihnen einen Wunsch freigibt.

»Was wünschst du dir, Soldat?« fragt er einen Mann in der vordersten Reihe.

»Ein freies Polen!« erwidert der aus Lodz stammende, kühne Krieger.

»Genehmigt! Und du?« fährt der Zar fort.

»Ich wünsche mir, daß mein zerstörtes Haus wieder aufgebaut wird«, erwidert der zweite.

»Genehmigt! Und du, Soldat?«

»Majestät, ich würde mir einen schönen Teller Heringe mit Bratkartoffeln wünschen!« sagt der dritte – ein Jude.

»Bekommst du, und zwar sofort!« ruft der Zar, und mit diesen Worten macht er auf dem Absatz kehrt, oder besser auf den Hufen seines Schimmels, und reitet davon.

Er ist kaum aus dem Kasernenhof verschwunden, als alles lachend und grölend über den jüdischen Soldaten herfällt, der sich nichts als einen Teller Heringe mit Bratkartoffeln gewünscht hat.

Der Jude wartet, bis sie ausgelacht haben, und sagt dann in mitleidigem Ton: »Ihr werdet euch noch umgucken: freies Polen, neues Haus ... Darauf könnt ihr lange warten! Meine Heringe mit Bratkartoffeln dagegen, woll'n wir wetten, daß ich die noch heute kriege?«

Und nun einer von Woody Allens berühmtesten Witzen:

Es war einmal ein Mann, der hatte eine Tochter, die so potthäßlich war, daß er zum Rabbiner von Krakau ging, um Rat zu suchen.

»Ach, Rabbi, wenn Sie wüßten ... Gott hat mir eine Tochter gegeben, die so häßlich ist, daß sie bestimmt nie einen Mann finden wird.«

»Was meinst du mit ›so häßlich‹? Wie häßlich ist sie denn?« fragt der Meister.

»Nu, so häßlich, daß man sie, wenn sie auf einem Teller läge, nicht von einem Hering unterscheiden könnte.«

»Soso ... Und was für eine Art von Hering meinst du da genau?«

Mit dieser Frage hat der unglückliche Vater nicht gerechnet und er muß einen Augenblick nachdenken, bevor er dem Rabbiner eine Antwort geben kann:

»Na ja, sagen wir mal, einen von diesen dunklen Salzheringen.«

»Verstehe«, erwidert der Rabbiner. »Tja, mein Lieber, dann tut es mir wirklich leid. Wär's ein in Öl eingelegter Hering gewesen, dann hätte sie vielleicht noch eine Chance gehabt ...«

Rabbi Meir, ein geradezu beispielhaft frommer und gelehrter Mann, hat diese Welt verlassen – und ist natürlich ins Paradies gekommen. Am ersten Tag werden ihm zum Abendessen kalte Heringe mit Kartoffeln serviert. Zunächst starrt er überrascht und etwas enttäuscht auf seinen Teller, dann verspeist er das karge Mahl jedoch, ohne zu murren. Während des Essens wirft er beiläufig einen Blick in den anderen Sektor hinüber und stellt zu seiner großen Verwunderung fest, daß die Verdammten dort gebackenen Fisch, cremige Gemüsesuppen, Aufläufe aller Art, duftende Braten und andere Köstlichkeiten aufgetischt bekommen.

Aber Rabbi Meir verkneift sich jeden Kommentar.

Am nächsten Tag wird ihm zum Mittagessen wieder kalter Hering mit ein paar Stückchen Kartoffeln serviert, diesmal bekommt er aber wenigstens eine schöne Tasse heißen Tee dazu. Während er daran nippt, wandert sein Blick erneut in den anderen Sektor hinüber: Dort gibt es zur Abwechslung gefüllte Omeletts, Wildgulasch, feines Pilzragout ...

Auch am Abend hat sich der Speiseplan nicht geändert – zumindest für Rabbi Meir, der erneut kalten Hering mit Kartoffeln und Tee vorgesetzt bekommt. Die Verdammten dagegen schlemmen förmlich: gebratene Gänse, glasiertes Gemüse, Kaviar in Teigmantel und dazu prickelnden Weißwein. An diesem Punkt wird es Rabbi Meir zu dumm. Er winkt den ersten Engel zu sich, der vorüberfliegt, und sagt:

»Ich verstehe das nicht. Hier, im Paradies, gibt es immer nur dasselbe zu essen: kalten Hering mit Kartoffeln. Dort drüben, wo eigentlich die Abteilung der Verdammten sein sollte, schlagen sie sich mit den auserlesensten Delikatessen den Bauch voll.«

»Ich weiß«, erwidert der Engel mit einem verlegenen Lächeln und gesenktem Blick. »Aber das Problem ist, Rabbi, daß es sich nicht lohnt, für einen einzigen zu kochen.«

Danke!

Eine harmlose Mitteilung wie die, man sei dabei, ein Witzbuch zu verfassen, kann die seltsamsten Reaktionen und Impulse auslösen. Auch den jähen Durchbruch eifersüchtig gehüteter Triebe. Mein Projekt jedenfalls veranlaßte die Leute, denen ich während der letzten Monate davon erzählte, angeödet zu schnauben, mitleidig zu grinsen oder mir kameradschaftlich auf die Schulter zu klopfen. Was aber viel wichtiger ist: es hatte eine Art Generalmobilisation zur Folge. Ich möchte deshalb zuvorderst all jenen danken, die spontan ihr großes (oder auch kleines) Repertoire vor mir ausgebreitet haben, allen, die sagten: Du mußt unbedingt mit dem und jenem sprechen (meistens handelte es sich um Isaak, Jakob, Saul und deren Vettern) oder: Ich will mich umhören. Wenn ich was Interessantes rausbekomme, geb ich dir Bescheid.

So kommt es, daß dieses kleine Werk, das sich vorwiegend auf schriftliche Quellen, gedruckte Repertoires, alte und neue Bücher stützt, auch so manche Geschichte enthält, die mir mündlich mitgeteilt wurde, teils in direktem Gegenüber, teils am Telefon (was durchaus nicht dasselbe ist!). In diesem Zusammenhang möchte ich vor allem Angelo Pezzana und Miro Silvera für ihre wertvollen Beiträge und die treue Unterstützung danken. Ein ganz herzliches Dankeschön auch an Moni Ovadia dafür, daß ich ihm so oft habe zuhören dürfen: So fabelhaft, wie er Geschichten und

Witze erzählt, kann's keiner, und ich hoffe, daß er sich auf diesen folgenden Seiten hier und da wiedererkennt.

Danke, Piero Gelli, der mir die Idee zu diesem Buch gegeben und sie verfolgt hat wie der kleine Hund aus der Geschichte, an die ich gerade denke (und die er bestens kennt).

Danke, Giulio Busi, dessen gewaltige Technik mir stets zu Gebote stand, wenn ich nach verschollenen Zitaten stöberte. Auch den summenden Bildschirm meines klapprigen, alten PCs möchte ich dankend erwähnen. Ohne zu mucken, hat er monatelang geschluckt, was ich ihm zu fressen gab, und geduldig meine Lachsalven über sich ergehen lassen. Denn ich habe gelacht. Und wie ich gelacht habe! Manchmal sogar mehrmals über dieselbe Geschichte. Wie der Typ im Zug.

Ein dickes Dankeschön meinen drei Kindern, die sehr oft als Versuchskaninchen herhalten mußten, und nicht zuletzt meiner Mutter, die als waschechte *jiddische Mame* zu allem ihren (meist produktiven) Senf dazugegeben hat. Als waschechte *jiddische Mame* haben wir beide uns königlich amüsiert (glaube ich wenigstens).

Bibliographie

Bialik, Ch. N. – Ravinitzky, Y. Ch.: *Sefer Ha-Haggadah*, Tel Aviv 1910 (hebräisch). Klassisches Repertoire traditioneller jüdischer Geschichten, Märchen, Anekdoten und Witze.

Cohen, Myron: *Big Joke Book. The Funniest Jokes, Anecdotes & Humor by America's Master Storyteller*, Seacaucus (NJ) 1958. Explosiv. Spielt vorwiegend in Hollywood. Das weibliche Geschlecht kommt nicht allzu gut weg.

Drujanow, Alter: *The Book of Jewish Humor and Folk Tales*, Tel Aviv 1935–1938 und nachfolgende Neuauflagen, in 3 Bänden (hebräisch). Die »Bibel« des jüdischen Humors und Lebenswerk ihres Autors mit umfangreichem Anhang, Quellenverzeichnis und Bibliographie (auf hebräisch, jiddisch, russisch, ungarisch, lateinisch etc.). Unverzichtbar.

Eilbirt, Henry: *What Is a Jewish Joke? An Excursion into Jewish Humor*, London 1981 und 1993. Gut gemacht, interessant.

Fölkel, Ferruccio: *Storielle Ebraiche*, Mailand 1988.

–, *Nuove storielle Ebraiche*, Mailand (beide italienisch), 1990.

Freud, Sigmund: *Der Witz und seine Beziehungen zum Unbewußten*, Frankfurt a. M. 1992. Unterhaltsam.

Glinert, Lewis: *The Joys of Hebrew*, New York – Oxford 1992. Hier wird nicht nur jiddisch gelacht (sondern auch hebräisch!). Sehr scharfsinnig.

Greenburg, Dan: *How to be a Jewish Mother. A Very Lovely Training Manual*, Los Angeles 1964 und nachfolgende Neuauflagen. Mehr als ein Handbuch – ein Brevier, ein regelrechtes Vermächtnis. Muß man unbedingt im Hause haben, kann immer nützen.

Hillel, Marc: *L'erreur de Dieu. Histoire des Histoires Juives*,

Paris 1997. Subtil. Voll alter Weisheit und neuem Humor und mit interessanten Abschweifungen.

Nero (Harry Blacker): *By My Laugh It's Jewish*, Foreword by Barnet Litvinoff, London 1982. Ätzend.

Novak, William – Waldoks, Moshe: *The Big Book of Jewish Humor*, New York 1981. Leider völlig vergriffen. Ein Taschenlexikon, ein Feuerwerk von Zeichnungen, Geschichten, Witzen und mehr oder weniger berühmten Zitaten. Macht süchtig!

Olsvanger, Immanuel: *Royte Pomerantschen. Jewish Folk Humor Gathered and Edited by I. O.*, Introduction by Harry Golden, New York 1965 (bis auf die Einleitung jiddisch). Ein rührender Klassiker. Schrecklich schwierig zu entziffern.

Ouaknin, Marc-Alain – Rotnemer, Dory: *La Bible de l'Humour Juif. Entre 1000 et 2000 blagues*, Paris 1995. Angenehm zu lesen, erschöpfend. Der Autor ist Rabbiner. Die Verfasserin, vermute ich, seine Frau.

Ovadia, Moni: *Perché no? L'ebreo corrosivo*, Mailand 1996 (italienisch). Stammt aus der Feder des bekanntesten und sympathischsten jiddischen Geschichtenerzählers Italiens.

Rabinowitz, Rabbi H. R.: *Kosher Humor*, Jerusalem 1986. Streng nach Vorschrift, sprich *halakah*. Trotzdem sehr lustig.

Rosten, Leo: *Leo Rosten's Carnival of Wit. From Aristotle to Groucho Marx*, New York 1994. Ein Potpourri mit unverkennbarem Nachgeschmack.

–, *Les Joies du Yiddish. Traduit et adapté de l'anglais par Victor Kuperminc*, Paris 1994. Ich habe diese völlig überarbeitete Neuauflage dem 1968 erschienenen englischen Original vorgezogen. Ein Meilenstein. Zum Lesen und Nachschlagen.

Glossar

Aschkenas (Aschkenasim): Hebräische Bezeichnung für »Deutschland« und die in Mitteleuropa lebenden Juden, ihre Geschichte, ihre Sitten und Gebräuche. Neben den *Aschkenasim* gibt es die in Spanien (Sepharad) und im Mittelmeerraum ansässigen *Sephardim.*

Bar Mizwa: Wörtlich »Sohn des Gebots«, bezeichnet den Knaben, der mit dreizehn Jahren das Fest der religiösen Mündigkeit begeht, in dessen Verlauf er zum ersten Mal öffentlich aus der Thora vorlesen darf.

Chassid, pl. *Chassidim:* Wörtlich »der Fromme, der Gottergebene«, bezeichnet die Anhänger der orthodoxen Erneuerungsbewegungen des modernen und zeitgenössischen Judentums. Schwarzer Kaftan, Schläfenlocken, Hut sind äußerliche Kennzeichen der *Chassidim.*

Gefillte Fisch: Hierbei handelt es sich nicht etwa um gefüllte Fische, wie das jiddische Wort vermuten ließe, sondern um Frikadellen aus gekochtem, gehacktem und mit Gemüse und Kräutern vermengtem Süßwasserfisch (vorwiegend Karpfen) – ein typisches Gericht der aschkenasischen Küche, das schmecken kann (selten) oder auch nicht (häufig). Aber wie heißt es noch so schön: *De gustibus non est disputandum.*

Goj pl. *Gojim:* Althebräisches Wort für »Volk, Nation«, das später zum Inbegriff des »Anderen« schlechthin wurde. Manchmal wird es auch mit »freundlich« übersetzt, was angesichts der Exil- und Leidensgeschichte des jüdischen Volkes freilich ein Euphemismus ist.

Jeschiwa: Auch »Talmudschule« genannt, ist eine Art theologische Hochschule, auf der junge Männer den Talmud und die rabbinischen Gesetzessammlungen studieren. Häufig war die *Jeschiwa* in einem sehr bescheidenen, an die Synagoge angrenzenden Raum untergebracht; für ärmere Studenten diente sie auch als Internat. Die *Jeschiwa* war immer mehr als eine Schule, nämlich ein regelrechter Lebensstil.

Kippur oder auch *Jom Kippur:* Der *Kippur-* oder *Versöhnungstag* ist der höchste jüdische Feiertag. Er schließt die auf das jüdische Neujahr (*Rosch ha-Schana*) folgende, zehntägige Bußzeit ab, während der die Gläubigen für die übers Jahr begangenen Sünden Buße tun sollen. *Jom Kippur* ist auch ein strenger Fasttag, an dem fünfundzwanzig Stunden lang (von Sonnenuntergang bis Sonnenuntergang) weder gegessen noch getrunken werden darf.

Koscher und davon abgeleitet das Substantiv *Kaschrut:* Wörtlich »geeignet«, d. h. den jüdischen Speisevorschriften entsprechend. Also: kein Schweinefleisch, keine Meeresfrüchte, niemals Fleisch und Milch zusammen – um nur ein paar banale Beispiele zu nennen. Die *Kaschrut* ist das A und O des traditionellen jüdischen Haushalts.

Mazza, pl. *Mazzot:* Ungesäuerte Brote, die während des *Pessach-*Fests gegessen werden.

Mezuza: Etui mit Bibelsprüchen, das an die Türpfosten des Hauses genagelt wird, wie das 5. Buch Mose 6,9 es vorschreibt: »Und du sollst sie schreiben auf die Pfosten deines Hauses und an die Tore deiner Stadt.«

Minjan: Wörtlich »Zahl«; bezeichnet die fürs Gebet in der Synagoge vorgeschriebene Mindestzahl von zehn erwachsenen Männern.

Peies: Schläfenlocken der orthodoxen Juden.

Pessach: Wörtlich »Überschreitung«, ist das Fest, mit dem man der Flucht, dem Exodus des Volkes Israel aus Ägypten gedenkt. Unter der Führung Moses erlangte das jüdische Volk damals erstmals ein nationales Selbstbewußtsein und in der Wüste seine Autonomie. Das Fest dauert eine Woche und wird gegen März/April gefeiert. Zu Beginn findet die *Seder-*Feier statt, ein Festmahl, an dem symbolische Speisen wie die *Mazzot* verzehrt und Stellen aus dem Exodus vorgelesen werden.

Purim: Das jüdische Karnevalsfest, an dem die Errettung der persischen Juden durch Königin Esther gefeiert wird, wie sie in der Bibel (Buch Esther) beschrieben ist. Das ausgelassene, feuchtfröhliche Fest findet im Februar/März statt.

Rabbi, Rebbe, Reb: Ehren- und respektvolle Anrede – gnädiger Herr, verehrter Meister usw. Häufig, aber nicht immer bedeutet es »Rabbiner«.

Rosch ha-Schana: Das jüdische Neujahrsfest, das im September/Oktober gefeiert wird. Es soll an die Schöpfung erinnern und leitet die zehntägige Bußzeit ein, die an *Kippur* ihren Höhepunkt hat. Es ist Brauch, an diesem Tag in Honig getauchte Äpfel zu essen, um eine »süße« Zukunft zu haben.

Sabbat: »Samstag«, Feiertag, mit dem die Woche abschließt, die für die Juden am Sonntag beginnt. Der Sabbat soll an den siebten Tag der Schöpfung erinnern, an dem Gott ruhte. Aus diesem Grund sind alle Arten von Arbeiten verboten, insbesondere das Entfachen von Feuer (auch das Betätigen eines Lichtschalters).

Schadchen: Jiddisches Wort für »Heiratsvermittler« – ein ebenso alter wie weit verbreiteter Beruf in jüdischen Gemeinden, wo Heiraten im allgemeinen »ausgehandelt« wurden, und zwar von jedem, bloß nicht den zukünftigen Brautleuten.

Schammes: Synagogendiener, dem christlichen Küster vergleichbar.

Schickse: Nicht-jüdisches Mädchen.

Schofar: Ein Musikinstrument aus Widderhorn, das zu besonderen Anlässen in der Synagoge geblasen wird. Sein eigentümlicher, durchdringender Klang geht einem durch Mark und Bein – nicht zufällig ist der *Schofar* das Instrument, mit dem eines Tages die Ankunft des Messias angekündigt werden soll.

Schtetl, pl. *Schtetlak:* Jiddisches Wort für jüdische Dörfer und Ansiedlungen, die alle von den Nazis ausradiert worden sind.

Seder: Wörtlich »Ordnung«, steht für das strenge Ritual, nach dem das Abendessen abläuft, mit dem das *Pessach*-Fest eröffnet wird. Während des *Seders* wird die Geschichte des Auszugs aus Ägypten vorgelesen sowie bestimmte symbolische Speisen verzehrt, wie z. B. ein Mus aus Datteln, Äpfeln und Mandeln, das an den Lehm erinnern soll, mit dem die Israeliten die Städte der Ägypter bauen mußten.

Streimel: Kopfbedeckung mit Pelzrand, die von den *Chassidim* zu Ehren des Sabbat und anderer Feiertage getragen wird. Im Mittelalter von den Mongolen nach Nordosteuropa eingeführt, wurde der *Streimel* zunächst vom polnischen Adel getragen, dem es die Juden später nachmachten.

Talmud: Wörtlich »Belehrung«, jüdische Gesetzessammlung, abgefaßt in Form von Protokollen unendlich langer rabbinischer Bibel-Diskussionen. Der *Talmud* ist das Fundament der jüdischen Kultur und »Leitfaden für korrektes Verhalten«, darüber hinaus ist er aber auch ein unerschöpfliches Kompendium des Wissens auf allen Gebieten, egal, ob es um Geschichte, Gastronomie, Medizin oder Mnemotechnik geht.

Tscholent: Sabbat-Gericht in Form eines fetten Eintopfes aus Bohnen, Gerste und Fleisch, den fromme Juden bereits am Freitagnachmittag zu garen begannen (meist im Ofen des örtlichen Brotbäckers), um ihn an Sabbat mittags zu essen.

Tefillin: Würfelförmige Etuis mit Lederriemen, die kurze Bibelpassagen enthalten. Laut Heiliger Schrift muß der fromme Jude sich die *Tefillin* beim Morgengebet an die Stirn und den linken Arm binden.

Thora: Wörtlich »Gesetz, Lehre«; hebräische Bezeichnung für den Pentateuch (Fünf Bücher Mose), wichtigster Heiliger Text der Juden.

Inhalt

Vorwort – oder Vorwarnung 5
Aperitif 13
Im trauten Kreise der Familie 35
Im Restaurant, in Geschäften, auf der Straße, beim Arzt, kurz: außer Haus 74
Über Bücher gebeugt und in der Synagoge. Im Himmel, auf Erden und auf halber Strecke 106
Mütter: Nun, die sind ein Kapitel für sich 140
In Sachen Geld, Nase et cetera sind wir Juden die ersten, die über uns lachen 159
Interkonfessioneller Dialog 194
Paradoxe und Absurditäten 215
Chelm oder: Die Welt ist ein Dorf 236
Zitierenswerte Zitate 263
Lachen, um nicht weinen zu müssen 268
Der Hering 289
Danke! 296
Bibliographie 298
Glossar 300